AF906145

Anwendungsvoraussetzungen und -bereich des Common European Sales Law

Schriften zum internationalen Privat- und Verfahrensrecht

Herausgegeben von Rainer Hausmann, Astrid Stadler und Michael Stürner

Band 21

PL ACADEMIC RESEARCH

Jongduk Lee

Anwendungsvoraussetzungen und -bereich des Common European Sales Law

Im Vergleich mit dem UN-Kaufrecht und den Principles of Asian Contract Law

PL ACADEMIC RESEARCH

Bibliografische Information der Deutschen Nationalbibliothek
Die Deutsche Nationalbibliothek verzeichnet diese Publikation in der Deutschen Nationalbibliografie; detaillierte bibliografische Daten sind im Internet über http://dnb.d-nb.de abrufbar.

Zugl.: Konstanz, Univ., Diss., 2017

D 352
ISSN 1862-099X
ISBN 978-3-631-72003-5 (Print)
E-ISBN 978-3-631-72698-3 (E-PDF)
E-ISBN 978-3-631-72699-0 (EPUB)
E-ISBN 978-3-631-72700-3 (MOBI)
DOI 10.3726/b11494

© Peter Lang GmbH
Internationaler Verlag der Wissenschaften
Frankfurt am Main 2017
Alle Rechte vorbehalten.
PL Academic Research ist ein Imprint der Peter Lang GmbH.

Peter Lang – Frankfurt am Main · Bern · Bruxelles · New York · Oxford · Warszawa · Wien

Das Werk einschließlich aller seiner Teile ist urheberrechtlich geschützt. Jede Verwertung außerhalb der engen Grenzen des Urheberrechtsgesetzes ist ohne Zustimmung des Verlages unzulässig und strafbar. Das gilt insbesondere für Vervielfältigungen, Übersetzungen, Mikroverfilmungen und die Einspeicherung und Verarbeitung in elektronischen Systemen.

Diese Publikation wurde begutachtet.

www.peterlang.com

Vorwort

Die vorliegende Arbeit wurde im Wintersemester 2016/2017 vom Fachbereich Rechtswissenschaft der Universität Konstanz als Dissertation angenommen. Rechtsprechung und Schrifttum sind bis November 2016 berücksichtigt.

Mein aufrichtiger Dank gilt meiner geschätzten Doktormutter, Frau Prof. Dr. Astrid Stadler, für die Anregung des Themas sowie die ständige Unterstützung durch viele Hinweise und Ratschläge. Darüber hinaus bin ich ihr für die Aufnahme der Arbeit in die Schriftenreihe „Schriften zum internationalen Privat- und Verfahrensrecht" sehr dankbar. Herrn Prof. Dr. Michael Stürner, M. Jur. (Oxford), gilt auch mein besonderer Dank für die zügige Erstattung des Zweitgutachtens. Er hat meine Arbeit mit einem jederzeit offenen Ohr für meine Anliegen und mit wertvollen Hinweisen begleitet.

Zu Dank bin ich auch allen verpflichtet, die mir durch das Lesen der Korrekturen u. ä. bei der Fertigstellung der Arbeit geholfen haben, insbesondere Herrn Dr. Matthias Klöpfer, Herrn LL.M. Fabian Stutz, Herrn LL.M Alexander Eggers, Herrn Robert Bergmann, Herrn Hannes Bürgelin und alle anderen unseres Lehrstuhls. Dazu kommt unbedingt Frau Gabi Reichle.

Ohne meine Eltern jedoch wäre dies alles nicht möglich gewesen. Meinem verstorbenen Vater und meiner Mutter widme ich die Arbeit in tiefer Dankbarkeit.

Konstanz, Januar 2017 *Jongduk LEE*

Inhaltsverzeichnis

Abkürzungsverzeichnis

a. A.	andere(r) Ansicht
ABl.	Amtsblatt der Europäischen Union/Gemeinschaften
Abs.	Absatz
AcP	Archiv für die civilistische Praxis
a. E.	am Ende
a. F.	alte Fassung
Anh.	Anhang
Art./Artt.	Artikel; Article
Aufl.	Auflage
ausf.	ausführlich
Beck'scher/ *Bearbeiter*	Beck'scher Online-Kommentar BGB, Bamberger/Roth/ *Bearbeiter*
BB	Betriebs-Berater
BGB	Bürgerliches Gesetzbuch
BGBl.	Bundesgesetzblatt
BGH	Bundesgerichtshof
BGHZ	Entscheidungen des Bundesgerichtshof in Zivilsachen
BKR	Zeitschrift für Bank- und Kapitalmarktrecht
BR-Drucks.	Bundesrats-Drucksache
BVerfG	Bundesverfassungsgericht
BVerfGE	Entscheidungen des Bundesverfassungsgerichts
BWNotZ	Zeitschrift für das Notariat im Baden-Württemberg
bzw.	beziehungsweise
CESL	Common European Sales Law; Gemeinsames Europäisches Kaufrecht (GEK)
CIPR	The Laws Applicable to Foreign-related Civil Relations (涉外民事关系法律适用法), 28.10.2010: Chinesisches Internationales Privatrecht
CML Rev.	Common Market Law Review

CR	Computer und Recht
d. h.	das heißt
Diss.	Dissertation
DNotZ	Deutsche Notarzeitschrift
DRiZ	Deutsche Richterzeitung
EGBGB	Einführungsgesetz zum Bürgerlichen Gesetzbuch
ERCL	European Review of Contract Law
Erman/ *Bearbeiter*	Erman, Handkommertar zum Bürgerlichen Gesetzbuch
EuGVO	Verordnung (EG) Nr. 44/2001 des Rates vom 22. Dezember 2000 über die gerichtliche Zuständigkeit und die Anerkennung und Vollstreckung von Entscheidungen in Zivil- und Handelssachen (ABl. Nr. L 351 S. 1)
EWS	Europäisches Wirtschafts- und Steuerrecht
f., ff.	folgend(e)
Ferrari u.a./ *Bearbeiter*	Ferrari/Kieninger/Mankowski/Otte/Saenger/Schulze/Staudinger, Internationales Vertragsrecht
Fn.	Fußnote
gem.	gemäß
ggf.	gegebenenfalls
h. M.	herrschende Meinung
Hs.	Halbsatz
insbes.	insbesondere
InsO	Insolvenzordnung
IntGV	Gesetz über die Wahrnehmung der Integrationsverantwortung des Bundestages und des Bundesrates in Angelegenheiten der Europäischen Union (Integrationsverantwortungsgesetz)
i. S. d. / i. S. v. / i. S. e.	im Sinne des/der/von/einer
i. V. m.	in Verbindung mit
Jauernig/ *Bearbeiter*	Jauernig, BGB Kommentar

JIPR	Act on General Rules for Application of law (法の適用に関する通則法), Act No. 78, 21.6.2006: Japanisches Internationales Privatrecht
JR	Juristische Rundschau
jurisPK-BGB	Juris PraxisKommentar BGB
Jura	Juristische Ausbildung
JuS	Juristische Schulung
JZ	Juristenzeitung
KIPR	Act on Private International Law (국제사법), Act No. 10629, 19.5.2011: Koreanisches Internationales Privatrecht
KIPLJ	Korea private international law journal
KOGH	Koreanischer oberster Gerichtshof
K&R	Kommunikation und Recht
LG	Landgericht
m. E.	meines Erachtens
MDR	Monatsschrift für Deutsches Recht
MittBayNot	Mitteilungen des Bayerischen Notarvereins, der Notarkasse und der Landesnotarkammer Bayern
MPI	Max Planck Institute for Comparative and Private International Law
Münch-KommBGB/*Bearbeiter*	Münchener Kommentar zum BGB
NBL	New Business Law
NJW	Neue Juristische Wochenschrift
Nr.	Nummer
NZACL	The New Zealand Association for Comparative Law
OLG	Oberlandesgericht
OLGE	Rechtsprechung der Oberlandesgerichte
OLGZ	Entscheidungen der Oberlandesgerichte in Zivilsachen einschließlich der freiwilligen Gerichtsbarkeit

Pace Int'l L. Rev.	Pace International Law Review
PACL	Principles of Asian Contract Law
Palandt/*Bearbeiter*	Palandt, Bürgerliches Gesetzbuch
PR CESL	Proposal of Common European Sales Law; Vorschlag für das Gemeinsame Europäische Kaufrecht(GEK(R)-VO)
PR CESL a.F.	KOM (2011) 635 endg.
PR CESL n.F.	P7_TA(2014)0159
RabelsZ	Rabels Zeitschrift für ausländisches und internationales Privatrecht
Reithmann/Martiny/*Bearbeiter*, Internationales Vertragsrecht	Reithmann/Martiny, Internationales Vertragsrecht
RG	Reichsgericht
RGZ	Entscheidungen des Reichsgerichts
Rs.	Rechtsprechung
S.	Seite(n)
s.	siehe
Schmidt-Kessel/*Bearbeiter*, GEK-E	Schmidt-Kessel, Der Entwurf für ein Gemeinsames Europäisches Kaufrecht – Kommentar
sog.	sogenannte(r)
Schlechtriem/Schwenzer/*Bearbeiter*, CISG	Schlechtriem, Peter / Schwenzer, Ingeborg, Kommentar zum einheitlichen UN-Kaufrecht
Schulze/*Bearbeiter*, CESL	Schulze, Common European Sales Law (CESL) – Kommentar
spec. iss.	special issue

Staudinger/ *Bearbeiter*	J. v. Staudinger, Kommentar zum BGB
str.	streitig
Streinz/ *Bearbeiter*, EUV/AEUV	Streinz, Rudolf, EUV/AEUV Vertrag über die Europäische Union und Vertrag über die Arbeitsweise der Europäischen Union
TranspR	Transportrecht
u. a.	unter anderem
usw.	und so weiter
u. U.	unter Umständen
v.	vom/von
vgl.	vergleiche
Vogenauer/ *Bearbeiter*, PICC	Vogenauer, Stefan, Commentary on the UNIDROIT Principles of International Commercial Contracts (PICC), 2. Edition (2015)
Vor.	Vorbemerkung(en)
WM	Zeitschrift für Wirtschafts- und Bankrecht
Yb. PIL	Yearbook for Private International Law
z. B.	zum Beispiel
ZAG	Gesetz über die Beaufsichtigung von Zahlungsdiensten
ZChinR	Zeitschrift für Chinesisches Recht
ZHR	Zeitschrift für das gesamte Handelsrecht
ZfIR	Zeitschrift für Immobilienrecht
ZfRV	Zeitschrift für Europarecht, Internationales Privatrecht und Rechtsvergleichung
ZIP	Zeitschrift für Wirtschaftsrecht und Insolvenzpraxis
ZJS	Zeitschrift für das Juristische Studium
ZPO	Zivilprozessordnung
ZRP	Zeitschrift für Recht und Praxis
z. T.	zum Teil
zzgl.	zuzüglich
ZZP	Zeitschrift für Zivilprozess

§ 1 Einleitung

I. Problemstellung

Heutzutage ist die Idee einer „Europäisierung des Privatrechts“ in aller Munde.[1] Über die Schaffung eines gemeinsamen europäischen Vertragsrechts wird seit Jahrzehnten energisch diskutiert. Die Begründung des Vorschlags rekurriert öffentlich auf die Mitteilung der Kommission zum Europäischen Vertragsrecht aus dem Jahre 2001.[2] Zwischen den rechtlichen Rahmenbedingungen für grenzüberschreitende Vertragsbeziehungen und der Realität bzw. den politischen Bestrebungen in supranationalen Organisationsformen klafft aber noch eine große Lücke. Ein einheitliches Vertragsrecht soll den Unternehmen Transaktionskosten ersparen und Marktzutrittsschranken abbauen.[3] Neben Gründen, wie

---

1 Die Europäisierung des Privatrechts ist eines der wichtigsten Endziele sowohl bei Rechtswissenschaftlern als auch beim europäischen Gesetzgeber, *Limmer*, in: Stürner (Hg.), Vollharmonisierung im Europäischen Verbraucherrecht?, 2010, S. 179; *Martens*, EuZW 2010, 527 ff.; *Herresthal*, in: Langenbucher (Hg.), Europarechtliche Bezüge des Privatrechts, 2. Aufl. (2008), S. 44 ff.; *Janssen*, Auf dem Weg zu einem Europäischen Privatrecht, 2012, S. 27 ff., 285 ff. und 311 ff.; *Martiny*, ZEuP 2007, 212 ff.; *Grundmann*, NJW 2002, 393 ff.; *Schulte-Nölke*, JZ 2001, 917 ff.; *Kieninger*, in: Basedow (Hg.), Europäische Vertragsrechtsvereinheitlichung und deutsches Recht, 2000, S. 215 ff.; *Götz*, JZ 1994, 265 ff.; *Blaurock*, JZ 1994, 270 ff.; auch im Rechtsgebiet des IPR *Rühl/v. Hein*, RabelsZ 79 (2015), 701, 702 ff.; am 18.10.2014 in Seoul (Südkorea) war überraschend das gemeinsame europäische Kaufrecht ein Hauptthema in der größten privatrechtlichen Konferenz. Zu Auswirkungen durch die Europäisierung des Privatrechts siehe MünchKomm/*Säcker*, Bd. 1, 6. Aufl. (2012), Einl. Rdnr. 213 ff.

2 Zur Mitteilung der Kommission an der Rat und das Europäische Parlament zum Europäischen Vertragsrecht vom 11.7.2001, KOM (2001) 398 endg.

3 *Heiss*, in: FS für Martiny, 2014, S. 917 f.; *Limmer*, DNotZ-Sonderheft 2012, 59, 62 f.; *Schulte-Nölke*, in: Schulte-Nölke/Zoll/Jansen/Schulze (Hg.), Der Entwurf für ein optionales europäisches Kaufrecht, 2012, S. 1 ff.; *Müller*, EuZW 2003, 683, 683. Schätzungen zufolge betragen derzeit die Kosten, die mit einer Expansion der Geschäftstätigkeit auf einen anderen Mitgliedstaat einhergehen, pro Unternehmen 15.000 bis 25.000 Euro je Mitgliedstaat, sodass eine Ausweitung auf die gesamte EU schätzungsweise mit Kosten in Höhe von etwa 310.000 Euro verbunden wäre. „A European contract law for consumers and businesses: Publication of the results of the feasibility study carried out by the Expert Group on European contract law for stakeholders’ and legal practitioners’ feedback“ (http://ec.europa.eu/justice/contract/files/feasibility_study_final.pdf), S. 4; auch *Moser*, in: Remien/Herrler/Limmer (Hg.), Gemeinsames Europäisches Kaufrecht

beispielsweise steuerliche Unterschiede,[4] hindert nach Meinung vieler vor allem das von Staat zu Staat verschiedene Vertragsrecht Unternehmer und Verbraucher tatsächlich an grenzüberschreitenden Geschäften,[5] obwohl sich Verkehrs- und Kommunikationsmittel rasant entwickelt haben. Die tatsächlichen Möglichkeiten und die Notwendigkeit für grenzüberschreitende Verträge sind damit gegeben. Daneben steht die politische Forderung[6] nach einer Öffnung nationaler Märkte für Anbieter und Nachfragende aus den jeweiligen Nationalstaaten.

Über multilaterale Staatsverträge und Freihandelsabkommen hinaus ist die Öffnung nationaler Märkte wohl am umfassendsten innerhalb der Europäischen Union vorangetrieben worden. Mit dem Projekt eines sog. „grenzenlosen Binnenmarktes" wird eine vollständige Öffnung der nationalen Absatzmärkte und

---

für die EU?, 2012, S. 8. Unterschiede zwischen staatlichen Vertragsrechten haben bei grenzüberschreitenden Verträgen die Wirkung einer Steuer, insbesondere bei B2C, *Eidenmüller*, CML Rev. 50 Special Issue (2013), 69, 70; *G. Wagner*, CML Rev. 39 (2002), 995, 1014.

4 *Docekal*, in: Wendehorst/Zöchling-Jud (Hg.), Am Vorabend eines Gemeinsamen Europäischen Kaufrechts, 2012, S. 299 und 304.

5 Nach Umfragen rangieren an vorderer Stelle vertragsrechtsbezogene Hindernisse unter den Erschwernissen für den grenzüberstreitenden Handel, zu denen auch steuerliche Regelungen, Verwaltungsanforderungen, Lieferschwierigkeiten, Sprache oder Kultur gehören, Eurobarometer 320 (Europäisches Vertragsrecht in Geschäften zwischen Unternehmen), 2011, S. 15, und Eurobarometer 321 (Europäisches Vertragsrecht in Geschäften zwischen Unternehmen und Verbrauchern), 2011, S. 19. Zu den empirischen Belege über ein aus Sicht der Wirtschaft bestehendes Bedürfnis nach einem vereinheitlichen Vertragsrecht siehe *Vogenauer/Veatherill*, JZ 2005, 870, 874 ff. Dagegen zweifelnd *Ben-Shahar*, CML Rev. 50 Special Issue (2013), 3, 4; *Ganuza/Gomez*, CML Rev. 50 Special Issue (2013), 29, 29 ff.; *Eidenmüller*, CML Rev. 50 Special Issue (2013), 69, 71; *Posner*, CML Rev. 50 Special Issue (2013), 261, 262 ff.; *Stadler*, AcP 212 (2012), 473, 476; *Mankowski*, IHR 2012, 45 ff.; *Balthasar*, RIW 2012, 361, 365 f.; *Docekal*, in: Wendehorst/Zöchling-Jud (Hg.), Am Vorabend eines Gemeinsamen Europäischen Kaufrechts, 2012, S. 303 ff.; *Stürner*, GPR 2010, 157.

6 Der politische Grund darf nicht unterschätzt werden. Insbesondere in der Amtszeit der letzten Justizkommissarin *Viviane Reding* wurde das Projekt eines optionalen Europäischen Kaufrechts mit der Idee eines „Blue Button" kräftig – mit Sondertagung – vorangertrieben, danach ging aber dessen Triebkraft verloren, auch *Stadler*, AcP 212 (2012), 473, 473. Die Inspirationsquellen für den Blue Button waren nach *Schulte-Nölke* (ZEuP 2011, 749, 750) zufällig, etwa eine Fahrt durch Andalusien, wo an neugebauten perfekten Autobahnen alle paar Kilometer große Schilder mit einer Europaflagge standen, die anzeigten, dass diese Autobahn mit Unterstützung der Europäischen Gemeinschaft gebaut war. Als ein Symbol der erfolgreichen EU wäre das CESL eine juristische und politische Autobahn für grenzüberschreitenden Waren- und Dienstleistungsverkehr.

Rechtssysteme für mehr als 500 Millionen Unionsbürgern auch faktisch angestrebt. Der politische Wille für ein derartiges Zusammenwachsen ist groß und so billigte der Europäische Gerichtshof schon in den 1960er-Jahren etwa den ursprünglich nur im Verhältnis Staat-Bürger wirkenden Europäischen Grundfreiheiten eine subjektiv-rechtliche Dimension zu:[7] Der Einzelne hatte somit schon relativ früh einen Anspruch gegen den Staat auf Einhaltung der Garantien der Waren-, Niederlassungs-, Dienstleistungs- und Arbeitnehmerfreizügigkeit. In einem weiteren und allerdings nicht unumstrittenen Schritt wurden die Grundfreiheiten als Transmissionsriemen des Öffnungsprozesses sogar mit Wirkung für rein privatrechtliche Vertragsbeziehungen ausgestattet.[8] Die Unionsbürger sollten damit die unbedingte Möglichkeit zur Partizipation am Markt erhalten. Folglich darf man das CESL lediglich aus wirtschaftlicher Sicht – kurzfristig entstehen mehr Kosten für die Anpassung an das neue Einheitsrecht[9] langfristig werden aber die Kosten absinken und dessen Vorteile überwiegen – nicht beurteilen. Vielmehr muss ihm auch durch eine rechtspolitische Analyse bezüglich sozialer Gerechtigkeit Rechnung getragen werden.[10] Die Vermehrung der fragmentarischen gemeinschaftsrechtlichen Rechtsakte und die daraus resultierte Inkohärenz zwischen europäischen Regelwerken haben nach und nach das Interesse an einem Einheitsrecht in Europa wachsen lassen.[11] Zu versuchen ist anstelle des bedauerlichen systemlosen pointillistischen Gemeinschaftsrechtsbergs richtigerweise ein Einheitsrecht, um Probleme im Bereich des europäischen Vertragsrechts zu lösen.[12] Vertragsparteien könnten folglich einfach auf dieses Instrument als das anwendbare Recht verweisen.

Aktuell zeichnet sich ein bedeutender Wendepunkt ab. Mit der Verabschiedung des Common European Sales Law (CESL) durch die Europäische Union Anfang 2014 schien ein verbindliches Ergebnis jahrelanger Bemühungen um ein

---

7 Vgl. EuGH, Urt. v. 5.2.1963, Rs. 26/62 (NV Algemene Transporten Expeditie Onderneming van Gend & Loos / Niederländische Finanzverwaltung), Slg. 1963, 1.

8 Vgl. etwa EuGH, Urt. v. 6.6.2000, Rs. C-281/98 (Roman Angonese gegen Cassa di Risparmio di Bolzano SpA.), Slg. 2000, I-4139.

9 Die Kosten, die für den einmalige Vergleich zwischen dem neuen europäischen und dem tradierten nationalen Vertragsrecht aufzubringen sind, sind weniger aufwändig als die heute nötige Auseinandersetzung mit den Vertragsrechten aller Mitgliedstaaten, in denen ein Unternehmen Geschäfte tätigt, *Müller*, EuZW 2003, 683, 684.

10 Auch *Mak*, CML Rev. 50 Special Issue (2013), 277, 284 ff.

11 *Basedow*, in: ders. (Hg.), Europäische Vertragsrechtsvereinheitlichung und deutsches Recht, 2000, S. 1; *Kötz*, Europäisches Vertragsrecht, 2. Aufl. (2015), S. 1 f.

12 KOM (2003) 68 endg., ABl. EU 2003 C 63, S. 15; dagegen *Sonnenberger*, JZ 1998, 982, 988; *Ben-Shahar*, CML Rev. 50 Special Issue (2013), 3, 4 ff.; *Rösler*, EuZW 2011, 1, 1.

europäisches Einheitsvertragsrecht bevorzustehen. Wie im Auge eines Wirbelsturms sind Diskussionen über das CESL aber jetzt – ungefähr seit Ende 2012 – ausgeblasen, aber noch nicht alle Probleme im CESL sind deutlich ergründet. Je näher dessen Realisierung kam, desto lauter wurden die Gegenstimmen.[13] Seit Anfang des Projekts eines sog. „grenzenlosen Binnenmarktes" waren gründliche Auseinandersetzungen und starker Gegenwind vorhanden. Der ursprüngliche Vorschlag scheiterte an der politischen Durchsetzbarkeit im Europäischen Rat. Am 16.12.2014 hat die Europäische Kommission durch ihr für 2015 veröffentlichtes Arbeitsprogramm den Vorschlag für ein Gemeinsames Europäisches Kaufrecht zurückgezogen.[14] Man kann aber noch nicht sagen, dass dieses Projekt endgültig im Sand verlaufen ist.[15] Wie die Begründung dieses Arbeitsprogramm zeigt, wird der Vorschlag geändert, um das Potenzial des elektronischen Handels im digitalen Binnenmarkt voll zur Entfaltung zu bringen. Darüber hinaus ist es wahrscheinlicher, wenn eine europäische Vertragsrechtsvereinheitlichung in Zukunft wiederum versucht würde, dass diese aufgehobene Verordnung als wichtige Vorarbeit und mit wertvollem Vorbildcharakter zu einem wirklichen Quantensprung beitragen wird.[16] Wie zuvor der DCFR oder die PECL ist das CESL nur eine der Stationen auf dem langen Weg, auf dem ein einheitliches Rechtssystem – das sog. Europäisches Zivilgesetzbuch, das besonders vom

---

13 Die Stellungnahme des BDI v. 14.2.2012 (Dokumentennr. D 0485, abrufbar auf http://community.beck.de/files/StN%20EU-Kaufrecht.pdf) und des Verbraucherzentralen Bundesverbands vom 16.11.2011 (abrufbar darunter: http://origin.vzbv.de/cps/rde/xbcr/vzbv/EU-Kaufrecht-Stellungnahme-vzbv-2011.pdf). Zu anderen Einschätzungen der Verbände siehe *Limmer*, DNotZ-Sonderheft 2012, 59, 67; *Balthasar*, RIW 2012, 361, 361.

14 Ungeachtet des Rats der Europäischen Union hat die Europäische Kommission eine Rücknahmebefugnis eines Vorschlags im Rahmen des ordentlichen Gesetzgebungsverfahrens, EuGH, Urt. v. 14.4.2015, Rs. C-409/13.

15 Obwohl der Vorschlag durch die Europäische Kommission allein zurückgezogen wurde, hat das Europäische Parlament am 26.2.2014 mit deutlicher Mehrheit – 416 Dafürstimmen, 159 Gegenstimmen, 65 Enthaltungen – das geänderte CESL wie die frühere Vorschlag (KOM (2011) 635 endg.) angenommen. Abgesehen davon ist die regionale Vertragsrechtsharmonisierung wie UCC, OHADA, PACL eine vermeidbare – trotz langer Zeit von Versuch und Irrtum – Tendenz.

16 Ebenso *Svoboda*, ZEuP 2015, 689, 693.

Europäischen Parlament schon lange präferiert wird[17] – entstehen könnte.[18] Denn es ist keineswegs vorstellbar, dass der Bau eines europäischen Privatrechts auf jungfräulichem Boden errichtet würde.[19] Folglich könnte mit dem CESL (oder seinem Nachfolger) in Zukunft im europäischen Binnenmarkt das gefördert werden, was sich vom Allgemeinen Deutschen Handelsgesetzbuch 1861 bis zum amerikanischen Uniform Commercial Code gezeigt hat: um wirtschaftliches Potenzial völlig zu entfalten, braucht ein gemeinsamer Markt ein einheitliches Kaufrecht.[20]

Mit dem Gemeinsamen Europäischen Kaufrecht sollte ein optionales Instrument eingeführt werden, das im Falle eines grenzüberschreitenden Kaufvertrags durch die Wahl der Vertragsparteien zur Anwendung gelangen und hierdurch das kollisionsrechtlich einschlägige mitgliedsstaatliche Recht innerhalb seines Anwendungsbereichs verdrängen sollte. Von zentraler Bedeutung sind dabei nicht nur die sachrechtlichen Regeln, sondern vor allem die Einpassung des optionalen Instruments in das bestehende Regelungsgefüge des europäischen Kollisionsrechts, da verschiedene Regelwerke – nationales Vertragsrecht des Mitgliedstaats, das CESL und das CISG – im grenzüberschreitenden Warenverkehr Anwendung finden können. Zweifellos wertvoll ist es, den noch unklaren Mechanismus der optionalen Vorschriften des CESL bezüglich des Kollisionsrechts, insbesondere des Verhältnisse mit der Rom I-VO, zu erarbeiten. Aus einer rechtsvergleichenden Sicht wird daneben auf dessen konkreten Anwendungsbereich ausführlich einzugehen sein. Es ist aber hier nicht der Ort, die Frage nach der Kompetenzgrundlage für das CESL ausführlich zu diskutieren.[21] Vor allem die Kommission beharrt darauf, dass Rechtsgrundlage dieses Vorschlags Artikel 114

---

17 Das Europäische Parlament … fordert, daß mit den erforderlichen Vorbereitungsarbeiten zur Ausarbeitung eines einheitlichen Europäischen Gesetzbuches für das Privatrecht begonnen wird, ABl. Nr. C 158 vom 26.6.1989, S. 401; auch ABl. Nr. C 205 vom 25.7.1994, S. 519.

18 Gegen das Konzept des Europäischen Zivilgesetzbuchs siehe *Sonnenberger*, JZ 1998, 982, 988; *Eidenmüller/Faust/Grigoleit/Jansen/Wagner/Zimmermann*, JZ 2008, 529, 530.

19 *Kötz*, Europäisches Vertragsrecht, 2. Aufl. (2015), S. 3. Doch ist ein derartiges Europäisches Vertragsgesetzbuch gegenwärtig weder praktisch durchsetzbar, noch besteht dafür nach weit überwiegender Ansicht eine Kompetenzgrundlage, *Eidenmüller/Faust/Grigoleit/Jansen/Wagner/ Zimmermann*, JZ 2008, 529, 530.

20 *Schulze*, NJW 44 (2011), Editorial; *Leible*, BB 2008, 1469, 1475.

21 Zur Rechtsgrundlage eines optionalen EU-Kaufrechts siehe *Ludwigs*, EuZW 2012, 608, 608 ff.; *Basedow*, EuZW 2102, 1; *Mansel*, WM 2012, 1309, 1315 f.

des Vertrags über die Arbeitsweise der Europäischen Union (AEUV)[22] sei.[23] Die Frage der Kompetenzgrundlage im PR CESL (Proposal for a Regulation on a Common European Sales Law)[24] wird jedoch im Sachzusammenhang mit kollisionsrechtlichem Verhältnis kurz aufzugreifen sein.

---

22 ABl. EG Nr. C 115 vom 9.5.2008, S. 47. Zuletzt wurde der AEUV geändert durch die Akte über die Bedingungen des Beitritts der Republik Kroatien und die Anpassungen des Vertrags über die Europäische Union, des Vertrags über die Arbeitsweise der Europäischen Union und des Vertrags zur Gründung der Europäischen Atomgemeinschaft (ABl. EU L 112 v. 24.4.2012) m.W.v. 1.7.2013.

23 Begründung des Vorschlags für eine Verordnung über ein Gemeinsames Europäisches Kaufrecht, KOM (2011) 635 endg., S. 9 f. Der Verordnungsvorschlag wird auf Art. 114 AEUV gestützt, nicht auf Art. 352 AEUV oder gar auf Art. 81 AEUV, *Mankowski*, IHR 2012, 1, 2; *Brand*, DRiZ 2011, 359; *Schmidt-Kessel*, in: ders. (Hg.), Ein einheitliches europäisches Kaufrecht?, 2012, S. 9. Kritisch dazu *MPI*, RabelsZ 75 (2011), 371, 388 ff.; *Perner*, in: Wendehorst/Zöchling-Jud (Hg.), Am Vorabend eines Gemeinsamen Europäischen Kaufrechts, 2012, S. 33 ff.; kritisch *Bittner*, in: Wendehorst/Zöchling-Jud (Hg.), Am Vorabend eines Gemeinsamen Europäischen Kaufrechts, 2012, S. 282 f.

24 Die Kommission hat den CESL-Text im Anhang I des früheren CESL-Vorschlags (KOM (2011) 635 endg. v. 11.10.2011) gebildet, damit wurde meistens in der Literatur die sog. *Chapeau*-Verordnung als „PR CESL" bezeichnet und der wesentliche CESL-Text als „CESL" (Zur Struktur und den Vorteile der „Chapeau-Verordnung" siehe *Stadler*, AcP 212 (2012), 473, 474 f.; *Schmidt-Kessel*, in: ders. (Hg.), Ein einheitliches europäisches Kaufrecht?, 2012, S. 49 f.; *Stabentheiner*, in: Wendehorst/Zöchling-Jud (Hg.), Am Vorabend eines Gemeinsamen Europäischen Kaufrechts, 2012, S. 11). Nach der Begründung des Änderungsantrags 25 des Rechtsausschusses (A7-0301/2013 v. 25. September 2013), dem die Entschließung des Europäischen Parlaments vom 26. Februar 2014 (T7-0159/2014) folgt, scheint die Teilung in Verordnung und Anhang Verwirrung gestiftet zu haben und erscheint nicht notwendig. Deswegen wurde die Struktur abgeändert, d. h. die Kommission zielte darauf ab, den CESL-Text nicht mehr als ein getrennt stehender Anhang, sondern unter Titel II „Bestimmungen des Gemeinsamen Europäischen Kaufrecht" im PR CESL einzuordnen. Die Umsetzung ist aber noch fraglich, weil nach dem geänderten Art. 1 S. 1 PR CESL dieser weiter wie in alter Fassung lautet: Zweck dieser Verordnung ist es, die Voraussetzungen für die Errichtung und das Funktionieren des Binnenmarkts zu verbessern, indem innerhalb der Rechtsordnung jedes Mitgliedstaats ein einheitliches Vertragsrecht (das „Gemeinsame Europäische Kaufrecht") zur Verfügung gestellt wird, das in Anhang I dargestellt ist. Darüber hinaus werden von Titel II des CESL-Vorschlags ab die Artikel neu nummeriert und die gebräuchlichen Abkürzungen „PR CESL" und „CESL" auch in diesem Beitrag in Gebrauch genommen.

II. Gang der Darstellung

Der erste Teil befasst sich eingehend mit den Fragen, wie sich das CESL als ein optionales Instrument in die bestehenden Rechtsordnung einordnen kann und ob die im CESL vorgesehene Lösung überzeugend ist und ein unterschiedlicher Lösungsansatz auf kollisionsrechtlicher Ebene sinnvoll erscheint. Vor dem Einstieg in die Sachproblematik gilt es, sich kurz dessen Vorgeschichte und aktuellen Stand vor Augen zu führen (§ 2). Dabei wird auch der erste Schritt der Vertragsrechtsharmonisierung in Asien, Principles of Asian Contract Law (PACL), dargestellt. Danach beginnen Diskussionen mit der Grundfrage, ob zusätzliche regionale Einheitsrechte wie CESL oder PACL neben dem schon gut funktionierten CISG nötig sind. Vor der schwierigen Aufgabe, den Anwendungsmechanismus des CESL zu diskutieren, werden als Ausgangspunkt das optionale Instrument und die Parteiautonomie erörtert (§ 3). Die Auswahl des CESL ist nach jedem Regelungskonzept, sog. kollisionsrechtlicher Lösung, einheitlicher Lösung und kollisionsrechtlicher Vorschaltlösung, anders auszulegen und es lässt sich die Frage in Bezug auf die bereits existenten Regelwerke, insbesondere die Rom I-VO, unter die Lupe nehmen (§ 4). Danach ist die Zulässigkeit der von der Kommission gewählten Lösung präzise zu untersuchen, bevor auf deren praktischen Folgen und Probleme eingegangen werden kann (§ 5).

In einem zweiten Teil soll der Frage nach dem Anwendungsbereich im CESL aus rechtsvergleichender Sicht nachgegangen werden. Dieser besteht aus dem persönlichen (§ 6), räumlichen (§ 7) und sachlichen (§ 8) Anwendungsbereich. Darauf wird ausführlich im Vergleich mit dem CISG und der PACL eingegangen. Der Blick auf das CISG und die PACL wird dabei nicht nur zur Präzisierung von diesen beitragen, sondern rückwirkend auch das Verständnis für das CESL als bedeutenden Gesetzgebungsakt europäischer Rechtsvereinheitlichung erhöhen. Auf dieser Basis lässt sich die Methode der Lückenfüllung von innerhalb sowie außerhalb Anwendungsbereichs des CESL stehenden Lücken näher untersuchen (§ 9).

Erster Teil
Kollisionsrecht und CESL als ein optionales Instrument

§ 2 Harmonisierung der Vertragsrechte in der EU und in Asien

Das moderne Vertragsrecht ist durch immer bedeutsamere Internationalisierungstendenzen geprägt. Es ist alles andere als erstaunlich, wenn Juristen schon seit dem letzten Jahrhundert versuchen,[25] aus unterschiedlichen Rechtssystemen die Gemeinsamkeiten abzuleiten und diese in Regelungsvorschläge für ein weltweites oder beschränkt einheitliches Gesetzeswerk zu fassen. Aus diesen Bestrebungen entstanden die United Nations Convention on Contracts for the International Sale of Goods (CISG)[26], die Principles of International Commercial Contracts (PICC)[27] von UNIDROIT usw. Für manche Gebiete außerhalb des Vertragsrechts bestehen aber wiederum Zweifel, ob der gegenwärtig erreichte Stand bereits als Grundlage ausreicht.[28] Damit haben sich bisher die Bestrebungen zur Harmonisierung überwiegend auf das Vertragsrecht, insbesondere das Kaufrecht der beweglichen Sachen, konzentriert.[29]

25 Der älteste begann im Jahre 1928. *Ernst Rabel* schlug dem Römischen Institut für die Vereinheitlichung des Privatrechts (UNIDROIT) die weltweite Vereinheitlichung des Kaufrechts vor und arbeitete zwischen 1929 und 1939 Berichte und Entwürfe aus. Im Jahre 1936 veröffentlichte er den ersten Druck seines großen Werks „Das Recht des Warenkaufs", hierzu *Remien*, in: Remien/Herrler/Limmer (Hg.), Gemeinsames Europäisches Kaufrecht für die EU?, 2012, S. 1 f.; *Schlechtriem/Schroeter*, Internationales UN-Kaufrecht, 5. Aufl. (2013), Rdnr. 3.

26 Das UN-Kaufrecht von 1980 hat besondere Bedeutung und ist in Deutschland am 1.1.1991 in Kraft getreten.

27 Die Unidroit-Principles sind 1994 veröffentlicht und 2004 sowie 2010 jeweils neu gefasst worden. Die aktuelle Fassung ist abrufbar unter: http://www.unidroit.org/english/principles/contracts/principles2010/integralversionprinciples2010-e.pdf.

28 Für diese Gebiete würde eine gründliche Diskussion der vorhandenen Ergebnisse die Stärken und Schwächen noch besser herausarbeiten, *Doralt,* AcP 211 (2011), 1, 10 f.

29 Insbesondere das materielle Einheitsrecht ist oft auf internationale Sachverhalte beschränkt und umfasst immer nur Teile des Privatrechts, z. B. Transport- und Immaterialgüterrecht, Warenkaufrecht, Wechsel- und Scheckrecht. Diese Teilvereinheitlichung, die außerdem häufig in sich unvollständig ist, verlangt eine abgewogene und möglichst deutliche Grenzziehung zwischen den einbezogenen und den ausgeklammerten Bereich, *Kropholler*, Internationales Einheitsrecht, 1975, S. 167 f.

I. Gemeinsames Europäisches Kaufrecht

1. Vorgeschichte

Auf europäischer Ebene ergaben sich merkliche Erfolge in Form des sog. DCFR (Draft Common Frame of Reference) und der PECL (Principles of European Contract Law).[30] Am 11. Oktober 2011 war ferner der Vorschlag für eine Verordnung des Europäischen Parlaments und des Rates über ein Gemeinsames Europäisches Kaufrecht (CESL)[31] ein Meilenstein in der Entwicklung des europäischen Vertragsrechts,[32] wenngleich der sachliche Anwendungsbereich des CESL auf Kauf- und verbundene Dienstleistungsverträge stark geschrumpft war[33] und seine Verwendung von den Parteien in bestimmter Weise – wegen seines „optional Instrument"-Modells[34] – nunmehr vereinbart werden müsste. Damit liegt nunmehr ein Entwurf einer Kodifikation für die traditionelle Kernmaterie des Privatrechts vor,[35] der nicht lediglich als „wissenschaftliches Recht" im Sinne eines von Professorengruppen erarbeiteten Regelungsmodells wie der DCFR und PECL bezeichnet werden kann.[36] Mit diesem Vorschlag tritt die politische und rechtswissenschaftliche Debatte um das Einheitsrecht in Europa in eine neue Phase ein, darüber hinaus liegt erstmals ein Einheitsrechtsentwurf vor, der den praktisch zentralen und für viele Rechtsordnungen prägenden Vertragstyp, nämlich den Kaufvertrag, in seinen wesentlichen Kernpunkten einer

---

30 Für einen Überblick zu den Vereinheitlichungsbestrebungen des Europäischen Privatrechts, *Martens*, EuZW 2010, 527, 527 ff.

31 KOM (2011) 635 endg. vom 11.10.2011, Vorschlag für eine Verordnung des Europäischen Parlaments und des Rates über ein Gemeinsames Europäisches Kaufrecht. Abrufbar unter http://eur-lex.europa.eu/LexUriServ/LexUriServ.do?uri=COM:2011:0635:FIN:de:PDF.

32 *Eidenmüller*, CML Rev. 50 Special Issue (2013), 69, 69.

33 Den engen Anwendungsbereich bedauert *Mankowski*, RIW 2012, 97, 97; *Schulze*, NJW 44/2011, Editorial.

34 Art. 8 und 9 PR CESL.

35 Der Sache nach behandelt CESL nicht nur die spezifisch kaufrechtlichen Verpflichtungen und Gewährleistungsrechte der Parteien, sondern auch zahlreiche weitere Aspekte, die aus einer systematischen Sicht allen Vertragstypen gemein sind: Regelungen über Angebot und Annahme, über Einigungsmängel, Vertragsauslegung, Schuldnerverzug und seine Folgen, über die Verjährung, usw., *Basedow*, in: Gebauer (Hg.), Gemeinsames Europäisches Kaufrecht – Anwendungsbereich und kollisionsrechtliche Einbettung, 2013, S. 3.

36 Eidenmüller/Jansen/Kieninger/Wagner/Zimmermann, JZ 2012, 269.

einheitlichen Regelung zuführen soll.[37] Man legt besonders großen Wert auf den Strategiewechsel von der Mindestharmonisierung[38] in einzelnen Richtlinien zur Vollharmonisierung.[39] Die bisherigen Richtlinien enthielten die sog. Mindestha rmonisierungsbestimmungen,[40] die den Mitgliedstaaten die Möglichkeit boten, strengere Verbraucherschutzvorschriften ins staatliche Recht als die Bestimmungen des Acquis einzuführen.[41] Die Mitgliedstaaten hatten tatsächlich von dieser Möglichkeit umfassend Gebrauch gemacht, damit konnte sich die europaweite Rechtseinheit durch diese Richtlinien in der Praxis kaum verwirklichen.[42] Es hat unterdessen zu einer Rechtszersplitterung in der EU geführt, die einerseits bewirkt, dass die Einhaltung unterschiedlicher Vorschriften in jedem Mitgliedstaat den im grenzüberschreitenden Handel tätigen Unternehmen beträchtliche Kosten verursacht. Andererseits schreckt die Rechtsunsicherheit aus den

---

37 Die Kritik zur Kaufrechtsorientierung der meisten nationalen Rechtsordnungen entsteht, weil die Hinwendung des Schuld- oder Vertragsrechts zu den Dienstleistungsverträgen dadurch erheblich erschwert wird, *Schmidt-Kessel*, in: ders. (Hg.), Ein einheitliches europäisches Kaufrecht?, 2012, S. 1.

38 Vgl. zu Einzelheiten *Micklitz/Reich*, EuZW 2009, 279, 280. Als wichtigster Rechtsakt im Bereich der Mindestharmonisierung ist die Verbrauchsgüterkaufrichtlinie (Richtlinie 99/44/EG des Europäischen Parlaments und des Rates v. 25.5.1999 zu bestimmten Aspekten des Verbrauchsgüterkaufs und der Garantien für Verbrauchsgüter, ABl. 1999 L 171, zuletzt geändert durch Richtlinie 2011/83/EU v. 25.10.2011 über die Rechte der Verbraucher, ABl. 2011 L 304) zu nennen. Seit 1999 prägt sie die Rechtslandschaft in der EU und hat teilweise zu erheblichen Veränderungen der mitgliedstaatlichen Vertragsrechtssysteme geführt. In Deutschland ist insoweit an die Schuldrechtsreform zu erinnern.

39 Die Europäische Kommission veröffentlicht bereits in der „Verbraucherpolitischen Strategie 2002 – 2006" den Wechsel von der Mindestharmonisierung zur Vollharmoni sierung. Bereits damals sah die Kommission die gesetzgeberischen Spielräume als sehr kritisch an, die sich jeder Mitgliedstaat bei einem bloßen Minderharmonisierungsansatz zunutze machen kann, *Gsell/Herresthal*, in: dies. (Hg.), Vollharmonisierung im Privatrecht, 2009, S. 2; *Staudenmayer*, NJW 2011, 3491, 3492. Zur Kritik über den Wechsel von Mindestharmonisierung zur Vollharmonisierung siehe *Micklitz/Reich*, CML Rev. 46 (2009), 471, 474 ff.

40 Als das Bild eines „Fleckerlteppichs" wird das europäische Verbraucherrecht nach dem sektorspezifischen Ansatz häufig bezeichnet, *Zöchling-Jud*, AcP 212 (2012), 550, 551.

41 Vgl. Schmidt-Kessel/*ders.*, GEK-E, 2014, S. 5; *Kroll-Ludwigs*, GPR 2012, 181, 181; *Reich*, ZfRV 2011, 196, 197. Zu den möglichen Umsetzungsspielräumen (*extra muros* und *intra muros*) der Mitgliedstaaten bei vollharmonisierenden Richtlinien Europäische siehe *Riehm*, in: Gsell/Herresthal (Hg.), Vollharmonisierung im Privatrecht, 2009, S. 90 ff.

42 *Martens*, EuZW 2010, 527, 529.

unterschiedlichen Bestimmungen und die Rechtshilfe den Verbraucher davon ab, nach grenzüberschreitenden Waren und Dienstleistungen zu fragen. Nach den vollharmonisierenden Richtlinien dürfen die Mitgliedstaaten keine von den Bestimmungen der Richtlinie abweichenden innerstaatlichen Rechtsvorschriften aufrechterhalten oder einführen. Dies bedeutet die Abschaffung des bislang geltenden „Minimalstandardprinzips".[43]

2. Zustimmung des Europäischen Parlaments

Das Europäische Parlament gab endlich am 26.2.2014 seine Zustimmung[44] zu einem künftigen Gemeinsamen Europäischen Kaufrecht, das wahlweise für grenzüberschreitende Fernabsatzgeschäfte gelten soll.[45] Anders als dessen Name und ursprüngliches Vorhaben wurde der Anwendungsbereich tatsächlich erheblich auf Fernabsatzgeschäfte einschließlich Online-Verträge beschränkt. Der politische Widerstand aus den Mitgliedstaaten dürfte unterdessen eine Rolle gespielt haben. Der Deutsche Bundestag, der österreichische Bundesrat, der belgische Senat und das House of Lords haben die Subsidiaritätsrüge erhoben.[46]

Die Bundesrechtsanwaltskammer (BRAK) begrüßt aber das CESL am 28.2.2014 als Schritt zur Rechtsvereinfachung und erhöhten Rechtssicherheit.[47] Käufer und Verkäufer können künftig ein einheitliches europaweit-geltendes Recht für grenzüberschreitende Fernabsatzgeschäfte über Warenkauf sowie den Erwerb digitaler Produkte wie Musik, Filme, Apps usw. verwenden.

43 *Schulz,* in: Gsell/Herresthal (Hg.), Vollharmonisierung im Privatrecht, 2009, S. 64.

44 Legislative Entschließung der Europäischen Parlaments vom 26. Februar 2014, Dokument Oral P7_TA-PROV.

45 Das Europäische Parlament stimmte am 26.2.2014 in erster Lesung für ein Gemeinsames Europäisches Kaufrecht und legte damit seine Position für die Verhandlungen mit der Kommission und dem Rat, die sogenannten Trilog-Verhandlungen, fest.

46 Legislative Entschließung der Europäischen Parlaments vom 26. Februar 2014, Dokument Oral P7_TA-PROV, 4. Spiegelstrich.

47 Der Vizepräsident der BRAK *Martin Abend* begrüßt die Beschlussfassung des Europäischen Parlaments: „Die Möglichkeit, die Anwendung eines vereinheitlichten Kaufrechts für grenzüberschreitende Verträge wählen zu können, kann langfristig zu einer Rechtsvereinfachung und zu erhöhter Rechtssicherheit in der Europäischen Union führen. Breitere Akzeptanz wird das neue Vertragsregime aber wohl nur finden, wenn sein Anwendungsbereich nicht auf Fernabsatzgeschäfte beschränkt bleibt.", Presseerklärung Nr. 4 v. 28.2.2014 (Abrufbar darunter: http://www.brak.de/fuer-journalisten/pressemitteilungen-archiv/2014/presseerklaerung-4-2014/)

3. Widerstand gegen das CESL und Aufhebung des PR CESL

Am 16.12.2014 hat die Europäische Kommission ihr Arbeitsprogramm für 2015 veröffentlicht und in diesem Zusammenhang den Vorschlag für ein Gemeinsames Europäisches Kaufrecht zurückgezogen. Zur Begründung heißt es bezüglich des CESL: „Der Vorschlag wird geändert, um das Potenzial des elektronischen Handels im digitalen Binnenmarkt voll zur Entfaltung zu bringen."[48] Auf den ersten Blick schließt dies an die Entschließung des Europäischen Parlaments an, den Anwendungsbereich des Kaufrechts auf „Fernabsatzverträge, einschließlich Online-Verträge" zu beschränken.[49] Nach dem Amtsantritt der neuen Kommission hat der französische Vertreter bei der Europäischen Union am 28.11.2014 der neuen Justizkommissarin ein gemeinsames Schreiben der Justizminister von Deutschland, Frankreich, Österreich, dem Vereinigten Königreich, der Niederlande und Finnland übersandt.[50] Der Brief hat tatsächlich das Scheitern des Projekts im Rat angekündigt. Denn das Stimmgewicht dieser sechs Mitgliedstaaten im Rat geht schon weit über eine Sperrminorität hinaus. Die Argumente in dem Brief haben ihre Bedeutung mit dem Rückzug des Vorschlags aber nicht verloren, denn sie dürften nochmals die Stellungnahme gegenüber einem künftigen modifizierten Vorschlag beeinflussen. Aus diesem Grund müssen Kommission und Parlament die Argumente, auf denen kritische wissenschaftliche Debatten seit 2011 basieren, in Zukunft ernsthaft überprüfen.[51]

In letzter Zeit hat die EU-Kommission zwei Richtlinien als ärmliche Nachfolger des CESL vorgeschlagen:[52] Ein Vorschlag über bestimmte vertragsrechtliche Aspekte der Bereitstellung digitaler Inhalte[53] und ein Vorschlag über bestimmte vertragsrechtliche Aspekte des Online-Warenhandels.[54] Anders als das CESL sind diese beiden Vorschläge nicht nur inhaltlich geschrumpft, d. h. alle gemeinsamen vertragsrechtlichen Bestimmungen sind weggefallen, sondern sie richten

---

48 Mitteilung der Kommission an das Europäische Parlament, den Rat, den Europäischen Wirtschafts- und Sozialausschluss und den Ausschluss der Regionen – Arbeitsprogramm der Kommission 2015. Ein neuer Start, COM(2014) 910 final vom 16.12.2014, Anhang II, S. 13.

49 Legislative Entschließung der Europäischen Parlaments vom 26. Februar 2014, Dokument Oral P7_TA-PROV, Abänderung 61 zu Art. 5 Abs. 1 des Vorschlags.

50 Es zeigte sich die Präferenz der sechs Staaten für die Mindestharmonisierung als für das einheitliche EU-Privatrecht, *Basedow*, ZEuP 2015, 432, 433.

51 *Basedow*, ZEuP 2015, 432, 433.

52 Ausführend *Maultzsch*, JZ 2016, 236; *Wendland*, EuZW 2016, 126.

53 COM(2015) 634 final. v. 9.12.2015.

54 COM(2015) 635 final. v. 9.12.2015.

sich auch nach einer Richtlinie, nicht nach einer Verordnung. Damit ist die kollisionsrechtliche Einbettung sämtlich irrelevant und überflüssig, denn diese Richtlinien können durch staatliches Umsetzungsgesetz zur Anwendung kommen.

Durch anhaltenden Widerstand gegen ein gemeinsames Europäisches Kaufrecht in allen Bereichen scheint der Strategiewechsel der EU-Kommission, ihre Bemühungen wohl auf den Online-Handel zu konzentrieren, nach den bisherigen Verhandlungen auch sinnvoll und realistisch.[55] Ob das CESL-Projekt endgültig scheitern wird oder wie die genaue Ausgestaltung in Zukunft aussehen wird, ist aber noch ungewiss und bleibt abzuwarten.

II. Principles of Asian Contract Law

Anlässlich dieses europäischen Fortschritts entstand auch in Asien eine epochale Bewegung zur Harmonisierung nationalen Rechts. Im Jahre 2009 kam den Wissenschaftlern[56] aus Korea, China und Japan mit Unterstützung der Alexander von Humboldt-Stiftung eine Schlüsselrolle zu, so betrachten sie das Projekt zum asiatischen einheitlichen Vertragsrecht als lediglich ein rein wissenschaftliches Ergebnis.[57] Von dort an wurden fortschreitend die PACL (Principles of Asian Contract Law)[58] entwickelt und immer mehr Länder, darunter Kambodscha, Nepal, Malaysia, Myanmar, Indonesien, Singapur, Taiwan, Thailand, und Vietnam fanden Interesse an dieser Forschung.[59] Damit wird die Zivilrechtswissenschaft in fast ganz Asien, außer nahöstlichen Ländern und Indien, in deren Bann

55 *Sensburg/Käfer*, GPR 2015, 106, 109.

56 Dr. Jur. *Young-June Lee* in Korea, Professor *Shiyuan Han* an der Universität Tshinghua in China und Professor *Naoki Kanayama* an der Universität Keio in Japan vereinbarten am 10. Oktober 2009 in Beijing, die den Principles of European Contract Law (PECL) entsprechenden Principles of Asian Contract Law (PACL) zu erforschen und zu entwerfen.

57 *Han*, Vill. L. Rev. 58 (2013), 589, 593.

58 *Ga*, NZACL 17 spec. iss. (2014), 55, 55; *Schwenzer*, NZACL 17 spec. iss. (2014), 9, 9; *Han*, Vill. L. Rev. 58 (2013), 589, 589; *Schlechtriem/Schroeter*, Internationales UN-Kaufrecht, 5. Aufl. (2013), Rdnr. 18; *Young-June Lee*, Asia Private L. Rev. 4 spec. iss. (2012), 3, 3; mit der PACL meint dagegen Prof. *Kanayama*, „Principles of Asian Civil (Commercial) Law“ oder „Principles of Asien Common Law“, *ders.*, PACL (Principles of Asian Civil Law), in: Moore (Hg.), Mélanges Jean-Louis Baudouin, 2012, S. 408; *ders.*, Jurist 1406 (2010), 102, 103.

59 *Ga*, NZACL 17 spec. iss. (2014), 55, 57; *Kanayama*, PACL (Principles of Asian Civil Law), in: Moore (Hg.), Mélanges Jean-Louis Baudouin, 2012, S. 399 ff.; *ders.*, Jurist 1406 (2010), 102,104.

gezogen. Das Interesse der Europäer an diesem Projekt zeigt sich auch darin, dass Frankreich zu jedem Treffen der asiatischen Wissenschaftler einen Observer zur Konferenz abordnete.

Um für Effizienz und zügige Vollendung des Projekts zu sorgen, wurden die aufgeteilten Kapitel an Wissenschaftler aus China, Korea und Japan verteilt: Die Japaner bearbeiten den Allgemeinen Teil, die Chinesen die Erfüllung des Vertrages und die Koreaner die Leitungsstörung. Die Verfasser müssen bei dieser aufgeteilten Bearbeitung eine gewisse Inkohärenz in Kauf nehmen. Mangelhafte Kenntnisse der Wissenschaftler über andere Vertragsrechte in Asien erschweren das Projekt. Dazu kommen sprachliche Probleme vor, denn die Kommunikation in Englisch ist für die meisten asiatischen Juristen außer denen aus Hongkong und Singapur nicht einfach. Von dem Jahr 2009 an wurden die einzelnen Entwürfe Schritt für Schritt im PACL-Forum intensiv diskutiert und kodifiziert.[60] Im PACL-Forum, das vom 16. bis 18. Dezember 2011 in Seoul stattfand, wurde als der letzte Teil ein Entwurf für das wichtigste Thema „Performance und Non-Performance" – mit dessen Aufsetzen Südkorea beauftragt wurde – des Projekts, intensiv diskutiert und kodifiziert.[61] Endlich wurde er im März 2012 in Tokyo angenommen.

Die PACL ist ein Ergebnis der Arbeit einer Vielzahl von Privatrechtswissenschaftlern aus verschiedenen Ländern in Asien, und sie verstehen sich in dieser Phase als akademischer Vorschlag wie DCFR und PECL, der allein den Prinzipien der Wissenschaft verpflichtet ist. Ob die PACL tatsächlich eines Tages als Keimzelle eines asiatischen Vertragsrechts Berühmtheit erlangen werden, bleibt offen. Zwar ist wahrscheinlicher, dass sie auf Umwegen, durch ihren Einfluss auf Rechtsprechung, Forschung und Lehre sowie Gesetzgebung in einzelnen Staaten Wirkung entfalten und zur Vereinheitlichung des Rechts in Asien ihren Beitrag leisten werden. Insbesondere Korea und Japan haben schon lange Zeit eine Schuldrechtsmodernisierung wie in Deutschland 2002 vorbereitet, deswegen ist es sicher, dass die PACL einen bedeutenden Einfluss auf deren Novellierung ausüben wird. Auch wenn das mit viel Verve verfolgte Projekt in der Versenkung

60 *Ga*, NZACL 17 spec. iss. (2014), 55, 57. Zur ausführende Geschichte siehe *Ga*, NZACL 17 spec. iss. (2014), 55, 56 f.; *Han*, Vill. L. Rev. 58 (2013), 589, 589 ff.; *Kanayama*, Jurist 1406 (2010), 102,104 ff.

61 *Young-June Lee*, Asia Private L. Rev. 4 spec. iss. (2012), 3, 3. Die südkoreanischen Wissenschaftler wurden in Keio-Forum 2010 mit dem Entwurf der Leistungsstörungen beauftragt, danach hatte Prof. *Lee* vielen Wissenschaftlern in anderen Ländern eine aufgestellte Umfrage des wichtiges 80 Themen über die Leistungsstörung gesandt und um ein Gutachten gebeten. Als offene Frage wird natürlich dieser angefertigte Entwurf weiter überprüft und verbessert.

verschwinden würde, könnte dies als Speicher künftiger Normen auf asiatischer Ebene dienen.

III. CISG oder CESL und PACL?

1. Regionale Rechtsvereinheitlichung als ein Hemmnis zur weltweiten Privatrechtseinheit?

Bei grenzüberschreitenden Verträgen müssen bisher die Beteiligten wegen der mangelnden Harmonisierung auf das in Europa einheitlich geregelte IPR zurückgreifen, um das auf den Vertrag anwendbare Recht zu bestimmen.[62] Das CISG ist aber bei grenzüberschreitenden Warenverträgen als die wichtigste Vereinheitlichungsmaßnahme heutzutage fast in der ganzen Welt gültig. Sein Siegeszug setzt sich fort:[63] 83 Vertragsstaaten,[64] Rücknahme von Vorbehalten und mehr als 3000 Entscheidungen staatlicher Gerichte und Schiedsgerichte belegen, dass das CISG für die internationale Handelspraxis von zentraler Bedeutung ist.[65] Schon heute ist das UN-Kaufrecht für grenzüberschreitenden Warenkauf in einem Großteil Europas maßgebend. Vom CISG ausgenommen sind nur Großbritannien, Irland und Malta sowie Portugal. Trotz dieser Geltungslücke kann das Übereinkommen zum Bestand des europäischen gemeinsamen Kaufrechts gezählt werden.[66] Dagegen sind viele Länder in Asien noch keine Vertragsstaaten des UN-Kaufvertragsrechts. Die am PACL-Projekt teilnehmenden Staaten außer Taiwan und Kambodscha haben aber schon das Übereinkommen ratifiziert.[67] In dieser Rechtslage hätte man für das Kaufrecht in Gestalt des CISG bereits eine „Opt-out"-Lösung zur Verfügung. Wenn das CISG als ein überwiegender Maßstab im internationalen Produktverkehr eine große Rolle spielen kann, warum

62 Auch wenn Unternehmen in den AGB ihr Heimatrecht als anwendbares Recht festgelegt haben, sehen sich Unternehmen nach Art. 6 Abs. 2 Rom I-VO bei grenzüberschreitenden B2C-Verträgen gezwungen, ganz oder teilweise zugunsten des Verbrauchers fremdes Recht anzuwenden, *Staudenmayer*, NJW 2011, 3491, 3492.

63 *Schlechtriem/Schroeter*, Internationales UN-Kaufrecht, 5. Aufl. (2013), Rdnr. 60.

64 Der aktuellen Zustand (16.04.2017) über die Ratifikation ist abrufbar unter: http://www.uncitral.org/uncitral/en/uncitral_texts/sale_goods/1980CISG_status.html

65 Das CISG ist – nach Ansicht einiger – gerade dem deutschen Kaufrecht des BGB/HGB deutlich überlegen, *Piltz*, NJW 2015, 2548, 2548; *ders.*, NJW 2012, 3061, 3066.

66 *Flessner*, in: FS für Kropholler, 2008, S. 27.

67 Am 18.12.2015 hat Vietnam ebenfalls das UN-Kaufrecht ratifiziert und das wird ab 1.1.2017 in Kraft treten.

streben die EU und andere Länder einen neuen Regelungsmechanismus für das einheitliche Vertragsrecht auf der regionalen Ebene an?

Wegen der zunehmenden Anzahl regionaler Rechtsvereinheitlichungsprojekte wird inzwischen einerseits eine andere Kritik erhoben. Während Hürden des grenzüberschreitenden Warenverkehrs in der Vergangenheit mit der Vielfältigkeit zwischen den nationalen Rechten einhergegangen waren, drohen in Zukunft scheinbar die Unterschiede zwischen mehreren Einheitsrechten den internationalen Handel zu behindern.[68] Aus langfristiger Sicht ist andererseits die regionale Rechtsvereinheitlichung bzw. -angleichung zur weltweiten Privatrechtsvereinheitlichung hilfreich, weil meistens Vereinheitlichungsprojekte auf der regionalen Ebene, z. B. PECL, DCFR, PACL und das einheitliche Kaufrecht der afrikanischen OHADA-Staaten[69], das CISG als Vorbild genommen haben – trotz Abweichungen im Detail.[70] Die regionalen Einheitsrechte sind lediglich eine vorbeigehende Mittelstation auf dem Weg zum Endziel, d. h. ein einheitliches internationales Privatrecht.[71]

2. Bedürfnis nach einem neuen regionalen Regelwerk

A. EU

1) Veränderungen und Entwicklungen in sozialen und rechtlichen Zusammenhängen

Durch das Übereinkommen der Vereinten Nationen vom 11.4.1980 über Verträge über den internationalen Warenkauf wurde ein internationales Einheitsrecht geschaffen.[72] In der Bundesrepublik Deutschland gilt dieses Recht seit dem 1.1.1991 auf Grund des Zustimmungsgesetzes vom 5.7.1989 mit einigen Modifikationen.[73] Die Bedeutung des CISG reicht weit über seine Anwendung

---

68 *Schlechtriem/Schroeter*, Internationales UN-Kaufrecht, 5. Aufl. (2013), Rdnr. 22.

69 Ausführlich Staudinger/*F. Sturm/G. Sturm*, 2012, Einl. zum IPR Rdnr. 522.

70 Staudinger/*Magnus*, 2013, Art. 1 CISG Rdnr. 2.

71 Auch zum Bedürfnis nach sog. EU Civil Code siehe *Lando*, RIW 2003, 1, 1 f.

72 Das Übereinkommen verbreitet als *UN-Kaufrecht* oder als *CISG* (Convention on the International Sale of Goods), manchmal auch nach dem Ort des Vertragsabschlusses als *Wiener Kaufrecht*, seltener nach der den Abschluss vorbereitenden UN-Kommission als *UNCITRAL-Kaufrecht* bezeichnet wird, MünchKomm/*Westermann*, Bd. 3, 6. Aufl. (2012), Vor. Art. 1 CISG Rdnr. 1.

73 Vertragsgesetz v. 5.7.1989, BGBl. 1989 II S. 586, in der Fassung des Schuldrechtsmodernisierungsgesetzes vom 26.11.2001, BGBl. I S. 3138; die ehemalige DDR hatte das Abkommen am 13.8.1981 unterzeichnet, es trat dort bereits am 1.3.1990 in Kraft.

als unmittelbar geltendes Recht hinaus, weil seine Grundstrukturen und Zentralbegriffe wesentlichen Einfluss auf andere internationale Vereinheitlichungsprojekte und nationale Reformen gehabt haben. Trotz vieler Abweichungen im Detail verhält es sich so mit den PECL, dem CESL und den PACL.[74] Das CISG wurde aber schon vor gut 30 Jahren unter damaligen Umständen geschaffen. Heutige Veränderungen und Entwicklungen in sozialen und rechtlichen Zusammenhängen fordern ein neues Regelwerk.[75] Wenn der interne unions- und gemeinschaftsrechtliche Standard nicht erreichbar oder höher ist als der internationale, ist der Letztere inakzeptabel und die Europäische Union sollte einen neuen eigenen schaffen.[76]

2) Wiederspiegeln der Fortschritte des europäischen acquis communautaire, insbesondere beim Verbraucherrecht

Das CESL basiert zwar grundsätzlich auf dem CISG, aber es gibt auch viele Unterschiede.[77] Anders als CISG und UNIDROIT hat zuerst das CESL die dreißigjährigen Entwicklungen eines europäischen acquis communautaire, insbesondere beim Verbraucherschutz, berücksichtigt. Die Zielrichtung des CISG unterscheidet sich insofern von der des CESL, als dass sie ein Rechtsregime ausschließlich für Handelsgeschäfte beabsichtigt, wohingegen das CESL gerade auch bei grenzüberschreitenden Verbraucherverträgen Anwendung finden soll und demgemäß in beträchtlichem Umfang verbraucherschützende Regelungen[78] enthält.[79] Rechtspolitisch wird zudem mit dem CESL ein auf Privatautonomie begründete

---

74 *Schlechtriem/Schroeter*, Internationales UN-Kaufrecht, 5. Aufl. (2013), Rdnr. 18 ff.

75 Dagegen *Leible*, RabelsZ 76 (2012), 374, 397; auch ist es schlicht durch die dementsprechende Erweiterung des Anwendungsbereichs des CISG möglich nach *Kampf*, RIW 2009, 297, 300 f.

76 Die internationale Rechtsvereinheitlichung ist durch die Gründung, das Wachstum und die Vertiefung der EU schwieriger geworden, zur Beispiele siehe *Flessner*, in: FS für Kropholler, 2008, S. 24 ff.; insbesondere siehe vielfältige inhaltliche Divergenzen zwischen dem CISG und privatrechtsharmonisierden Richtlinien der EU *Schlechtriem/Schroeter*, Internationales UN-Kaufrecht, 5. Aufl. (2013), Rdnr. 823.

77 Auch zur Verbesserung im CESL siehe *Lando*, in: Remien/Herrler/Limmer (Hg.), Gemeinsames Europäisches Kaufrecht für die EU?, 2012, S. 15 ff.

78 Z. B. die nur sämtliche Anwendbarkeit des CESL bei B2C-Verträgen (Art. 8 Abs. 3 S. 1 PR CESL), (vor-)vertragliche Informationspflicht (Artt. 13 ff. CESL), Widerrufsrecht (Artt. 40 ff. CESL), unfaire Vertragsbestimmungen (Artt. 82 ff. CESL) usw.

79 Siehe auch ein praktisches Bedürfnis für das CESL auf den B2C-Märkten *Basedow*, in: Gebauer (Hg.), Gemeinsames Europäisches Kaufrecht – Anwendungsbereich und kollisionsrechtliche Einbettung, 2013, 14 f.

Pilotprojekt[80] eingeschlagen, nachdem die Vollharmonisierung des Vertragsrechts durch pointillistische Richtlinien zuletzt an ihre Grenze gestoßen war.[81] Anders als das BGB, das dem Grundsatz nach der abschnittsweise gesonderten Regelung des Verbraucherschutzes folgt, werden die verbraucherschützenden Regelungen in vereinzelte[82] Abschnitten des CESL integriert. Damit findet sich dort kein eigenständiges abgeschlossenes Kapitel über Verbraucherrechte.[83]

3) Verlangen nach einem neuen gemeinsamen Vertragsrecht

Die Rechtsvereinheitlichung des Kaufrechts durch das CISG ist eine sektorale und erfasst so nur einen Ausschnitt möglicher Kaufverträge.[84] Das CISG hat anders als ein nationales Kaufrecht einen sachlich beschränkten Anwendungsbereich, z. B. regelt das BGB als ein vollständiges Regelwerk die im Warenverkehr entstehenden rechtlichen Probleme. Das UN-Kaufrecht gilt nur für Kaufverträge über Waren einschließlich Werklieferungsverträge,[85] die nicht für den persönlichen Gebrauch erworben werden.[86] Nicht nur bei allen B2C-Verträgen sondern auch bei Verträgen zwischen Unternehmen könnte sich ein Bedarf an optionalen europäischen Bestimmungen insofern finden, als das CISG wichtige Materien, z. B. Rechtskauf, Dienst- und Werkvertrag, Miete und Geschäftsbesorgung usw., nicht erfasst und ferner nicht in allen EU-Mitgliedstaaten gilt.[87]

Darüber hinaus enthält das UN-Kaufrecht nur Vorschriften über den Abschluss des Vertrages, die Gefahrübertragung sowie das materielle Kaufrecht, also insbesondere die Regelung der Pflichten von Verkäufer und Käufer bzw. die Behelfe bei Vertragsverletzungen. Das UN-Kaufrecht hat aus seinem Gegenstand die Eigentumsübertragung (Art. 4 lit. b CISG) sowie die Fragen ausgenommen, die „die Gültigkeit des Vertrages oder einzelner Vertragsbestimmungen oder die Gültigkeit

---

80 *Stadler*, AcP 212 (2012), 473, 498.

81 *Meyer*, ZEuP 2014, 441, 442; auch ausführlich zur Kritik am bisherigen Ansatz der Kommission *Stürner*, in: ders. (Hg.), Vollharmonisierung im Europäischen Verbraucherrecht?, 2010, S. 4. f.

82 *Herresthal*, in: Schulte-Nölke/Zoll/Jansen/Schulze (Hg.), Der Entwurf für ein optionales europäisches Kaufrecht, 2012, S. 102 ff.

83 Kritik zu dieser Regelungstechnik siehe *Thole*, in: Schmidt-Kessel/Leible/Tichý (Hg.), Perspektiven des Verbrauchsgüterkaufs, 2015, S. 24 f.

84 Schmidt-Kessel/*ders.*, GEK-E, 2014, S. 7.

85 Siehe Art. 3 Abs. 1 CISG.

86 Siehe Art. 2 lit. a CISG.

87 *Schulze*, EuZW 2010, 801, 801.

von Handelsbräuchen (Art. 4 lit. a CISG)" betreffen. Abseits vom Anwendungsbereich des Übereinkommens stehen ebenfalls die Haftung für den durch die Ware verursachten Tod oder die Körperverletzung einer Person (Art. 5 CISG) und die Verjährung.[88] Seine Anwendbarkeit wird dadurch weiter eingeschränkt, dass nicht alle Mitgliedstaaten[89] dem Wiener Übereinkommen beigetreten sind und somit bisher keine Vorkehrungen zu seiner einheitlichen Auslegung getroffen wurden.[90] Wegen des beschränkten persönlichen, sachlichen und räumlichen Anwendungsbereichs im CISG kann man dementsprechend ein Bedürfnis nach einem regional einheitlichen Regelwerk annehmen.[91]

B. Besonderheiten in Asien

Aus asiatischer Sicht haben europäische und amerikanische Wissenschaftler und Juristen für den Entwurf des CISG eine große Rolle gespielt, weshalb westliche Aspekte besonders ausgeprägt sind.[92] In Asien – insbesondere in Nordostasien – gab es aus geschichtlichen, politischen und kulturellen Gründen bislang kein regionales Einheitsrecht. Zum einheitlichen Recht in Asien gibt es keinen Fundus wie das römische Recht (*ius commune*) in der EU.[93] Mit der wirtschaftlichen

88 Die Verjährung wird im CISG nicht geregelt, denn hierfür gibt es schon das gesonderte UN-Verjährungsübereinkommen. Deutschland hat dieses Übereinkommen noch nicht ratifiziert. Für die Verjährung der Gewährleistungsanspruche des Käufers bringt allerdings Art. 3 CISG-VertragsG eine ergänzende Regelung, die im Kern auf eine entsprechende Anwendung der §§ 477 und 478 BGB hinausläuft, Ferrari u. a./*Saenger*, Internationales Vertragsrecht, 2. Aufl. (2012), Art. 4 CISG Rdnr. 31; *v. Bar*, Internationales Privatrecht, Bd. 2, 1991, Rdnr. 300.

89 Räumliche Voraussetzung für den Anwendung des CISG ist, dass die Parteien ihre Niederlassung in verschiedenen Vertragsstaaten haben oder dass Regeln des Internationalen Privatrechts auf das Recht eines Vertragsstaats verweisen (Art. 1 Abs. 1 CISG), siehe ausführlich unten S. 162 ff.

90 Schmidt-Kessel/*ders.*, GEK-E, 2014, S. 6; auch *Schulze*, EuZW 2010, 801, 801.

91 *Schulze*, EuZW 2010, 801, 801.

92 Auch *Han*, Vill. L. Rev. 58 (2013), 589, 591. „Harmonisierung ist ein Ergebnis aus dem Gewinnen der Mehrheitsgruppe, aber zu Ungunsten von Minderheit", *Ben-Shahar*, CML Rev. 50 Special Issue (2013), 3, 7.

93 *Schulze*, ZEuP 1993, 442, 442 ff.; *Repgen*, in: Jahrbuch Junger Zivilrechtswissenschaftler 1997, S. 16 ff.; *Zimmermann*, in: ders. (Hg.), Rechtsgeschichte und Privatrechtsdogmatik, 1999, S. 2 ff. Obwohl die Rezeption westlichen, insbesondere deutschen Rechts im Fernen Osten überwiegend ist, in Südasien, z. B. Bangladesch, Burma, Bhutan, Hongkong, Nepal, Indien, Singapur, Thailand etc., gibt es viele Länder, die zum Rechtskreis

Entwicklung in Asien[94] wird der Anreiz immer größer, für sich ein harmonisierendes Vertragsrecht asiatischer Provenienz zu schaffen.[95] Als Nährboden sowohl für die weitere Entwicklung des gemeinsamen asiatischen Vertragsrechts als auch für einzelne staatliche Schuldrechtsmodernisierung können die Erfahrungen aus den PACL zweifellos dienen. Ferner macht sich das Projekt PACL den Fortschritt des Internationalen Privatrechts zunutze, denn bei deren Ausarbeitung wurden die Inhalte der bestehenden einheitlichen Regelwerke aus dem asiatischen Gesichtspunkt unvermeidbar einbezogen.

des *Common Law* gehören. Zur Rechtsrezeption in Ostasien, nämlich China, Japan, Südkorea und Taiwan, siehe *Starck*, JZ 2016, 377, 377 ff.

94 Nach den Schätzungen des IWF für 2013 belegt China den zweiten Platz auf die Liste der Länder nach Bruttoinlandsprodukt, Japan den dritten, Südkorea den zwölften, abrufbar auf der Website des Internationalen Währungsfonds (IMF).

95 *Han*, Vill. L. Rev. 58 (2013), 589, 591 f.

§ 3 Das CESL als ein optionales Vertragsstatut

I. Einführung des optionalen Instruments in der EU

1. Vollharmonisierung und optionales Instrument

Auf dem europäischen Binnenmarkt gibt es bereits vielfältige Rechtswerke, darunter internationale, europäische und staatliche Regelungen, um für die grenzüberschreitenden Geschäfte verwendet zu werden.[96] Mit dieser Vielschichtigkeit nehmen die Schwierigkeiten bei den grenzüberschreitenden Verträgen erheblich zu, damit steigt die Nachfrage nach der Harmonisierung. Abgesehen vom Verbrauchervertragsrecht ist das Vertragsrecht auf der europäischen Ebene bislang noch nicht harmonisiert.[97] Wie oben ausgeführt, basieren fast alle EU-Richtlinien nach wie vor überwiegend auf dem Ansatz der Mindestharmonisierung. Das Konzept der Mindestharmonisierung hat beträchtliche Unterschiede zwischen mitgliedstaatlichen Vertragsregelungen ausgelöst, so dass ein Unternehmer bei den grenzüberschreitenden Verbraucherverträgen ebenfalls recherchieren musste, welche Bestimmungen in konkreten Fällen endlich zur Anwendung kommen.[98] Eine Ausnahme bildet insoweit die Verbraucherrechte-Richtlinie,[99] die den Ansatz der Vollharmonisierung verfolgt, jedoch einen beschränkten Anwendungsbereich hat - vorvertragliche Informationspflichten, Widerrufsrecht bei Fernabsatzverträgen und außerhalb von Geschäftsräumen geschlossenen Verträgen sowie Besonderheiten der Lieferung von Waren und des Gefahrüberganges.[100] Nach Hinweisen von Kritikern waren derartigen Rechtsangleichungsmaßnahmen systemlos und

---

96 In dem ersten Entschluss des Rechtsausschlusses im Jahre 1989 gab das Europäische Parlament bereits die Ansicht bekannt, dass die zunehmende Harmonisierung bestimmter Bereiche des Privatrechts grundlegend für die Vollendung des Binnenmarkts sei, Entschließung vom 26. Mai 1989, ABl. C 158 vom 26.6.1989, S. 400.

97 KOM (2011) 635 endg. v. 11.10.2011, S. 3; *Staudenmayer*, NJW 2011, 3491, 3491. Viele privatrechtliche Richtlinien dienten dem Aufbau eines einheitlichen Europäischen Verbraucherrechts: die Haustürgeschäftswiderrufs-Richtlinie, die Verbraucherkredit-Richtlinie, die Richtlinie über Pauschalreisen, die Timesharing-Richtlinie, die Fernabsatz-Richtlinie, die Verbrauchsgüterkauf-Richtlinie usw.

98 *Basedow*, ZEuP 2004, 1, 2.

99 Der Deutsche Bundestag hat am 14.6.2013 ein Umsetzungsgesetz für die neue Verbraucherrechte-Richtlinie vom 25.10.2011 (RL 2011/7/EU) verabschiedet, die bis zum 13.12.2013 umzusetzen war.

100 KOM (2011) 635 endg. vom 11.10.2011, S. 5 f.

fragmentarisch.[101] Ihr fehlte die einheitliche Orientierung, die den verstreuten einzelnen Regelungen gemeinsam zugrunde liegt. Ein einheitliches Vertragsrecht als optionales Instrument könnte für Unternehmer mit grenzüberschreitenden Ambitionen auf Verbrauchermärkte attraktiv sein, weil es keine nationalen Abweichungen mehr zulassen würde.

Das pro und contra eines „optionalen Instruments“ ist bereits seit geraumer Zeit ein Gegenstand der juristischen Diskussion.[102] Schon Anfang des Jahres 2003 lancierte die Europäische Kommission in ihrem Aktionsplan[103] für ein kohärenteres Vertragsrecht die Idee, für dieses Rechtsgebiet ein optionales Rechtsinstrument zu schaffen.[104] Nachdem die Vollharmonisierung im Rat auf den zähen Widerstand stieß, scheint es besser, den Akteuren des Binnenmarkts selbst die Entscheidung zu überlassen, ob sie sich ein europaweit vereinheitlichtes Vertragsrecht zunutze machen oder nicht.[105] Ein optionales Instrument bietet den Vertragsparteien die

---

101 *Limmer*, DNotZ-Sonderheft 2012, 59, 60.

102 Die Kommission hat bereits in ihrer Mitteilung zum Europäischen Vertragsrecht im Jahr 2001 Maßnahmen zur Diskussion gestellt, um Hindernisse für den Rechtsverkehr durch unterschiedliche nationale Vertragsrechte zu beseitigen. Bereits damals wurde als „Option IV” eine Verordnung mit einem fakultativen europäischen Vertragsrecht vorgeschlagen, Mitteilung der Kommission an den Rat und das Europäische Parlament zum Europäischen Vertragsrecht KOM (2001) 398 endg. Zwar finden sich Referenzen auf ein solches Instrument bereits in der Diskussion des Common Frame of Reference (CFR), da dieser auch die „Basis“ für die Erarbeitung jenes Instruments bilden soll, *Herresthal*, EuZW 2011, 7; *Leible*, BB 2008, 1469, 1470; *Grundmann*, JZ 2005, 860; *Basedow*, in: FS für E. Lorenz, 2004, S. 93. Zu Gefahren einer optionalen europäischen Vertragsordnung siehe *Müller*, EuZW 2003, 683, 684 f.

103 KOM (2003) 68 endg., ABl. EU 2003 C 63 (abrufbar unter: http://eur-lex.europa.eu/legal-content/DE/TXT/PDF/?uri=CELEX:C2003/063/01&from=DE). Dieser Aktionsplan stellt einen weiteren, wesentlichen Schritt in einem bereits seit 2001 im Gang befindlichen Diskussions- und Reflexionsprozess zum Europäischen Vertragsrecht dar.

104 Von der Konsultation hat die Europäische Kommission einen Aktionsplan abgeleitet, der drei Optionen enthielt: Nach der ersten Option sind Kohärenzprobleme im geltenden Richtlinienrecht im Zusammenhang mit dem Gemeinsamen Referenzrahmens zu lösen. Die zweite sah die Erarbeitung einer europaweiten AGB vor. Schließlich kam ein optionales Instrument in Betracht, *Staudenmayer*, EuZW 2003, 165, 168 ff.

105 Von den derzeit diskutierten sieben Varianten (Grünbuch der Kommission, Optionen für die Einführung eines Europäischen Vertragsrechts für Verbraucher und Unternehmen, KOM (2010) 348/3, S. 4 ff.) dürfte die vierte Option, die Einführung eines optionalen Instruments, die besten Aussichten auf Umsetzung haben, *Stürner*, in: Schulte-Nölke/Zoll/Jansen/Schulze (Hg.), Der Entwurf für ein optionales europäisches

Möglichkeit, nach Belieben ein eigenständiges Einheitsrecht zu verwenden. Folglich würde ein europäisches Vertragsrecht die mitgliedstaatlichen Vertragsrechte nicht ersetzen, sondern nur parallel zu ihnen anwendbar sein können.

2. CESL als ein optionales Instrument

Ein europäisches Vertragsrecht in Form des optionalen Instruments kann auf zweierlei Weise attraktiv sein.[106] Unter dem Begriff des optionalen Instruments kann man zuerst eine vorübergehende Phase einer sanften Umstellung von dem geltenden staatlichen Recht zum europäischen Vertragsrecht verstehen.[107] Damit ist das optionale Instrument kein Endziel, sondern wird nur als Zwischenschritt zum europäischen Vertragsrecht behandelt. Nach einem anderen Gesichtspunkt stellt er sich dagegen als ein dauerhaftes und „dynamisches dezentrales" System dar.[108] Die Option zwischen verschiedenen Gesetzen bietet den besonderen Vorteil, dass sich gesetzgeberische Fehler nicht auf alle Fälle verbreiten und ist dafür geeignet, bei neuartigen Problemen verschiedene Lösungswege parallel auszuprobieren.[109] Im Rahmen der bisherigen Entwicklung des europäischen Privatrechts überwog die „Opt-in"-Lösung.[110] Viele Regelungsakte, z. B. die Regeln über die Gemeinschaftsmarke der VO Nr. 40/94, die Verschriften über das Gemeinschaftsgeschmacksmuster der VO Nr. 6/2002, die Bestimmungen über die Europäische Aktiengesellschaft der VO Nr. 2157/2001, kommen nur zum Zuge, wenn die Parteien sich ausdrücklich dafür entscheiden. Es liegt auf der Hand, dass das Opt-in-Modell die praktische Bedeutung im europäischen Vertragsrecht besitzt.

Der Erwägungsgrund 9 PR CESL lautet auch, „... das Gemeinsame Europäische Kaufrecht soll auf freiwilliger Basis auf grenzüberstreitende Verträge angewendet werden, wenn die Vertragsparteien dies ausdrücklich beschließen." Die Europäische Kommission schien dem unerwartet stärkeren Widerstand gegen das CESL dadurch Rechnung zu tragen, dass dessen Anwendungsbereich auf grenzüberschreitende Verträge beschränkt wurde. Daneben war die Europäische Kommission durch ein optionales Instrument im CESL auf die „weiche"

Kaufrecht, 2012, S. 49 ff.; *Doralt*, AcP 211 (2011), 1, 2; *Lehmann*, GPR 2010, 261, 261; *Stürner*, GPR 2010, 157, 157.

106 *Müller*, EuZW 2003, 683, 683.

107 *Schulte-Nölke*, JZ 2001, 917, 920; *Staudinger*, VuR 2001, 353, 358 f.; *Herresthal*, EuZW 2011, 7, 7.

108 *Grundmann*, NJW 2002, 393, 396.

109 *Müller*, EuZW 2003, 683, 683; *Grundmann*, NJW 2002, 393, 396.

110 *Basedow*, ZEuP 2004, 1, 2.

Harmonisierung zurückgezogen.[111] Auf den ersten Blick erscheint ein optionales Instrument im Vergleich zur Vollharmonisierung weniger invasiv, da die mitgliedstaatlichen Rechtsordnungen unangetastet bleiben. Darüber hinaus sind die Anpassungskosten geringer und es muss die Rechtsunsicherheit, die eine vollständige Ersetzung von dem staatlichen Recht durch das europäische Vertragsrecht mit sich bringt, nicht in Kauf nehmen. Zudem bleibt so dauerhaft ein Experimentieren möglich und es werden mehr Lösungen für verschiedene Präferenzen eröffnet.[112]

Eine Option ausüben bedeutet, sich unter mehreren Varianten freiwillig für eine zu entscheiden. Das optionale Instrument bietet den Beteiligten ein frisch EU-gemachtes Regelwerk an, dessen Wahl etwas qualitativ ganz anderes bedeutet als die kollisionsrechtliche Wahl eines staatlichen Rechts. Im Gegensatz zur Letzteren kann die Wahl des einheitlichen Vertragsrechts dazu führen, dass Verbraucher von den Schutzmechanismen der Rom I-VO, also dem Standard des an ihrem gewöhnlichen Aufenthalt geltenden Rechts, Abschied nehmen.[113]

II. Parteiautonomie und optionales Instrument

1. Internationale Verbreitung der Parteiautonomie

Wie es der Begriff nahelegt, basiert ein „optionales" Instrument auf Selbstbestimmung der Beteiligten.[114] Die Vertragsparteien *können* ein optionales Recht als Maßstab für ihren Rechtsverkehr ausnutzen, *müssen* dies aber nicht. Das fußt auf dem Prinzip der Parteiautonomie. Die Freiheit der Rechtswahl wird aus diesem Grund allgemein als „kollisionsrechtliche Parteiautonomie" bezeichnet.[115]

---

111 Die amtierende Justizkommissarin *Reding* maß insbesondere diesem Projekt eine höhere Priorität bei, *Stürner*, GPR 2011, 236, 236. Die Kommissarin bezeichnete die Erarbeitung eines Europäischen Zivilgesetzbuchs als „mittelfristiges" Projekt, *Reding*, ZEuP 2011, 1, 3.

112 Aus diesem Grund sprechen EG-Gesetzgeber sich inzwischen für europaweite Maßnahmen meistens auf optionaler Basis aus, *Grundmann*, JZ 2005, 860, 868.

113 Kritisch zur optionalen europäischen Vertragsrecht, *Müller*, EuZW 2003, 683, 684 ff.

114 *Basedow*, ZEuP 2004, 1, 1.

115 Trotz der gleichen Zielsetzung, nämlich die Förderung der weitestgehenden Entfaltung der Persönlichkeit der Rechtssubjekte, sind die (kollisionsrechtliche) Parteiautonomie und die (sachrechtliche) Privatautonomie keineswegs identisch, vielmehr nach Voraussetzungen, Grenzen und Wirkungen deutlich voneinander zu unterscheiden. Es zeigt sich somit, dass die Privatautonomie und die Parteiautonomie unterschiedliche Ebenen der Entscheidungsfreiheit der Parteien bezeichnen, *v. Bar*,

Unter dem Grundprinzip der Parteiautonomie versteht man die Möglichkeit des Individuums, die für ihn maßgeblichen Normen selbst zu setzen.[116] Die Vorstellung, den Parteien die Entscheidung über ihr Vertragsstatut zu ermöglichen, war den Rechtswissenschaftlern des 19. Jahrhunderts noch deutlich fremd.[117] Mit der Internationalisierung der Lebensverhältnisse musste das Individuum im IPR allmählich vermehrt in den Mittelpunkt der Betrachtungen rücken. Der Weg der Parteiautonomie war zwar mühsam in der Rechtsgeschichte,[118] aber so erfolgreich, dass sie heute überall als eine der wichtigsten Grundsätze des Internationalen Vertragsrechts gilt.[119] Seit dem 1.9.1986 mit Art. 27 Abs. 1 S. 1 EGBGB a. F.[120] – „Der Vertrag unterliegt dem von den Parteien gewählten Recht" – belegte sie ebenfalls den Spitzenplatz der deutschen IPR der vertraglichen Schuldverhältnisse.[121]

Die Zulässigkeit der freien Rechtwahl hat in der Tat überzeugende Argumente und Vorteile. Die Parteien können sich die Möglichkeit zunutze machen, über die anwendbare Rechtsordnung zu entscheiden, mit der sie am besten vertraut sind und die ihrem Interesse sowie den in einzelnen Fällen bestehenden Umständen Rechnung trägt.[122] Je mehr das Kollisionsrecht die Freiheit zur Rechtswahl durch die Parteien gewährleistet desto sicherer können sie im Voraus, also bereits zum Zeitpunkt des Vertragsschlusses, absehen, nach welchem Recht nachher, wenn sie in Streit geraten sollten, beurteilt werden wird. Die Wettbewerbsvorteile zwischen verschiedenen Vertragsrechtsordnungen sowie die kollisionsrechtliche Optimierung nach dem Parteiinteresse kann man ebenfalls als gute Gründe nennen, das fakultative Instrument in das europäische Vertragsrecht einzuführen.[123]

Internationales Privatrecht, Bd. 2, 1991, Rdnr. 416; *Kropholler*, Internationales Einheitsrecht, 1975, S. 213; *Simitis*, JuS 1966, 209, 210.

116 Zu zwei Ansichten, der sog. aprioristischen und ableiteten (oder sekundären) Konzept, der Parteiautonomie siehe Basedow, RabelsZ 75 (2012), 32, 38 f.

117 Ausführlich *v. Bar/Mankowski*, Internationales Privatrecht, Bd. 1, 2. Aufl. (2003), S. 592; *Püls*, Parteiautonomie, 1995, S. 24 ff.

118 Zur Geschichte der Lehre von der Parteiautonomie in Deutschland siehe *v. Bar/Mankowski*, Internationales Privatrecht, Bd. 1, 2. Aufl. (2003), S. 593 ff.

119 *Basedow*, RabelsZ 75 (2011), 32, 32 f.; *Kropholler*, Internationales Privatrecht, 6. Aufl., 2006, S. 292 ff.; *v. Bar*, Internationales Privatrecht, Bd. 2, 1991, Rdnr. 412.

120 Die bisherigen international-privatrechtlichen Vorschriften des EGBGB über vertragliche Schuldverhältnisse (Artt. 27 bis 37) sind am 17.12.2009 außer Kraft getreten und durch die Rom I-VO ersetzt worden.

121 Keine Rechtswahl akzeptierten die UdSSR und die DDR (§ 27 RAG), *v. Bar*, Internationales Privatrecht, Bd. 2, 1991, Rdnr. 412.

122 *Einsele*, RabelsZ 60 (1996), 417, 418.

123 *Herresthal*, ZIP 2011, 1347, 1350.

2. Grenzen der Parteiautonomie

A. *Allgemeine Grenzen der Parteiautonomie*

Trotz der oben gezeigten Vorteile führt meistens die grenzenlose und absolute Rechtswahlfreiheit in der Praxis dazu, dass das kraftvollere Unternehmen auf dem Markt dem Vertragspartner die ihm schmackhaft gemachte AGB auferlegt. Abgesehen von einem optionalen Instrument darf von Anfang an der Anbieter den Kunden lediglich ein bestimmtes Recht zur Wahl stellen, somit entgeht den Letzteren die Auswahl zwischen anwendbaren Rechtsordnungen.[124] Dem Verbraucher, insbesondere in Online-Geschäften, verbleibt lediglich die Wahlmöglichkeit, Verträge zu schließen oder nicht.

Die Parteiautonomie oder die freie Rechtswahl sind nicht frei von Begrenzungen.[125] Um Missbräuchen und Benachteiligungen Dritter oder der Allgemeinheit zu bekämpfen, sind der Parteiautonomie verschiedene Schranken neben dem *ordre public* zu setzen.[126]

B. *Beschränkung der Parteiautonomie in vertraglichen Schuldverhältnissen*

Die Rom I-VO als ein allgemeines Kollisionsrecht über vertragliche Schuldverhältnisse im EU-Binnenmarkt sieht zum einen die Rechtswahlfreiheit nach dem Prinzip der Parteiautonomie vor, zum anderen enthält sie eine Reihe von Beschränkungen der Parteiautonomie.[127] Die schwächere Vertragspartei aus den strukturellen Ungleichheiten[128] ist vor der formalen Rechtwahlfreiheit zu

---

124 *Einsele*, RabelsZ 60 (1996), 417, 418; *Schulte-Nölke*, ZEuP 2011, 749, 755. Insbesondere für den Verbraucher aus kleineren und mittleren Mitgliedstaaten kann sich der Einkauf nach eigenem staatlichen Recht im Heimatstaat wegen der Verweigerung des betreffenden Unternehmens beschränken, *Staudenmayer*, NJW 2011, 3491, 3492.

125 Zu theoretischen Einwänden gegen die Parteiautonomie siehe *Basedow*, RabelsZ 75 (2011), 32, 40 ff.

126 *Kropholler*, Internationales Privatrecht, 6. Aufl., 2006, S. 297 ff.; *Diedrich*, RIW 2009, 378, 379; *Basedow*, RabelsZ 75 (2011), 32, 44 ff.; MünchKomm/*Martiny*, Bd. 10, 6. Aufl. (2015), Art. 3 Rom I-VO Rdnr. 9 ff.

127 *Busch*, EuZW 2011, 655, 657; MünchKomm/*Martiny*, Bd. 10, 6. Aufl. (2015), Art. 3 Rom I-VO Rdnr. 9 ff.

128 So sind auch die Verbraucher-, Arbeits- und Versicherungsverträge beispielhaft, *Rühl*, in: Gottschalk/Michaels/Rühl/v. Hein (Hg.), 2007, S. 167 ff.

schützen, ansonsten dient sie dem Missbrauch durch die übermächtige Partei.[129] Beispielhaft ist die Rechtswahlfreiheit bzw. deren Rechtsfolgen bei Verbraucher- und Arbeitsverträgen zu begrenzen. Die Grenzen der Rechtswahl ergeben sich ebenfalls aus den Artt. 5 ff. Rom I-VO.[130] Es gilt für zwingende inländische und europäisch Normen, dass sich nach Art. 3 Abs. 3 und 4 Rom I-VO bei fehlender Auslandsberührung[131] gegenüber einer Rechtswahl der Parteien durchsetzt. Im Übrigen ist keine generelle kollisionsrechtliche Lösung für den Schutz der schwächeren Vertragspartei vorbereitet.[132] Eine weitere Beschränkung ist der Parteiautonomie durch unmittelbar anwendbare international zwingende Normen (Eingriffsnormen) in Art. 9 Rom I-VO niedergelegt. Widerspricht ein ausländisches Recht völlig den inländischen Rechtsvorstellungen, scheitert seine Durchsetzung über die Rechtswahl am *ordre public*, Art. 21 Rom I-VO.

III. Art des optionalen Instruments

Ein optionales Instrument in nicht-sektoralen Maßnahmen stellt eine Alternative zur bisherigen sektoralen Harmonisierung dar.[133] Damit würde das fakultative EU-Regelwerk als Instrument auf die Bühne des Wettbewerbs mit nationalen Rechtsordnungen gebracht.[134] Erscheint das optionale Instrument den Parteien attraktiver als andere bestehende wählbare Rechte, kommt es in der Praxis durch die Auswahl von Beteiligten zur Anwendung.[135] Die Koexistenz der beiden ist

---

129 *Simitis*, JuS 1966, 209, 214 f. Die *lex causae* übernimmt grundsätzlich die Schutzfunktion der Schwächeren, *Reithmann/Martiny*, Internationales Vertragsrecht, 7. Aufl. (2010), Rdnr. 86.

130 Das geltende Recht enthält Sonderregelungen für den Arbeitsvertrag (Art. 8 Rom I-VO), für Verbraucherverträge (Art. 6 Rom I-VO, Art. 49b EGBGB), für Transportverträge (Art. 5 Rom I-VO) sowie Versicherungsverträge (Art. 7 Rom I-VO).

131 Unter der „fehlenden Auslandsberührung“ versteht man in Deutschland wie in Frankreich „alle Teile des Sachverhalts in ein und demselben Staat [zu] belegen“, MünchKomm/*Martiny*, Bd. 10, 6. Aufl. (2015), Art. 3 Rom I-VO Rdnr. 92.

132 *Reithmann/Martiny*, Internationales Vertragsrecht, 7. Aufl. (2010), Rdnr. 86; MünchKomm/*Martiny*, Bd. 10, 6. Aufl. (2015), Art. 3 Rom I-VO Rdnr. 9 ff.

133 In dem Aktionsplan „Ein kohärenteres europäisches Vertragsrecht (KOM (2003) 68 endg., ABl. EU 2003 C 63)“ wird ein optionales Instrument als Alternative zu dem bisherigen Ansatz genannt, *Staudenmayer*, ZEuP 2003, 828, 831 f.

134 *Kieninger*, Wettbewerb der Privatrechtsordnungen im Europäischen Binnenmarkt, 2002, S. 84 f.; *Leible*, BB 2008, 1469, 1473; *Herresthal*, in: Schulte-Nölke/Zoll/Jansen/Schulze (Hg.), Der Entwurf für ein optionales europäisches Kaufrecht, 2012, S. 86; kritisch *Müller*, EuZW 2003, 683, 685 ff.

135 KOM (2003) 68 endg., Nr. 92.

ebenfalls vorstellbar,[136] nämlich dass das staatliche Vertragsrecht grundsätzlich weiterhin für reine Inlandsgeschäfte gültig ist, während das binnenmarktfördernde Einheitsrecht für grenzüberschreitende Geschäfte steht. Aus anderer Sicht droht demgegenüber die Gefahr der Versteinerung des optionalen Instruments.[137]

Wird ein Regelwerk als optionales Instrument eingerichtet, so ist noch offen, ob es sich um eine „Opt-out"-Lösung oder um „Opt-in"-Lösung handeln sollte.[138] Die Frage, ob ein „Opt-in" oder „Opt-out" Modell zu wählen wäre, ist eher eine politische Frage.[139]

1. „Opt-out"-Modell

Das „Opt-out"-Modell verfolgte Art. 6 CISG, nach dem das UN-Kaufrecht automatisch auf grenzüberschreitende Kaufverträge Anwendung findet, sofern es zugunsten eines anwendbaren staatlichen Rechts nicht abbedungen würde.[140] Ohne die positive Abwahl von den Parteien kommt das fakultative Instrument zum Zuge. Gleiches gilt aber grundsätzlich für die dispositiven nationalen Bestimmungen. Nachdem ein Europäisches Vertragsrecht mit Abwähloption in Kraft treten würde, könnte mithilfe seines Vorrangs vor nationalem Recht die Ergänzungsfunktion dem Letzteren weggenommen werden.[141] Beim Begriff des Opt-out-Instruments handelt es sich in der Regel um die Rechtswahl hinsichtlich IPR,

---

136 Nach dem Grundsatz der Koexistenz (Erwägungsgrund 6 GMVO) tritt die Gemeinschaftsmarke nach der Gemeinschaftsmarken-Verordnung (GMVO, Verordnung (EG) Nr. 207/2009 v. 26. Februar 2009, L 78/1) neben die nach nationalem Recht gewährte Marke, *Leible*, BB 2008, 1469, 1472.

137 *Doralt*, AcP 211 (2011), 1, 31 f.

138 In der Anfangsphase des optionalen europäischen Vertragsrechts hatte die Kommission zwei Ansätze zur Anwendung erwogen und befürwortete eine Opt-in-Lösung, KOM (2003) 68 endg., Nr. 92.

139 *Staudenmayer*, ZEuP 2003, 828, 835; für das Opt-in Modell, denn diese Lösung respektiert die Vertragsfreiheit, die nach Art. 3 Rom I-VO in den vertraglichen Schuldverhältnissen garantiert wird, *Leible*, BB 2008, 1469, 1473. Bei den Vorarbeiten des CISG war – wie schon zu den Haager Kaufgesetzen EKG und EAG – rechtspolitisch außerordentlich streitig, ob das Einheitsrecht überhaupt nur aufgrund der Rechtswahl der Parteien anwendbar sein solle, Schlechtriem/Schwenzer/*Ferrari*, CISG, 6. Aufl. (2013), Art. 1 CISG Rdnr. 1; *Schlechtriem/Schroeter*, Internationales UN-Kaufrecht, 5. Aufl. (2013), Rdnr. 45.

140 *Magnus*, in: ders. (Hg.), CISG vs. Regional Sales Law Unification, 2012, S. 98 f.; *Leible*, BB 2008, 1469, 1473.

141 *Basedow*, ZEuP 2004, 1, 2.

nicht um die Rechtsfragen bezüglich des dispositiven Vertragsrechts. Der Gesetzgeber des Opt-out-Instruments soll die Kompetenz innehaben, die konkurrierenden zwingenden sowie dispositiven Bestimmungen zu verdrängen, ansonsten ist die Regelung der autonomen Anwendung beim Unterlassen der Abwahl sinnlos und bleibt lediglich ein Wunschtraum.[142]Ihre Wirkung und Anwendung sind von dem IPR des Forums abhängig.

Würde ein europäisches Vertragsrecht für grenzüberschreitende Handelskaufverträge einem „Opt-out"-Ansatz folgen, könnte der Rechtskonflikt mit dem CISG entstehen.[143] Fehlt es an einer Rechtswahl der Parteien, kann sich daraus das Konkurrenzproblem des optionalen Instruments zum UN-Kaufrecht ergeben. Wegen der automatischen Anwendung des Opt-out-Instruments können beide für den grenzüberstreitenden Vertrag Anwendung finden, insofern die betreffenden Mitgliedstaaten auch Vertragsstaaten des UN-Kaufrechts sind.

2. „Opt-in"-Modell

Ein „Opt-in"-Modell räumt den Beteiligten das größtmögliche Maß an Vertragsfreiheit ein,[144] die Anwendbarkeit der Bestimmungen der Gemeinschaftsverordnung zu vereinbaren und anwendbare einzelstaatliche Regelungen gleichzeitig auszuschließen. Statt einer gesetzgeberischen Entscheidung lassen derartige optionale Instrumente die Vertragsparteien selbst darüber entscheiden, welche der konkurrierenden Rechtsordnungen, einzelstaatliche Rechtsordnungen oder das europäische optionale Instrument, zur Anwendung kommt.[145] Sie würden für das neue Instrument nur optieren, falls sich ihre rechtlichen oder wirtschaftlichen Bedürfnisse dadurch besser erfüllen könnten als das nach dem IPR anwendbare staatliche Recht. Nach dem Willen der Parteien würde das optionale

---

142 In Ermangelung von dieser Kompetenz des Gesetzgebers kann beim Opt-in-Instrument die Auswahl von Parteien mindestens eine Wirkung als eine materiellrechtliche Rechtswahl entfalten (siehe unten S. 54 f.), dagegen befindet sich überhaupt keine Rechtswahl beim Opt-out-Instrument, somit erreicht dieses auch keine Wirkung.

143 *Staudenmayer*, ZEuP 2003, 828, 835.

144 Bezüglich der Wahl des Vertragsstatuts war die Vertragsfreiheit schon lange einer der leitenden Grundsätze. Einschränkungen dieser Freiheit sollten nur in Betracht gezogen werden, wenn dies aus guten Gründen zu rechtfertigen ist, KOM (2003) 68 endg., Nr. 92; *Leible*, BB 2008, 1469, 1473.

145 *Schulze*, EuZW 2010, 801, 801. Nach einer Auffassung ist das Opt-in Modell das bessere Argument als das Out-out-Modell, denn diese Lösung respektiert die Vertragsfreiheit, die auch durch das Gemeinschaftsrecht garantiert wird, in größtmöglicher Weise, *Leible*, BB 2008, 1469, 1473.

Rechtssystem anstelle des nationalen Kaufrechts nur innerhalb seines Anwendungsbereichs treten.[146]

Wie die Kommission nach der Konsultation über das kohärente europäische Vertragsrecht betont hat,[147] sind bei der Kodifikation des Opt-in-Instruments die folgenden beiden Aspekte zu beachten: Würde ein neues fakultatives Einheitsrecht für die vertraglichen Schuldverhältnisse eingeführt, sollte es einige zwingende Bestimmungen, z. B. die Verbraucherschutzvorschriften, enthalten,[148] um für die strukturell unterlegene Partei das echte Rechtwahlrecht zu gewähren. Nicht zu übersehen ist darüber hinaus die Frage, ob das optionale Instrument die zwingenden nationalen Bestimmungen, die sich mit ihm überschneiden und nicht mit ihm in Einklang stehen, verdrängen können. Beim Opt-in-Instrument wäre die Vertragsfreiheit sicherzustellen, vorausgesetzt erstens, dass die Parteien dieses Instrument als Vertragsstatut wählen könnten, und zweitens, dass die Abänderungsmöglichkeit der betreffenden Bestimmungen ihr grundsätzlich zur Verfügung stände.

IV. Verhältnis des optionalen Instruments zum Kollisionsrecht

Man spricht von der Rechtswahl, wenn die gesamte gewählte Rechtsordnung anstelle des ansonsten objektiv anwendbaren Rechts berufen wird.[149] Auch wenn sie oft zwar durch andere zwingende Bestimmungen eingeschränkt ist, bilden solche

---

146 Staudinger/*Martinek*, Eckpfeiler des Zivilrechts 2014/2015, 2014, S. 148 f.

147 KOM (2003) 68 endg., ABl. EU 2003 C 63, Nr. 94.

148 Optionales zwingendes Recht scheint manchem widersprüchlich, denn wie kann eine Regelung zwingend und zugleich optional sein? Nach *Basedow* ist jede Vorschrift für sich zwingend und von ihr vertraglich nur zum Nachteil der Gegenpartei des durch sie schützenden, *Basedow*, in: FS für E. Lorenz, 2004, S. 105.

149 Bei der Rechtswahl unterschiedet man nicht selten die kollisionsrechtliche und materiellrechtliche Rechtswahl (*Stürner*, GPR 2011, 236, 237; Ferrari u.a./*Ferrari*, Internationales Vertragsrecht, 2. Aufl. (2012), Art. 3 Rom I-VO Rdnr. 6; *Schlechtriem/Schroeter*, Internationales UN-Kaufrecht, 5. Aufl. (2013), 58 ff.) Aus rechtsgeschichtlicher und begrifflicher Sicht ist dennoch die Definition der Rechtswahl mit dem Grundsatz der Parteiautonomie eng verbunden. Die materiellrechtliche Rechtswahl bezieht sich auf den Mangel der gesetzgeberischen Kompetenzen (z. B. vonseiten anderer Foren zur Rechtswahl in den PECL oder PACL) oder den rechtlichen Grund (z. B. die Rechtswahl ohne Auslandsberührung nach Art. 3 Rom I-VO), das optionale Instrument gegen die konkurrierende Rechtsordnung durchzusetzen. Bei der materiellrechtlichen Verweisung geht es nicht um die Parteiautonomie, sondern nur um Privatautonomie, also kann sich die Wirkung dieser Rechtwahl sich im Rahmen der vom internen Recht eines Staates gewährten Vertragsfreiheit entfalten.

Schranken aber doch die Ausnahme.[150] Die gewählte Rechtsordnung verdrängt die andere anwendbare Rechtsordnung, nämlich nicht nur die dispositiven Vorschriften, sondern auch die zwingenden. Beim „Opt-out"-Modell schließt eine gesetzgeberische Entscheidung die Rechtswahlbestimmung im Regelwerk und die objektiv anwendbaren Vorschriften autonom aus. Folglich können die Vertragsparteien unter dem Grundsatz eines vollständigen Ausschlusses des eigentlich anwendbaren Rechts eine neue Rechtsordnung bestimmen. Beim „Opt-in"-Modell verdrängt dagegen die positive Auswahl an privaten Parteien sämtliche bestehenden Rechtsordnungen. Um die intern zwingenden Bestimmungen beiseite zu schieben, bedarf diese freie Rechtswahl der Parteien einer Hilfe des Kollisionsrechts. Denn die sog. materiellrechtliche Rechtswahl gilt nur als Gestaltungsfreiheit im Rahmen der Privatautonomie und ist innerhalb des den Parteien gegebenen Spielraums in einzelnen Rechtsordnungen möglich.[151] Die kollisionsrechtliche Rechtswahl dagegen verdrängt auch und gerade die zwingenden Vorschriften des objektiv anwendbaren Rechts.[152] Der Gesetzgeber des Opt-out-Instruments bedarf der Kompetenz, die mit dem optionalen Instrument konkurrierenden Bestimmungen zu verdrängen. Dagegen setzt grundsätzlich der Verfasser beim Opt-in-Modell keine Bindungskraft voraus, damit können die wissenschaftlichen Regelwerke, nämlich die PECL und die PACL, mit keiner gesetzgeberischen Fähigkeit diese Rechtswahloption vorsehen. Aus Sicht des Kollisionsrechts sollen darüber hinaus beim „Opt-in"-Modell die Bestimmungen über den Anwendungsbereich und das Verhältnis zu anderen Regelungen präziser und ausführlicher vorgeschrieben werden als beim „Opt-out"-Modell. Wenn trotz fehlendem kollisionsrechtlichen Grund[153] sowie eines unklar festgelegten Anwendungsbereichs das „Opt-in"-Instrument den Privaten die Verdrängung aller anderen zwingenden Bestimmungen ermöglichen würde, könnte es etwa im Ergebnis zu privater Regelbildung führen.[154]

---

150 *Reithmann/Martiny*, Internationales Vertragsrecht, 7. Aufl. (2010), Rdnr. 85.

151 *Henry*, Kollisionsrechtliche Rechtswahl – eine Untersuchung ihrer Wirkungen und Grenzen, Diss. Universität St. Gallen, 2009, S. 12 ff.; MünchKomm/*Martiny*, Bd. 10, 6. Aufl. (2015), Art. 3 Rom I-VO Rdnr. 12.

152 *Gebauer*, GPR 2011, 227, 232; *Junker*, IPRax 1993, 1, 2.

153 Beim „Opt-out" Modell gilt dagegen die durch das optionale Instrument geregelte Bestimmung selbst als Rechtsgrund des Vorrangs gegenüber den mitgliedstaatlichen Eingriffsnormen.

154 Vgl. *Basedow*, in: FS für von Hoffmann, 2011, S. 56.

V. Perspektive des CESL als ein „Opt-in“-Instrument

Kommt schließlich für das Vertragsrecht ein optionales Regelungsmodell nach der europäischen Agenda ins Gespräch, das in anderen Rechtsbereichen, z. B. im Gesellschaftsrecht,[155] auf dem Prüfstand gestanden, und seine Bewährungsprobe bereits bestanden hat? Mit der Zustimmung zum CESL durch das Europäische Parlament schien die Verwirklichung eines optionalen europäischen Vertragsrechts erstmals in greifbare Nähe zu rücken.[156] Primärer Leitgedanke im CESL ist die Vertragsfreiheit.[157] Bezüglich des Anwendungsmechanismus kommt diese Idee zunächst im fakultativen Charakter zum Ausdruck, der in Art. 3 PR CESL niedergelegt und in Art. 8 ff. PR CESL näher ausgestaltet ist.[158] Die Kommission bildet das CESL in der Form eines optionalen Instruments. Das tritt nach dessen Erwägungsgrund neun als zweites nationales Vertragsrecht zu den nationalen Zivilrechtsverordnungen hinzu. Aus Sicht der Mitgliedstaaten hat dies den Vorteil, dass insbesondere für rein inländische Sachverhalte anders als bei dem bislang gewählten Weg der Richtlinie die Rechtslage unverändert bleibt. Es gilt als „Implementierung“ in einzelnen Rechtsordnungen eines optionalen europäischen Kaufsystems.[159] Auf in der Verordnung nicht geregelte Sachverhalte kommt das nach dem jeweils einschlägigen Kollisionsrecht anwendbare staatliche Vertragsrecht zur Anwendung.[160]

Bei dem Ausarbeiten des CISG wurde die Grundfrage heftig diskutiert, ob das Einheitsrecht lediglich aufgrund der positiven Rechtswahl der Parteien zur

---

155 So hat beispielsweise im Gesellschaftsrecht die Europäische Aktiengesellschaft als eine zusätzliche Option neben den Aktiengesellschaften nach nationalem Recht ihren Platz eingenommen, *Schulze*, EuZW 2010, 801, 801.

156 P7_TAPROV (2014) 0159 v. 26.2.2014. Als wichtiger Wendepunkte ist auch der Kommissionsvorschlag, KOM (2010) 348 endg. v. 11.10.2011, nennenswert, ferner die anfängliche Vorstellung einer derartigen Ausgestaltung „Ein kohärentes europäisches Vertragsrecht – ein Aktionsplan“, KOM (2003) 68 v. 15.3.2003.

157 *Schmidt-Kessel,* in: ders. (Hg.), Ein einheitliches europäisches Kaufrecht?, 2012, S. 2.

158 Der fakultative Charakter der CESL folgt aus Art. 3 PR CESL, aber dass es sich dabei nicht um ein kollisionsrechtliche Wahl handeln soll, letztlich nur aus Erwägungsgrund 10 PR CESL, *Stadler,* AcP 212 (2012), 473, 475. Kritisch zur optionalen Anwendung des CESL siehe *Svoboda*, ZEuP 2015, 689, 693; *Schulze*, NJW 44 (2011), Editorial; *Herresthal*, in: Langenbucher (Hg.), Europarechtliche Bezüge des Privatrechts, 2. Aufl. (2008), S. 46 f.

159 Staudinger/*Martinek*, Eckpfeiler des Zivilrechts 2014/2015, 2014, S. 148.

160 Zur Begründung des Vorschlags für eine Verordnung über ein Gemeinsames Europäisches Kaufrecht, KOM (2011) 635 endg., S. 7; ausführlich siehe unten S. 200 f. u. 206 ff.

Anwendung gebracht werden sollte oder ob eine *ipso-iure*-Geltung durch entsprechende Parteivereinbarung abzuwählen gewesen wäre.[161] Anders als beim CISG wurde beim europäischen Einheitsrecht die Letztere, eine Opt-out-Lösung, abgelehnt, und ohne das Opt-in der Parteien kommt das CESL nicht zur Anwendung. Von vornherein ist ihm die Funktion als Reserverechtsordnung (*default regime*) im europäischen Vertragsrecht entgangen.[162] Aus verschiedenen Gründen kann man aber noch mit Fug und Recht bezweifeln, ob das CESL in der Tat beim Unternehmen ausreichende Anreize zum Opt-in wecken wird.[163] Die Erfahrungen mit der Opt-in-Lösung waren in der Vergangenheit bedauerlicherweise nicht rosig. Im Bereich des Kaufrechts für grenzüberschreitende Sachverhalte wurde schon einmal ein Opt-in-Modell angenommen: Großbritannien bleibt bisher einer von zwei Vertragsstaaten des Haager einheitlichen Kaufrechts,[164] dem Vorgänger des CISG und ratifizierte ihn mit dem Vorbehalt,[165] dass die Vertragsparteien seine Anwendung bestimmen können.[166] Seit über 40 Jahren gibt es in England keinen Fall hinsichtlich des Haager einheitlichen Kaufrechts.[167] Ein anderes Beispiel einer negativen Prognose für ein Opt-in-Modell ist, dass die UNIDROIT-Grundsätze,

---

161 *Schlechtriem*, Einheitliches UN-Kaufrecht, 1981, S. 21; vgl. auch die Diskussion A/Conf.97/C.1/SR.3.

162 *DiMatteo*, JITLP 11 (2012), 222, 234 f; *Mankowski*, RIW 2012, 97, 98.

163 *Ben-Shahar*, CML Rev. 50 Special Issue (2013), 3, 4; *Ganuza/Gomez*, CML Rev. 50 Special Issue (2013), 29, 29 ff.; *Eidenmüller*, CML Rev. 50 Special Issue (2013), 69, 71; *Posner*, CML Rev. 50 Special Issue (2013), 261, 262 ff.; *Stadler*, AcP 212 (2012), 473, 476 u. 494; *Mankowski*, IHR 2012, 46 ff.; *ders*, RIW 2012, 97, 98; *Balthasar*, RIW 2012, 361, 365 f.; *Docekal*, in: Wendehorst/Zöchling-Jud (Hg.), Am Vorabend eines Gemeinsamen Europäischen Kaufrechts, 2012, S. 303 ff.; *Stürner*, GPR 2010, 157, 157.

164 Im Vereinigten Königreich eingeführt durch Uniform Law on the International Sale of Goods Act 1967.

165 Vorbehalt nach Art. V Protokoll zu den Haager Einheitlichen Kaufgesetzen.

166 *Magnus*, in: ders. (Hg.), CISG vs. Regional Sales Law Unification, 2012, S. 101; *DiMatteo*, in: Magnus (Hg.), CISG vs. Regional Sales Law Unification, 2012, S. 52 f.; *Mankowski*, IHR 2012, 45, 46 ff.

167 Der Haager Einheitliche Kaufvertrag wurde in nur einem einzigen Fall nebensächlich erwähnt, Butler Machine Tool Co. Ltd. v. Ex-Cell-O Corp. Ltd. (1977) EWCA Civ. 9 = (1979) WLR 401.

deren Anwendbarkeit vom freien Willen der Parteien abhängig ist,[168] ebenfalls kaum gewählt werden.[169]

Übersehen wird in Bezug auf ein optionales Instrument nicht, dass wenn man zwischen zwei Rechtsakten mit jeweils eigenen zwingenden Vorschriften wählen kann, sich der zwingende Charakter durch die Wahlmöglichkeit abschwächt, er also in der Tat zur „halb-dispositiven" Bestimmung abgestuft wird.[170] Damit gefährdet das europäische Einheitsrecht trotz optionalen Instruments die Schutzfunktion des zwingenden staatlichen Rechts. Ein „Opt-in"-Instrument bei Verträgen zwischen ungleichen Beteiligten, z. B. bei Verbraucherverträgen, könnte darüber hinaus als tatsächlich einseitige Rechtswahlfreiheit von der überlegenen Partei gezielt ausgenutzt werden.[171] Kommt ein Unternehmen zum Ergebnis, dass ihm das nationale Recht mehr Vorteile bietet als das europäische, so wird es anstreben, dass das europäische nicht zur Anwendung kommt. Drängt das Unternehmen seinen Kunden das staatliche Recht auf, bleibt in der Tat alles für das Unternehmen und die Kunden nach wie vor unverändert. Umgekehrt ist es möglich, dass das europäische Vertragsrecht für ein Unternehmen günstiger ist.[172] Ein

---

168 Prämbel Abs. 2 lautet: Sie (die PICC) sind anzuwenden, wenn die Parteien vereinbart haben, dass ihr Vertrag diesen Grundregeln unterliegt.

169 *Mankowski*, IHR 2012, 45, 49; *Michaels*, RabelsZ 73 (2009), 866, 867 ff.; *Lando*, ERPL 2011, 717, 720; *ders.*, in: Remien/Herrler/Limmer (Hg.), Gemeinsames Europäisches Kaufrecht für die EU?, 2012, S. 18 f.

170 *Müller*, EuZW 2003, 683, 685; auch bei den Verbraucherverträgen wird die Wahlmöglichkeit von Günstigkeitsprinzip überlagert, MünchKomm/*Martiny*, Bd. 10, 6. Aufl. (2015), Art. 6 Rom I-VO Rdnr. 46; Staudinger/*Martinek*, Eckpfeiler des Zivilrechts 2014/2015, 2014, S. 821; *Stadler*, AcP 212 (2012), 473, 479; *Lorenz*, AcP 212 (2012), 702, 713.

171 Auch *Docekal*, in: Wendehorst/Zöchling-Jud (Hg.), Am Vorabend eines Gemeinsamen Europäischen Kaufrechts, 2012, S. 308 f.; *Doralt*, AcP 211 (2011), 1, 15 f.; *Reich/Micklitz*, EWS 2011, 113, 117 (insbesondere bezüglich des Internethandels); a. A. *Herresthal*, ZIP 2011, 1347, 1351; siehe Beschränkung der Rechtswahlfreiheit bei Verbraucher Verträgen Staudinger/*Martinek*, Eckpfeiler des Zivilrechts 2014/2015, 2014, S. 820 ff.

172 Die Vorteile des CESL, die sog. Neutralität – wie die Wahl eines Drittrechts z. B. nicht selten britisches oder schweizerisches Recht – oder EU-gemachte Regelwerke, haben entgegen der Vorstellung der EU-Kommission keine große Attraktivität in der Praxis. Z. B. sind die meisten deutsche Juristen, Unternehmen und Verbraucher besser vertraut mit dem deutschen Recht als mit den EU-gemachten Regelwerken, so auch *Basedow*, ZEuP 2004, 1, 2; *Hilty*, RabelsZ 76 (2012), 339, 368 f.; *Pfeiffer*, in: Remien/Herrler/Limmer (Hg.), Gemeinsames Europäisches Kaufrecht für die EU?, 2012, S. 37.

Unternehmen, das viele Filialen in verschiedenen Mitgliedstaaten hat, kann, um das schmackhaften CESL statt des Vertragsrechts des Verbrauchers anzuwenden, absichtlich einen Kaufvertrag mit Verbrauchern über seine Niederlassung abschließen, die sich in einem anderen Mitgliedstaat als dem des Kunden befindet.[173] Verbraucherschutzrecht besteht in der Regel aus zwingenden Bestimmungen, um die Schwächeren, die Verbraucher, zu schützen. Als sog. Umgehungsgeschäft[174] sieht man somit die Rechtwahl der Parteien an,[175] die den vom Verbotsgesetz missbilligten Erfolg auf einem anderen Weg zu erreichen versucht.[176] Anders als

---

173 Bei Onlinegeschäften ist es nicht selten, Waren von einem im Ausland ansässigen Verkäufer einzukaufen. Durch die Weltgarantie-Option, üblich beim Handel des Autos und Elektrogeräts, ist die Umgehung des objektiven anwendbaren Rechts dem Verbraucher meistens unproblematisch, wenn eine Niederlassung des Verkäufers im Inland liegt.

174 MünchKomm/*Armbrüster*, Bd. 1, 7. Aufl. (2015), § 134 BGB Rdnr. 11; Erman/*Arnold*, Bd. 1, 14. Aufl. (2014), § 134 BGB Rdnr. 23; Staudinger/*Sack/Seibel*, 2011, § 134 BGB Rdnr. 144 ff.; Palandt/*Ellenberger*, 75. Aufl., 2016, § 134 BGB Rdnr. 28; *Rüthers/Stadler*, AT BGB, 18. Aufl., 2014, S. 387 f. Die Gesetzumgehung gilt als eine ungeschriebene Schranke der Rechtswahl in der Rom I-VO, obwohl sich die Artt. 3 ff. Rom I-VO mit dem Rechtsmissbrauch (*fraus legis*) als Verweisungsschranke befassen, *Sonnenberger*, IPRax 2011, 325, 330 f.; MünchKomm/*Martiny*, Bd. 10, 6. Aufl. (2015), Art. 3 Rom I-VO Rdnr. 11.

175 Für Verbraucherverträge besteht kein generelles Rechtswahlverbot, vielmehr ist die Rechtswahl in der Regel nach Art. 3 Rom I-VO zulässig. Als ein absolutes Rechtswahlverbot zum Schutz des Schwächeren gelten die Beschränkungen zu Gunsten des Verbrauchers nach Art. 6 Abs. 2 Rom I-VO unbedingt. In Korea gelten die Einschränkungen der Rechtswahl nach dem IPR (Act on Private International Law (Koreanischer Titel: 국제사법), Gesetz Nr. 10629, 19.5.2011: Im Folgenden KIPR) auch jeweils gemäß § 27 Abs. 1 für Verbraucher und gemäß § 28 Abs. 1 für Arbeitsnehmer und in dem Chinesischen Internationalen Privatrecht (the Laws Applicable to Foreign-related Civil Relations (Chinesischer Titel: 涉外民事关系法律适用法), 28.10.2010: Im Folgenden CIPR) befinden sich die ähnliche Bestimmungen, § 42 (Verbrauchervertrag) und § 43 (Arbeitsvertrag), auch in Japan (Act on General Rules for Application of law (Japanischer Titel: 法の適用に関する通則法), Gesetz Nr. 78, 21.6.2006: Im Folgenden JIPR) jeweils § 11 und § 12 JIPR.

176 Beispielhaft gibt es trotz eines riesigen Umsatzes in Korea keinen offiziellen Apple Store und alle Klagen unterliegen wegen den AGB Apples den Gesetzen der Vereinigten Staaten und den Gesetzen des Bundesstaates Kalifornien als maßgebendes Recht, damit konnte das Unternehmen Apple die Anwendung des koreanischen Vertragsrechts umgehen. Um koreanischen Verbraucher zu schützen, hat am 30.7.2015 die *Korea Fair Trade Commission* die Änderung der unlauteren Bestimmungen empfohlen, nach

der positive Eindruck aus dem freiheitskonformen Begriff[177] zuerst scheint, passt das optionales Instrument, insbesondere das „Opt-in"-Modell, nicht zum Schutz des Schwächeren,[178] denn die Wahlfreiheit ist in der Praxis in diesem Bereich gar nicht sicherzustellen.[179] Darüber hinaus kann bezüglich des IPR ein optionales Einheitsrecht schwierige Probleme mit mitgliedstaatlichen zwingenden Bestimmungen auslösen.

---

denen die Kunden einen Reparaturvertrag nicht kündigen dürfen und die Pauschalreparaturkosten bereits beim Vertragsschluss bezahlt werden müssen.

177 Zur mit der Vertragsfreiheit konform gehende Wirkung des Opt-in-Instrument siehe KOM (2003) 68 endg., ABl. EU 2003 C 63, S. 15 f.

178 Vgl. den Anwendungsbereich des CISG nach Art. 2 lit. a CISG. Auch die Opt-out Lösung ist für grenzüberschreitende Sachverhalte besser geeignet als die Opt-in Lösung, *Hilty*, RabelsZ 76 (2012), 339, 368.

179 Kritisch verhält sich etwa Perner bei B2C-Verträgen aus dem Grund zur Diskrepanz des CESL mit den derzeit geltenden Richtlinien, *Perner*, ZEuP 2012, 213, 214; vgl. zur Kritik über das optionale Instrument für B2B-Verträge ebenso, *Whittaker*, ERCL 2011, 371, 393 f.

§ 4 Auswahl des CESL und ihre kollisionsrechtliche Verortung

Die im April 2010 von Justizkommissarin *Vivianne Reding* eingesetzte Expertengruppe hat in nur zwölf Monaten auf der Grundlage des DCFR eine Machbarkeitsstudie[180] für ein optionales Instrument erarbeitet. In dem Entwurf von dieser Expertengruppe befinden sich grobe Lücken, nämlich ein unklarer Anwendungsbereich und ein Mangel der kollisionsrechtlichen Bestimmungen, den Rechtskonflikt des optionalen Instruments zum nationalen Recht zu lösen und die Voraussetzungen für das Opt-in zu erklären.[181]

Anders als dieser unmittelbare Vorläufer des CESL behandelt der Erwägungsgrund 10 PR CESL - obwohl nicht CESL in sich - deutlich,[182] dass es sich dabei nicht um eine kollisionsrechtliche Wahl handeln soll. Trotz dieser Erklärung bleibt das Verhältnis des optionalen Einheitsrechts zum Kollisionsrecht noch nicht überzeugend und ist seit der Vorbereitung des Verordnungsvorschlags bislang heftig diskutiert worden sind.[183] Im Folgenden wird auf die Frage näher eingegangen, wie die Beziehung des optionalen Instruments zu den nationalen Rechtsordnungen und zum Kollisionsrecht ausgestaltet werden kann. Die Anwendbarkeit des

180 Unmittelbarer Vorläufer des CESL ist eine Machbarkeitsstudie (Feasibility Study, Abrufbar unter http://ec.europa.eu/justice/contract/files/feasibility_study_final.pdf), die von der Expertengruppe zum Europäischen Vertragsrecht am 3. Mai 2011 vorgelegt wurde, *Looschelders*, AcP 212 (2012), 581, 584 f.

181 Diese Lücke beruht eigentlich nicht auf einem Beschluss der Expertengruppe, sondern auf dem Rat der Europäischen Kommission, *Schulte-Nölke*, ZEuP 2011, 749, 752.

182 Richtigerwiese soll der kollisionsrechtliche Inhalt von dem Erwägungsgrunds 10 PR CESL in den eigentlichen normativen Teil übernommen werden, denn Erwägungsgründe gelten in der Regel als keine unmittelbar anzuwendenden Normaussagen. Damit sind die Rechtsanwender verbindlich und können mit vernünftigerer Begründung davon abweichen, *Mankowski*, RIW 2012, 97, 100; auch kritisch zur dieser Struktur des CESL Schulze/*Wendehorst*, CESL, 2012, Art. 1 PR CESL Rdnr. 13.

183 *Loacker*, EuZW 2014, 888; *Lehmann*, in: Gebauer (Hg.), Gemeinsames Europäisches Kaufrecht - Anwendungsbereich und kollisionsrechtliche Einbettung, 2013, S. 67 ff.; *Stadler*, AcP 212 (2012), 473; *Fornasier*, RabelsZ 76 (2012), 401; *Mansel*, WM 2012, 1253; *Busch*, EuZW 2011, 655; *Stürner*, GPR 2011, 236; *Schulte-Nölke*, ZEuP 2011, 749; *MPI*, RabelsZ 75 (2011), 371, 411 f.; zur früheren, aber gleichen Diskussion über das Verhältnis des CFR zum Europäischen Schuldrechtsübereinkommen (EVÜ) siehe *Staudenmayer*, EuZW 2005, 103, 105 f.

CESL ist vorweg nach Artt. 3, 6, 9 und 21 Rom I-VO oder, je nach internationaler Zuständigkeit, auch nach drittstaatlichem Kollisionsrecht zu prüfen. Die große Schwierigkeit liegt aber darin, den Anwendungsmechanismus im CESL schärfer zu konturieren. Denn wir leben in einem Mehrebenenrechtssystem, in dem Rechtsakte gleichzeitig von unterschiedlichen Akteuren auf verschiedenen einzelstaatlichen, europäischen und internationalen Ebenen geschaffen werden und sich sachlich überschneiden.[184] Die Frage nach der Rechtskollision des optionalen Instruments zu den nationalen Rechtsordnungen wird bisher als zwei verschiedene konstruktive Varianten diskutiert, die bisher häufig mit den Schlagworten „28. Regime“[185] und „2. Regime“ bezeichnet werden.[186] Dazu kommt auf der europäischen Ebene eine andere Möglichkeit, die sog. kollisionsrechtliche Vorschaltlösung, in Betracht.

---

184 Bei Einpassung eines optionalen Instruments in ein Mehrebenensystem gibt es vertikale – zwischen europäischem und nationalem Recht – und horizontale – zwischen den verschiedenen nationalen Rechten – Konflikte, *Lehmann*, in: Gebauer (Hg.), Gemeinsames Europäisches Kaufrecht – Anwendungsbereich und kollisionsrechtliche Einbettung, 2013, S. 67 f.

185 Die Bezeichnung als „28 Regime“ wird bisher verbreitet verwendet, aber ist inkorrekt, denn wählbar sind nämlich nicht nur die Rechte der 27 Mitgliedstaaten, sondern auch die in diesen geltenden Sub-Regime sowie die Rechtsordnungen aller anderen Staaten der Welt. Dennoch verbrämt sie einen grundlegenden Unterschied des CESL gegenüber den übrigen wählbaren Regimen, *Lehmann*, in: Gebauer (Hg.), Gemeinsames Europäisches Kaufrecht – Anwendungsbereich und kollisionsrechtliche Einbettung, 2013, S. 69; *Stadler*, AcP 212 (2012), 473, 475; *Fornasier*, RabelsZ 76 (2012), 401, 407; *Rühl*, MJ 19 (2012), 148, 150; *Stürner*, GPR 2011, 236, 239; *Gebauer*, GPR 2011, 227, 227. Darüber hinaus darf man nicht mehr den Ansatz „28. Regime“ nennen, sondern mindestens „29. Regime“, denn Kroatien trat am 1.7.2013 der Europäischen Union bei. Im Folgenden wird die kollisionsrechtliche Lösung statt die bisherige „28. Regime“ möglichst nutzen, gegebenenfalls ersetzt die „29. Regime“ die alte.

186 *Fornasier*, RabelsZ 76 (2012), 401; *Mankowski*, RIW 2012, 97; *Stabentheiner*, in: Wendehorst/Zöchling-Jud (Hg.), Am Vorabend eines Gemeinsamen Europäischen Kaufrechts, 2012, S. 10; *Leible*, in: Remien/Herrler/Limmer (Hg.), Gemeinsames Europäisches Kaufrecht für die EU?, 2012, S. 22 f.; *Mansel*, WM 2012, 1253; *Rühl*, MJ 19 (2012), 148, 149; *Stürner*, GPR 2011, 236; *Heiss*, in: FS für Roth, 2011, S. 237 ff.; *Lehmann*, GPR 2010, 216. Statt den Schlagworten 29. Regime und 2. Regime dürfte es im Interesse der begrifflichen Klarheit sachgemäß sein, von einer *kollisionsrechtlichen* und einer *einheitsrechtlichen* Lösung zu sprechen, *Schulte-Nölke*, ZEuP 2011, 749, 753 f.; *Busch*, EuZW 2011, 655, 656.

I. Kollisionsrecht und Harmonisierungskonzept

Um die aus mitgliedstaatsrechtlichen Unterschieden resultierenden Hemmnisse im Binnenmarkt zu überwinden, fallen zwei Wege ins Auge: Die Vereinheitlichung des Kollisionsrechts und die Vereinheitlichung des Sachrechts.[187] Der EU-Gesetzgeber verfolgt parallel eine Mischstrategie. Die Kollisionsrechtsvereinheitlichung hat einen gewissen Vorrang (Rom I-VO, Rom II-VO, Rom III-VO, UnterhaltsVO, EuErbVO[188] etc.) und gleichzeitig erfolgt eine Sachrechtsvereinheitlichung durch Richtlinien. Als ein das anwendbare Recht bestimmender Maßstab spielt das Kollisionsrecht zwar für die Rechtsangleichung und -vereinheitlichung in der EU eine Rolle,[189] aber wegen des durch das IPR koordinierten, jedoch noch unterschiedlichen nationalen Vertragsrechts bleibt das Funktionieren des Binnenmarktes unbefriedigend. Dementsprechend ist eine Sachrechtsangleichung und -vereinheitlichung unentbehrlich, um den riesigen Binnenmarkt mit etwa 510 Millionen Einwohnern wie einen Inlandsmarkt zu konsolidieren und funktionsfähiger zu machen. Dennoch kann das Kollisionsrecht einen probaten Tipp zum Verständnis des Harmonisierungskonzepts bieten.[190]

Die Vereinheitlichung des Kollisionsrechts verfolgt andere Ziele als die Sachrechtsvereinheitlichung. Wo man die Vereinheitlichung des Kollisionsrechts versucht, werden die bestehenden Divergenzen zwischen staatlichen Sachrechten als gegeben vorausgesetzt oder hingenommen. Falls die europaweite Kollisionsrechtsvereinheitlichung vollständig vereinheitlicht würde, wäre ungeachtet des

---

187 Zu Unterschieden zwischen der Sachrechtsvereinheitlichung und der Kollisionsrechtsvereinheitlichung, *v. Bar/Mankowski*, Internationales Privatrecht, Bd. I, 2. Aufl. (2003), S. 145 f. Zur Vereinheitlichung des Kollisionsrechts besteht eine Kompetenz in Art. 81 Abs. 2 lit. c AEUV. In Bezug auf die Sachrechtsvereinheitlichung ist die Rechtssetzungskompetenz hingegen nur punktuell gegeben, etwa für den Verbraucherschutz in Art. 114 AEUV.

188 Verordnung (EU) Nr. 650/2012 des Europäischen Parlaments und des Rates vom 4. Juli 2012 über die Zuständigkeit, das anzuwendende Recht, die Anerkennung und Vollstreckung von Entscheidungen und die Annahme und Vollstreckung öffentlicher Urkunden in Erbsachen sowie zur Einführung eines Europäischen Nachlasszeugnisses. Insbesondere diese Verordnung folgt einerseits einer Kollisionsrechtsvereinheitlichung, anderseits einer Vereinheitlichung des Zivilverfahrens, Rühl/v. Hein, RabelsZ 79 (2015), 701, 704.

189 *Riesenhuber*, EU-Vertragsrecht, 2013, S. 72; *ders*, in: FS für Martiny, 2014, S. 532; *Wendehorst*, in: Langenbucher (Hg.), Europarechtliche Bezüge des Privatrechts, 2. Aufl. (2008), S. 381.

190 *Riesenhuber*, EU-Vertragsrecht, 2013, S. 72.

Forumstaats in der EU jede Rechtsfrage nach demselben Recht zu entscheiden. Ist die Schaffung einheitlichen Sachrechts gelungen, so führt sie zur Rechtsgleichheit[191] und fördert den europaweiten Entscheidungseinklang. Folglich kommt den Kollisionsnormen lediglich eine ergänzende Rolle zu. Dementsprechend gebührt der Vorrang vor dem Kollisionsrecht dem materiellen Einheitsrecht.[192] Würde ein unbeschränkt einheitliches Sachrecht auf der europäischen Ebene in Kraft treten, könnte das Kollisionsrecht in dem dadurch vereinheitlichten Rechtsgebiet überflüssig sein.[193] Denn schon aus dem Begriff des Kollisionsrechts folgt, dass nur dort Raum für es vorhanden ist, wo die Verschiedenheit des Sachenrechts (*conflit des lois*) bestehen.[194]

Obwohl die Vereinheitlichungseuphorie nicht ganz zu Unrecht besteht, dürfen die damit verbundenen Nachteile nicht übersehen werden. Zu beantworten ist ebenfalls die schwierige Vorfrage, ob ein europaweites Einheitsrecht wirklich besser als eine Vielfalt ist.[195] Man kann die rechtlichen Disparitäten aus dem Grund akzeptieren, dass sie schlicht als Hindernisse zum internationalen Handel nicht behandelt werden, sondern die nationale Rechtskultur erhalten sollen. Im Vergleich zum staatlichen Recht ist die Abänderung des Einheitsrechts grundsätzlich ein schwerfälliger und langwieriger Prozess.[196] Zweifelhaft ist es außerdem, ob die in jedem Mitgliedstaat einheitliche Anwendung des Europarechts in der Tat möglich ist und ob ein europäisches Gerichtssystem notwendig ist. Bezüglich des sachlich, persönlich oder räumlich beschränkten Anwendungsbereichs im Einheitsrecht soll folglich das einheitliche IPR eine eigene Rolle spielen.[197]

---

191 *Leible*, ZVglRWiss 97 (1998), 286,. 309; *Gruber*, Methoden des internationalen Einheitsrechts, 2004, S. 48.

192 *Zweigert/Drobnig*, RabelsZ 29 (1965), 146, 147 ff.; *v. Caemmerer*, in: FS für Hallstein, 1966, S. 67; dagegen *Kropholler*, Internationales Einheitsrecht, 1975, S. 183; *Lehmann*, in: Gebauer (Hg.), Gemeinsames Europäisches Kaufrecht – Anwendungsbereich und kollisionsrechtliche Einbettung, 2013, S. 71.

193 So auch *v. Caemmerer*, in: FS für Hallstein, 1966, S. 93.

194 *Zweigert/Drobnig*, RabelsZ 29 (1965), 146, 147; *v. Caemmerer*, in: FS für Hallstein, 1966, S. 65.

195 Dazu näher *Müller*, EuZW 2003, 683, 684 ff.

196 *Leible*, ZVglRWiss 97 (1998), 286, 309.

197 Ebenso *Kropholler*, Internationales Einheitsrecht, 1975, S. 179 ff.

1. Rechtsangleichung und mitgliedstaatliche Verbraucherschutzvorschriften

Nach Art. 6 Rom I-VO können sich zwingende Verbraucherschutzregeln des Rechts des gewöhnlichen Aufenthalts des Verbrauchers gegen eine Rechtswahl durchsetzen, um den Schutz der intellektuell und wirtschaftlich unterlegenen Partei sicherzustellen.[198] Seitens des in den grenzüberschreitenden Geschäften tätigen Unternehmers wirken sie dagegen als ein misslicher Hemmschuh,[199] da dieser prüfen muss, ob das nationale Recht des Verbrauchers günstiger ist als sein Inlandsrecht. Zu den Unsicherheiten über die Anwendung des unerwarteten Auslandsrechts kommt die weitere hinzu, ob sich die einzelnen staatlichen Vorschriften nach Art. 6 Abs. 2 Rom I-VO als „günstiger" durchsetzen.[200]

Von vornherein trägt die Kommission bei der Rechtsangleichung[201] den Verbraucherschutzvorschriften Rechnung.[202] Seit den 1980er Jahren war die Union mit der umfassenden Angleichung der spezifischen Verbrauchervertragsrechte beschäftigt. Diese Rechtsangleichung verfolgte den Ansatz der bloßen Mindestharmonisierung. Mittels des Art. 6 Rom I-VO können sich stärkere staatliche Verbraucherschutzvorschriften gegen eine Rechtswahl durchsetzen. Damit konnte sich die europäische Vereinheitlichung nicht vollziehen und aus der unternehmerischen Sicht bleiben die Umstände für die B2C-Verträge im Binnenmarkt nach wie vor dürftig. Nicht von ungefähr erfolgte daher der Strategiewechsel der Kommission von der Mindest- zur Vollharmonisierung,[203] nämlich die Reform

---

198 Ferrari u.a./*Staudinger*, Internationales Vertragsrecht, 2. Aufl. (2012), Art. 6 Rom I-VO Rdnr. 1; MünchKomm/*Martiny*, Bd. 10, 6. Aufl. (2015), Art. 6 Rom I-VO Rdnr. 1.

199 Zur Begründung des Vorschlags für eine Verordnung über ein Gemeinsames Europäisches Kaufrecht, KOM (2011) 635 endg., S. 2 f.

200 Für die Abschaffung des Günstigkeitsprinzips in Art. 6 Abs. 2 Rom I-VO bei mitgliedstaatlicher Rechtswahl, *Riesenhuber*, in: FS für Martiny, 2014, S. 832

201 Die Kommission hat zwei Wege parallel verfolgt, um ein enormes Hemmnis für den Binnenmarkt abzuschaffen. Einerseits wurde die Konsolidierung des Verbraucher-acquis in der Form der EU-Richtlinie angestrebt, andererseits wollte sie einen Gemeinsamen Referenzrahmen für kohärentere Gesetzgebung etablieren, *Stürner*, in: Schulte-Nölke/Zoll/Jansen/Schulze (Hg.), Der Entwurf für ein optionales europäisches Kaufrecht, 2012, S. 48.

202 Zu Entwicklungslinien des europäischen Vertragsrechts siehe *Riesenhuber*, EU-Vertragsrecht, 2013, S. 8 ff.; *Herresthal*, in: Langenbucher (Hg.), Europäisches Privat- und Wirtschaftsrecht, 3. Aufl. (2013), S. 72 ff.

203 Zum Bedarf der Vollharmonisierung siehe *Stürner*, in: ders. (Hg.), Vollharmonisierung im Europäischen Verbraucherrecht?, 2010, S. 4.

der Verbraucherkreditrichtlinie[204] und der Verbraucherrechterichtlinie.[205] Sie begegnet einem anderen Problem, namentlich der Inkohärenz zwischen fragmentarischen Richtlinien und dem Mangel der gemeinsamen Bestimmungen, die systematische Fortentwicklung der europäischen Rechtsordnung zu beseitigen.[206] Aus diesem Grund ging die Idee eines „Gemeinsamen Referenzrahmens" hervor.[207] Als ein großer Fortschritt zur Privatrechtsvereinheitlichung ist das CESL hoch zu bewerten.

2. Auswahl privater Regelwerke

Ein neuer Weg zur europaweiten Rechtsangleichung kann eröffnet werden, falls das europäische Kollisionsrecht sowohl das staatliche Recht als anwendbares Recht als auch die privaten Regelwerke, wie etwa die PECL, PICC oder den DCFR, ausgestaltet. Die Zulässigkeit solcher Rechtswahl war unter dem EVÜ auch umstritten, insbesondere bezüglich der Wählbarkeit der PECL.[208] Die Europäische Kommission hat sich im Gesetzgebungsverfahren der Rom I-VO bewusst dagegen entschieden.[209] Nach der überwiegenden Meinung gilt eine

---

204 Richtlinie 2008/48/EG der Europäischen Parlaments und des Rates vom 23. April 2008 über Verbraucherkreditverträge und zur Aufhebung der Richtlinie 87/102/EWG des Rates, ABl. 2008 L 133, S. 66.

205 Richtlinie 2011/83/EU der Europäischen Parlaments und des Rates vom 25. Oktober 2011 über die Rechte der Verbraucher, zur Abänderung der Richtlinie 93/13/EWG des Rates und der Richtlinie 1999/44/EG des Europäischen Parlaments und des Rates sowie zur Aufhebung der Richtlinie 85/577/EWG des Rates und der Richtlinie 97/7/EG des Europäischen Parlaments und des Rates, ABl. 2011 L 304, S. 64.

206 So Auch *Riesenhuber*, EU-Vertragsrecht, 2013, S. 14 f. Zur Kritik des Konzept der Vollharmonisierung siehe *Stürner*, in: ders. (Hg.), Vollharmonisierung im Europäischen Verbraucherrecht?, 2010, S. 4 ff.

207 So auch *Leible*, BB 2008, 1469, 1470.

208 *Leible*, ZVglRWiss 97 (1998), 286, 307 ff.; *Grundmann*, in: FS für Rolland, 1999, S. 150 ff.

209 MünchKomm/*Martiny*, Bd. 10, 6. Aufl. (2015), Art. 3 Rom I-VO Rdnr. 28 ff.; Ferrari u.a./*Ferrari*, Internationales Vertragsrecht, 2. Aufl. (2012), Art. 3 Rom I-VO Rdnr. 19; Nomos/*Leible*, Bd. 6, 2014, Art. 3 Rom I-VO Rdnr. 33; *Kötz*, Europäisches Vertragsrecht, 2. Aufl. (2015), S. 5; *Stürner*, GPR 2011, 236, 237 f.; *Magnus*, IPRax 2010, 27, 33; *Diedrich*, RIW 2009, 378, 380 ff.; *Rühl*, in: FS für Kropholler, 2008, S. 189 ff. Nach anderer Auffassung können die Prinzipien der Wahl einer staatlichen Rechtsordnung gleichgestellt werden, *Wichard*, RabelsZ 60 (1996), 269, 282 ff.; *Leible*, ZVglRWiss 97 (1998), 286, 313 ff.; *Bonell*, ZfRV 37 (1996), 152, 156 ff.

Rechtwahl privater Regelwerke nicht als zulässig.[210] Vor allem erfüllen diese Regelwerke nicht die formale Voraussetzung für die Rechtswahl. Es geht dabei nicht um Recht im Sinne des Art. 3 Abs. 1 Rom I-VO. Dazu kommt der Mangel einer demokratischen Legitimation dieser Regelwerke.[211] Unberührt bleibt jedoch die Möglichkeit, dass die Rechtswahl der privaten Regelwerke innerhalb der in einzelnem Staat genehmigten Vertragsfreiheit materiellrechtlich funktioniert.[212]

II. Verhältnis des CESL zum Kollisionsrecht

In der europäischen Gesetzgebung dringt letztlich eine Form der Rechtsakte vor, die aus dem kollisionsrechtlichen Gesichtspunkt in der Vergangenheit – trotz ihrer innenhabenden Relevanz und Auswirkung – wenig Aufmerksamkeit erfahren hat.[213] Anhand Art. 288 Abs. 2 AEUV kommt ein optionales Instrument in der Form der EU-Verordnungen nur durch das entsprechende Wahlrecht der privaten Parteien zur Anwendung. Bei der Ausgestaltung des Verhältnisses des CESL zum Kollisionsrecht standen dem europäischen Gesetzgeber scheinbar[214] mehrere mögliche Regelungsoptionen zur Verfügung.[215] Er könnte das CESL als ein kollisionsrechtlich wählbares Vertragsrecht etablieren oder als ein das bestehende Kollisionsrecht verdrängendes Einheitsrecht verwirklichen, das seinen

---

210 *Kötz*, Europäisches Vertragsrecht, 2. Aufl. (2015), S. 5; MünchKomm/*Martiny*, Bd. 10, 6. Aufl. (2015), Art. 3 Rom I-VO Rdnr. 32; *Stürner*, GPR 2011, 236, 237 f.; *Magnus*, IPRax 2010, 27, 33; *Diedrich*, RIW 2009, 378, 380 ff.; *Rühl*, in: FS für Kropholler, 2008, S. 189. Nach der von der europäischen Kollisionsrechtsreform vertretenenAuffassung können die allgemeinen Prinzipien auch der Wahl einer staatlichen Rechtsordnung gleichgestellt werden. *Wichard*, RabelsZ 60 (1996), 269, 282 ff.; *Leible*, ZVglRWiss 97 (1998), 286, 313 ff.; *Bonell*, ZfRV 37 (1996), 152, 156 ff.

211 *Riesenhuber*, EU-Vertragsrecht, 2013, S. 74.

212 Ferrari u.a./*Ferrari*, Internationales Vertragsrecht, 2. Aufl. (2012), Art. 3 Rom I-VO Rdnr. 18; MünchKomm/*Martiny*, Bd. 10, 6. Aufl. (2015), Art. 3 Rom I-VO Rdnr. 32.

213 *Basedow*, in: FS für von Hoffmann, 2011, S. 50.

214 Wegen der Kompetenzfrage standen in der Tat der Kommission nicht alle Optionen zur Verfügung. Als ein europäisches Einheitsrecht mit der autonomen kollisionsrechtlichen Wirkung das CESL einzuführen, war ihr zu belastet. Aus politischen sowie wissenschaftlichen Sicht war damals die Stimmung in Bezug auf den CFR gemischt. Zur fehlenden Kompetenz der EU für ein faktisch einseitig zwingendes Vertragsrecht siehe Herresthal, ZIP 2011, 1347, 1352; ebenso darüber fraglich *R. Wagner*, IPRax 2008, 377, 379, 380; BR-Drucks. 31/06, S. 4.

215 *Stadler*, AcP 212 (2012), 473, 475; *Mansel*, WM 2012, 1253, 1261; *Stürner*, GPR 2011, 236, 237; *Lehmann*, GPR 2010, 261.

Anwendungsbereich ausdrücklich festlegt. Die letzte Variante ist ein komplizierter Weg, der in der EU gültig und möglich ist.

Trotz der großen Unterschiede der Rechtsgründe und Strukturen zwischen den drei Ansätzen haben diese eine grundlegende Frage gemeinsam, die insbesondere das Verhältnis von der Rom I-VO zum CESL betrifft. Nach Art. 1 Abs. 1 Rom I-VO gilt diese Verordnung für vertragliche Schuldverhältnisse in Zivil- und Handelssachen, die eine Verbindung zum Recht verschiedener Staaten aufweisen. Wie der Name des CESL „das Gemeinsames Europäisches Kaufrecht" zeigt, fällt ein in EU-Mitgliedstaaten grenzüberschreitender Kaufvertrag in seinen Anwendungsbereich.[216] Damit überschneiden sich die beiden Anwendungsbereiche. Um die Anwendung in der Praxis zu finden, soll zuerst mittels der Attraktivität zum Beteiligten das CESL mit anderen anwendbaren Rechten funktionell konkurrieren. Auch wenn es erreicht wird, dass das CESL von den Beteiligten bevorzugt wird, bleibt noch die Frage der rechtlichen Konkurrenz offen, ob und inwieweit die Auswahl des CESL von den Parteien die bestehenden, insbesondere zwingenden Bestimmungen verdrängen kann.

1. Kollisionsrechtliche Lösung

A. Voraussetzung der kollisionsrechtlichen Rechtswahl

In den letzten Jahrzehnten hat der europäische Gesetzgeber große Aufmerksamkeit darauf gerichtet, das Kollisionsrecht kohärent auszugestalten. Insbesondere für die internationalen Verträge ist die Rom I-VO wirksam, ausnahmsweise fungiert auch die Rom II-VO[217] für die vorvertragliche Schuldverhältnisse als die gemeinschaftsrechtlichen Grundlage zur Festlegung des Vertragsstatuts.[218]

---

216 Das Gemeinsame Europäische Kaufrecht kann für Fernabsatzverträge, die grenzüberstreitende Verträge sind, verwendet werden (Art. 4 Abs. 1 PR CESL).

217 Die Verordnung (EG) Nr. 864/2007 des Europäischen Parlaments und des Rates vom 11. Juli 2007 über das auf außervertragliche Schuldverhältnisse anzuwendende Recht ("Rom II"), ABl. L 199 vom 31.7.2007. Die Rom II-VO gilt aufgrund der sog. Opt-in-Erklärungen beider Staaten auch für das Irland und das Vereinigte Königreich. Sie gilt nicht für Dänemark (siehe Erwägungsgrund 40 Rom II-VO).

218 *Rühl,* in: FS für Kropholler, 2008, S. 187. Darüber hinaus stärkt die Rom III-VO (Verordnung (EU) Nr. 1259/2010 des Rates vom 20. Dezember 2010 zur Durchführung einer verstärkten Zusammenarbeit im Bereich des auf die Ehescheidung und Trennung ohne Auflösung des Ehebandes anzuwendenden Rechts) die Wahlmöglichkeiten der Ehegatten beim anzuwendenden Scheidungsrecht. Die Ehegatten können die Rechtsordnung wählen, der sie eine Scheidung oder eine Trennung unterstellen wollen. Allerdings muss die gewählte Rechtsordnung eine enge Verbindung zu ihrer

Vor allem auf alle dann geschlossenen Verträge ist in der EU die Verordnung Nr. 593/2008 des Europäischen Parlaments und des Rates vom 17.6.2008 über das auf vertragliche Schuldverhältnisse anzuwendende Recht (Rom I-VO) anzuwenden. Von diesem Tag an galt das europäische IPR für grenzüberschreitende Verträge als vergemeinschaftet.[219] Die Rom I-VO erlaubt den Parteien ausdrücklich, das auf einen Schuldvertrag anwendbare Recht frei zu bestimmen. Art. 3 Abs. 1 Rom I-VO statuiert die derzeit in den meisten Staaten anerkannte Parteiautonomie,[220] wonach die Beteiligten das Vertragsstatut frei wählen können. Insofern entspricht Art. 3 Rom I-VO den bisherigen Rechten, Art. 3 EVÜ und demzufolge Art. 27 EGBGB a. F., die an diesem Grundsatz auch mit ähnlichen Einschränkungen[221] festhielten. Nach der Rechtsprechung[222] kann auch die Wahl internationaler Klauselwerke, wie etwa der INCONTERMS[223], der UNIDROIT Principles of International Commercial Contracts, der PECL, etc., nur als materiellrechtliche Wahl angesehen werden.[224]

1) Staatliches Recht

In neuerer Zeit sind vielfach von internationalen Organisationen sowie von privaten Personen Grundsätze des Vertragsrechts entworfen worden, welche nicht als staatliches Recht in Kraft traten. Die kollisionsrechtliche Wahlmöglichkeit nichtstaatlichen Rechts als Vertragsstatut ist seit Inkrafttreten des Übereinkommens

---

Lebensführung durch den gewöhnlichen Aufenthaltsort der Ehegatten, ihren früheren gewöhnlichen Aufenthaltsort, ihre Staatsangehörigkeit oder den Gerichtsort aufweisen.

219 *Magnus*, IPRax 2010, 27, 27; *Rühl*, in: FS für Kropholler, 2008, S. 187.

220 *Rühl*, RabelsZ 71 (2007), 559, 562; *R. Wagner*, IPRax 2008, 377, 378.

221 Kraft Art. 27 EGBGB a.F. bzw. Art. 3 EVÜ entfaltet eine Rechtswahl kollisionsrechtliche Wirkungen nur dann, wenn die Wahl auf staatliches Recht fällt, *Herber*, IHR 2003,1, 8; *R. Wagner*, IPRax 2008, 377, 378; Ferrari u.a./*Ferrari*, Internationales Vertragsrecht, 2. Aufl. (2012), Art. 3 Rom I-VO Rdnr. 19 ff.

222 Vgl. Tribunale di Padova v. 11.1.2005, CISG-online Nr. 967.

223 Die INCONTERMS wurden von der Internationalen Handelskammer erstmals 1936 aufgestellt, um eine gemeinsame Basis für den internationalen Handel zu schaffen, und in den folgenden Jahren noch sieben Mal überarbeitet und erneuert zu werden. Sie gewährleisten die Standarddefinitionen für die Begriffe, die zur Interpretation spezifizierter Handelsbedingungen im Außenhandelsgeschäft üblicherweise benutzt werden, *Diedrich*, RIW 2009, 378, 382.

224 Ferrari u.a./*Ferrari*, Internationales Vertragsrecht, 2. Aufl. (2012), Art. 3 Rom I-VO Rdnr. 19; MünchKomm/*Spellnberg*, Bd. 10, 7. Aufl. (2015), vor Art. 11 EGBGB Rdnr. 25.

von Rom über das auf vertragliche Schuldverhältnisse anzuwendende Recht vom 19. Juni 1980 (EVÜ) ein zentrales und heftig diskutiertes Problem. Strittig ist, ob nach Art. 3 EVÜ bzw. Art. 27 EGBGB a. F. auch die Wahl eines nichtstaatlichen Recht kollisionsrechtliche Wirkungen entfalten kann.[225] Die Antwort ist abhängig davon, ob die Rechtssatzqualität der Prinzipien anerkennbar ist und ob nach der Bestimmung die Parteien eine nichtstaatliche Rechtsordnung wirksam vereinbaren können. Art. 27 EGBGB sowie dessen Modell Art. 3 EVÜ schließt sie von dem Gegenstand der Rechtwahl aus. Nach diesen Vorschriften kann damit die Wahl allgemeiner Rechtsgrundsätze nicht als kollisionsrechtliche Wahl gewertet werden, sondern lediglich als materiellrechtliche.[226]

Gegenstand der Rechtswahl soll nach sowohl den bislang vorliegenden Verordnungen als auch nach allgemeiner Auffassung ein staatliches Recht sein, nicht aber nichtstaatliches oder transnationales Recht.[227] Die Entstehungsgeschichte des Art. 3 Rom I-VO deutet auf die Unzulässigkeit der Wahl nicht-staatlichen Rechts hin.[228] Der Umkehrschluss des Erwägungsgrund 13 Rom I-VO führt zu dem gleichen Ergebnis.[229] Im Wege einer materiellrechtlichen Rechtswahl kann somit das nicht-staatliche Recht in den Vertrag inkorporiert werden. Unklar ist demgegenüber, ob und in welchem Umfang die Parteien ihr Rechtsverhältnis

---

225 *v. Bar*, Internationales Privatrecht, Bd. 2, 1991, Rdnr. 425; *R. Wagner*, IPRax 2008, 377, 378; *Magnus*, IPRax 2010, 27, 33.

226 *Canaris*, in: Basedow (Hg.), Europäische Vertragsrechtsvereinheitlichung und deutsches Recht, 2000, S. 5, 18; *Heiss*, in: Czernich/Heiss, EVÜ, 1999, Art. 3 Rdnr. 44; *Kropholler*, IPR, 6. Aufl. 2006, S. 465; MünchKomm/*Martiny*, Bd. 10, 4. Aufl. (2006), Art. 27 EGBGB Rdnr. 33; *Leible*, in: FS für Jayme, Bd. 1, 2004, S. 491; *Roth*, in: FS für Jayme, Bd. 1, 2004, S. 771; *Schilf*, Allgemeine Vertragsgrundregeln als Vertragsstatut, 2005, S. 414 f.; *ders.*, IHR 2004, 236, 245; *Schinkels*, GPR 2007, 106, 106; *Magnus*, IPRax 2010, 27, 33.

227 MünchKomm/*Martiny*, Bd. 10, 6. Aufl. (2015), Art. 3 Rom I-VO Rdnr. 28 ff.; *Kötz*, Europäisches Vertragsrecht, 2. Aufl. (2015), S. 5; *Stürner*, GPR 2011, 236, 237 f.; *Magnus*, IPRax 2010, 27, 33; *Diedrich*, RIW 2009, 378, 380 ff.; *Rühl*, in: FS für Kropholler, 2008, S. 189. Aus Anderer Auffassung können die Prinzipien der Wahl einer staatlichen Rechtsordnung gleichgestellt werden, *Wichard*, RabelsZ 60 (1996), 269, 282 ff.; *Leible*, ZVglRWiss 97 (1998), 286, 313 ff.; *Bonell*, ZfRV 37 (1996), 152, 156 ff.

228 *Rühl*, in: FS für Kropholler, 2008, S. 189 f.; *dies*, MJ 19 (2012), 148, 152 f.; *Rösler*, EuZW 2011, 1; *Stürner.*, GPR 2011, 236, 237 f.; *ders.*, in: Schulte-Nölke/Zoll/Jansen/Schulze (Hg.), Der Entwurf für ein optionales europäisches Kaufrecht, 2012, S. 64; *Wojcik*, in: Gebauer (Hg.), Gemeinsames Europäisches Kaufrecht – Anwendungsbereich und kollisionsrechtliche Einbettung, 2013, S. 52. Eine Festlegung, was als „Staat" anzusehen ist, enthält aber die Rom I-VO nicht.

229 *Rühl*, in: FS für Kropholler, 2008, S. 190; *dies*, MJ 19 (2012), 148, 153.

auch einem nicht-staatlichen Recht unterstellen dürfen. Die Bestimmungen sind ihrem Wortlaut nach nicht eindeutig: Art. 3 Abs. 1 S. 1 Rom I-VO,[230] Art. 14 Abs. 1 Rom II-VO und Art. 5 Abs. 1 Rom III-VO erlauben den Parteien schlicht die Wahl des anwendbaren „Rechts". Offen bleibt dabei, ob der Begriff des „Rechts" neben staatlichem auch nicht-staatliches Recht erfasst. Überlegungen weisen allerdings darauf hin, dass unter „Recht" im Sinne der einschlägigen Bestimmungen nur staatliches Recht zu verstehen ist.[231] Damit ist es also nicht möglich, alle nationalen Rechte abzuwählen und stattdessen die *lex mercatoria* oder ein ähnliches privates Regelwerk einzusetzen.[232] Die Parteien vermögen ferner nicht im Fall einer kollisionsrechtlichen Rechtswahl den Text eines völkerrechtlichen Konventionsentwurfes zum Vertragsstatut zu machen, denn ein solcher Entwurf ist ebenfalls kein staatliches Recht.[233] Würden die Parteien ihren grenzüberschreitenden Vertrag einem nicht staatlichen Regelwerk oder einem internationalen Übereinkommen unterstellen, liegt nur ein Verweisungsvertrag vor, mit der Folge, dass die zwingenden Vorschriften des nach objektiven Anknüpfungskriterien anwendbaren Rechts trotz der Wahl anwendbar bleiben.[234]

2) Das CESL als Teil nationalen Rechts?

Eine „Verordnung" nach Art. 288 Abs. 2 AEUV[235] ist in allen ihren Teilen verbindlich und gilt unmittelbar in jedem Mitgliedstaat. Sie wirkt daher ganz wie ein nationales Gesetz, und tatsächlich sollte sie in dem gescheiterten Verfassungsvertrag[236]

---

230 Der erste Satz des Art. 3 Abs. 1 Rom I-VO ist identisch mit der bereits im EVÜ verwendeten Formulierung.

231 *Rühl*, in: FS für Kropholler, 2008, S. 189; Ferrari u.a./*Ferrari*, Internationales Vertragsrecht, 2. Aufl. (2012), Art. 3 Rom I-VO Rdnr. 21. So auch die neueste Rechtsprechung, Trib. Padova CISG-Online Nr. 967 (in Bezug auf UNIDROIT Principles).

232 *R. Wagner*, IPRax 2008, 377, 379 f.

233 Falls ein Staat den völkerrechtlichen Konventionsentwurf ohne Abänderung sämtlich in seinem nationalen Recht übernommen würde, könnten die Parteien ihn über dieses staatliche Recht kollisionsrechtlich wählen.

234 Ferrari u.a./*Ferrari*, Internationales Vertragsrecht, 2. Aufl. (2012), Art. 3 Rom I-VO Rdnr. 21f.; *Herresthal*, ZIP 2011, 1347, 1349; *Stürner*, GPR 2011, 236, 237.

235 Die Definition der Verordnung im AEUV ist mit der Definition in Art. 249 Abs. 2 EGV identisch.

236 Ein im Jahr 2004 unterzeichneter Verfassungsvertrag (VVE, Vertrag über eine Verfassung für Europa vom 16. Dezember 2004, ABl. 2004 C 310/1) scheiterte an den ablehnenden Referenden in Frankreich und den Niederlanden und trat nicht in Kraft.

auch in „Europäisches Gesetz“ umbenannt werden.[237] Die fakultative Eigenschaft des CESL hat ebenfalls keinen Einfluss darauf. Denn unter einer Verordnung versteht der EuGH jede rechtliche Regelung, auch eine einzelne Vorschrift, für die sich aus dem Rechtsakt und seiner Zielsetzung ergibt, dass sie allgemeine Geltung beansprucht.

Falls das unmittelbar anwendbare Gemeinsame Kaufrecht endlich verabschiedet und in Kraft tritt, würde es mithin selbst zum Bestandteil des Heimatrechts eines Vertragsbeteiligten in der EU? Es ist umstritten, ob das CESL nach seiner Verabschiedung ein nationales Recht der Mitgliedstaaten wird oder nur ein Regelwerk auf der Unionsebene bleibt.

Die Begründung des PR CESL lautet, „das Gemeinsame Europäische Kaufrecht wird in jedem Mitgliedstaat als fakultatives zweites Vertragsrecht zur Verfügung stehen“.[238] Beim CESL handelt es sich um ein zweites Kaufrecht, das über den unmittelbar anwendbaren PR CESL in das jeweilige nationale Recht eingefügt wird und die bisher existierenden Kaufvertragsregeln ergänzt.[239] Die Parteien würden nicht ein europäisches Kaufvertragsrecht wählen, sondern ein zweites nationales Kaufrecht, bei dem z. B. das Zustandekommen des Vertrags sowie Rechte und Pflichten der Parteien von anderen Regeln neu bestimmt werden würden als dies bei dem bisher existierenden Kaufrecht der Fall ist.[240] Das CESL gleicht nationale Rechte an, da sie dieses zweite Kaufrecht in jedes nationale Recht einführt. Durch die über Art. 288 Abs. 2 AEUV bewirkte, unmittelbare Geltung in den Mitgliedstaaten geht es dabei im Ergebnis um staatlich gesetztes Recht, d. h. um nicht mit dem privaten Regelwerk gleichgestelltes Recht.[241]

Dem Argument der Europäischen Kommission,[242] das optionale Instrument wäre Teil der nationalen Rechtsordnung der Mitgliedstaaten und als

---

237 *Colneric*, in: Hopt/Basedow/Zimmermann (Hg.), Handwörterbuch des Europäischen Privatrechts, Stichwort „Europäische Verfassung“.

238 Begründung des Vorschlags für eine Verordnung über ein Gemeinsames Europäisches Kaufrecht, KOM (2011) 635 endg., S. 6.

239 Erwägungsgrund 9 PR CESL; *Staudenmayer*, NJW 2011, 3491, 3495.

240 *Basedow*, in: FS für E. Lorenz, 2004, S. 102; *Herresthal*, ZIP 2011, 1347, 1349 f.; *Staudenmayer*, NJW 2011, 3491, 3495; *Stürner*, GPR 2011, 236, 237; *Corneloup*, ZEuP 2012, 705, 712 ff.; *Mankowski*, RIW 2012, 97, 98; *Leible*, in: Remien/Herrler/Limmer (Hg.), Gemeinsames Europäisches Kaufrecht für die EU?, 2012, S. 25; *Stadler*, AcP 212 (2012), 473, 475 f.

241 *Mankowski*, RIW 2012, 97, 104; *Stürner*, in: Schulte-Nölke/Zoll/Jansen/Schulze (Hg.), Der Entwurf für ein optionales europäisches Kaufrecht, 2012, S. 64 f.

242 Die Auslegung der Erwägungsgründe PR CESL zeigt, dass die Europäische Kommission mit dem CESL wederein zweites nationales Kaufrechtsregime noch ein wählbares

solches eingebettet in den Regelungsrahmen des jeweiligen Mitgliedstaates, kann nach anderer Ansicht nicht zugestimmt werden.[243] Art. 288 AEUV enthält eine Beschreibung der wichtigsten im Unionsrecht zur Verfügung stehenden Handlungsformen für das Sekundärrecht[244] und ihrer Rechtswirkungen. Die genannten Handlungstypen haben wie das gesamte Unionsrecht eigenständigen Charakter und können nicht mit Handlungsformen des nationalen Rechts verglichen werden.[245] Eine EU-Verordnung gilt in allen Mitgliedstaaten wie eigenes Inlandsrecht. Auch wenn die europäische Verordnung neben dem nationalen Recht parallel gilt, bleibt noch die Urheberschaft zwischen EU-Verordnung und staatlichem Recht verschieden.[246] Wie nur die Union Unionsrecht setzen kann, sind die Mitgliedstaaten ohne Zweifel die alleinigen Autoren nationalen Rechts. Darüber hinaus hat der EuGH die Verdeckung des gemeinschaftsrechtlichen Ursprungs seit langem verboten.[247] Dementsprechend darf nicht die Union ihr eigenes Recht als solches eines Mitgliedstaats ausüben. Seine europaweit einheitliche Gültigkeit und die Notwendigkeit autonomer Auslegung sind für den staatlichen Rechtsanwender nicht immer klar erkennbar, so dass der Zusammenhang

---

innerhalb des einzelstaatlichen Rechts erzielt, *Lehmann*, in: Gebauer (Hg.), Gemeinsames Europäisches Kaufrecht - Anwendungsbereich und kollisionsrechtliche Einbettung, 2013, S. 75 f.

243 *Flessner*, ZEuP 2012, 727, 730 ff.; *Stabentheiner*, in: Wendehorst/Zöchling-Jud (Hg.), Am Vorabend eines Gemeinsamen Europäischen Kaufrechts, 2012, S. 9 ff.; *Lehmann*, in: Gebauer (Hg.), Gemeinsames Europäisches Kaufrecht - Anwendungsbereich und kollisionsrechtliche Einbettung, 2013, S. 74 ff. Auch der Österreichischer Bundesrat erklärt in der Stellungnahme, „Eine unionsrechtliche Verordnung wird nicht nationales Recht, sondern bleibt Unionsrecht", Österreichischer Bundesrat, Stellungnahme v. 1.12.2011 (Begründete Stellungnahme gemäß Art. 23g Abs. 1 B-VG, Abrufbar unter: http://www.parlament.gv.at/PAKT/VHG/BR/I-BR/I-BR_08609/fname_237038.pdf)

244 Wie sich aus Art. 263, 267 Abs. 1 lit. b), Art. 288 Abs. 1 und Art. 216 Abs. 2 AEUV ergibt, stehen derartige Normen im Rang unter dem primären Unionsrecht und unter den internationalen Übereinkünften der Union und sind folglich an diesen zu messen, *Schroeder*, in: Streinz, EUV/AEUV, 2. Aufl. (2012), Art. 288 AEUV Rdnr. 24.

245 *Schroeder*, in: Streinz, EUV/AEUV, 2. Aufl. (2012), Art. 288 AEUV Rdnr. 1; EuGH, Urt. v. 15.7.1964, Rs. 6/64 (Costa/ENEL), Slg. 1964, 1251, 1269 = NJW 1964, 2371.

246 *Lehmann*, in: Gebauer (Hg.), Gemeinsames Europäisches Kaufrecht - Anwendungsbereich und kollisionsrechtliche Einbettung, 2013, S. 74 f.

247 EuGH, Urt. v. 28.3.1985, Rs. 272/83, Slg. 1985, 1057. Nach *Flessner* stellt sich diese Verordnung als ein im nationalen Nest gelegtes „europäisches Kuckucksei" dar, *ders.*, ZEuP 2012, 726, 732.

zwischen der Zuständigkeit zur Gesetzgebung und der Verantwortung für ihren Inhalt unterbrochen sein kann.[248]

Folglich wird das CESL nach seiner Verabschiedung weiterhin zum Unionsrecht gehören und neben den mitgliedstaatlichen Vertragsrechten stehen, nicht aber sich in eine staatliche Rechtsordnung verwandeln.[249]Die unmittelbare Wirkung ist in den Mitgliedstaaten nicht mit der Eigenschaft, nationales Recht zu sein, zu vermengen.

3) Die Möglichkeit der kollisionsrechtlichen Rechtswahl als einer Verordnung an sich

Trotz des Mangels der ausdrücklichen Bestimmung ist unstreitig, dass nach der Rom I-VO ein staatliches Recht, aber kein nicht-staatliches Recht für die kollisionsrechtliche Rechtswahl zulässig ist. Warum soll der Gegenstand der Rechtswahl nur auf ein nationales Recht beschränkt sein und gibt es gar keine Möglichkeit für die Unionsregelwerke?

Obwohl keine Bestimmung, sondern nur Erwägungsgrund 14 in der Rom I-VO auf ein optionales Instrument in Form eines Gemeinschaftsrechtsaktes hinweist,[250] schließt der fehlende Hinweis im Text der Rom I-VO die kollisionsrechtliche Lösung jedoch gerade nicht aus und auf längere Sicht ist es kaum als Indiz zu werten, dass eine solche Regelung heute nicht politisch durchsetzbar wäre.[251] Somit ist angedeutet, dass der europäische Gesetzgeber es mit einem vertikalen Wettbewerb der EU-Regelwerke zur staatlichen Rechtsordnungen nicht ernsthaft meinen wird.[252]

---

248 *Lehmann*, in: Gebauer (Hg.), Gemeinsames Europäisches Kaufrecht – Anwendungsbereich und kollisionsrechtliche Einbettung, 2013, S. 75.

249 Auch *Stabentheiner*, in: Wendehorst/Zöchling-Jud (Hg.), Am Vorabend eines Gemeinsamen Europäischen Kaufrechts, 2012, S. 10; *Schinkels*, in: Gebauer (Hg.), Gemeinsame s Europäisches Kaufrecht – Anwendungsbereich und kollisionsrechtliche Einbettung, 2013, S. 30 f.

250 Die Funktion des Erwägungsgrunds 14 dürfte eher in einer Ankündigung künftiger Gesetzgebung als in einem Vorbehalt der Wahlmöglichkeit in einem zukünftigen Instrument liegen. Dem Erwägungsgrund kommt insofern politische Bedeutung zu, *Leible/Lehmann*, RIW 2008, 528, 533 f.; *Diedrich*, RIW 2009, 378, 384; *Heiss*, in: FS für Roth, 2011, S. 240; Nomos/*Leible*, Bd. 6, 2014, Art. 3 Rom I-VO Rdnr. 35; jurisPK-BGB/*Ringe*, Bd. 6, 6. Aufl. (2013), Art. 3 Rom I-VO Rdnr. 39.

251 *Diedrich*, RIW 2009, 378, 384; *Stadler*, AcP 212 (2012), 473, 476; kritisch zur Möglichkeit der nicht-staatlichen Rechtswahl auch in Zukunft *Rühl*, in: FS für Kropholler, 2008, S. 191 f.

252 *Rösler*, EuZW 2011, 1, 1.

Europäische Regelwerke wie Verordnungen und Richtlinien[253] werden richtigerweise als ein Gegenstand zur kollisionsrechtlichen Wahl angenommen anders als allgemeine Prinzipien und Grundregeln[254], sog. private Regelwerke usw.[255] In diesen Regelungen gibt es gar keine oder geringe Risiken wie den Schutz des Schwächeren, die Gesetzesumgehung bzw. Rechtsmissbrauch, die man behauptet, um die Parteiautonomie zu begrenzen.[256] Denn diese werden durch ein strengeres und komplizierteres Gesetzgebungsverfahren als nationales Recht in Kraft treten, d. h. sie haben die demokratische Legitimation, und ein Missverhältnis zwischen Rechtsakteuren ergibt sich kaum daraus. Die Bedeutung des „staatlichen Rechts" ist nicht institutionell als „vom Staat geschaffene Norm", sondern funktional als „Ordnung mit Gerechtigkeitsgewähr" zu verstehen.[257] Dem EuGH kommt nach Art. 267 AEUV ein Auslegungsmonopol in Angelegenheiten des Gemeinschaftsrechts zu, damit sind diese EU-Regelwerke wie ein staatliches Recht klar, einheitlich und verbindlich auszulegen.[258]

---

253 Richtlinien sind harmonisiert konzipiert, danach sollen die Umsetzungen in Mitgliedstaaten mindestens gleiches oder höheres Schutzniveau der Richtlinie sein. Aus der Sicht des Verbrauchers ist es kaum wertvoll und wahrscheinlich, bei der kollisionsrechtlichen Rechtswahl sie direkt einzuwählen. Dennoch kommen ihm diese Richtlinien zugute, denn das Schutzniveau in den Richtlinien wird von dem EU-Gesetzgeber als angemessen geschätzt.

254 Mit den Prinzipien und Grundregeln sind wissenschaftliche Vertragsrechtskompilationen gemeint, wie sie in Form der PECL, der UNIDROIT-Principles und DCFR zur Verfügung stehen.

255 Auch *Staudenmayer*, ZEuP 2003, 828, 839; *Herresthal*, ZIP 2011, 1347, 1349.

256 Vgl. die Zulässigkeit einer kollisionsrechtlichen Wahl der UNIDROIT Principles nach Rom I, *Schinkels*, GPR 2007, 106, 106 ff.; *Riesenhuber*, EU-Vertragsrecht, 2013, S. 73 f.

257 *Leible*, in: FS für Kropholler, 2008, S. 491.

258 Für jede unionsrechtliche Auslegungs- oder Gültigkeitsfrage eines mitgliedstaatlichen Gerichts ist der Gerichtshof der Europäischen Union grundsätzlich ausschließlich zuständig und gewährleistet damit, dass das EU-Recht in allen EU-Mitgliedstaaten auf die gleiche Weise angewendet wird. Die früher in Art. 68 Abs. 2 EGV und durch den Vertrag von Amsterdam eingeführte Ausnahme, wonach der Gerichtshof für die Überprüfung der Gültigkeit oder Verhältnismäßigkeit von Maßnahmen der Polizei oder anderer Strafverfolgungsbehörden oder der Wahrnehmung von Zuständigkeiten der Mitgliedstaaten für die Aufrechterhaltung der öffentlichen Ordnung und den Schutz der inneren Sicherheit nicht zuständig war, ist durch den Vertrag von Lissabon aufgehoben, *Graßhof*, in: Schwarze, EU-Kommentar, 2. Aufl. (2009), Art. 68 EGV Rdnr. 14; *Geiger/Khan/Kotzur*, EUV/AEUV, 5. Aufl. (2010), Art. 267 AEUV Rdnr. 3; *Ehricke*, in: Streinz, EUV/AEUV, 2. Aufl. (2012), Art. 267 AEUV Rdnr. 11.

Wie soeben geklärt, steht nach Erwägungsgrund 14 Rom I-VO für künftige europäische Rechtsakte über ein materielles Vertragsrecht eine Hintertür offen.[259] Ein solcher Rechtsakt der Europäischen Union kann eine eigene Klausel enthalten, die seine vertragliche Wählbarkeit ermöglicht.[260] Aus rechtspolitischer Sicht kann ohne Intervenieren der mitgliedstaatlichen Gesetzgebung die kollisionsrechtliche Wahlmöglichkeit der Verordnung und Richtlinie die Rechtsvereinheitlichung in der EU fördern.[261] In Bezug auf das Drittstaatenverhältnis kann man darüber hinaus keineswegs die kollisionsrechtliche Wahl des CESL nach dem IPR des nicht-mitgliedstaatlichen Forums sowie einen internationalen Entscheidungseinklang[262] erwarten, ohne dass das CESL auf der europäischen Ebene von dieser Rechtswahl ausgeschlossen ist. Aus diesem Grund ist es von Bedeutung, ob das CESL für die kollisionsrechtliche Wahl zulässig ist, ungeachtet davon, ob das CESL dem kollisionsrechtlichen Ansatz folgen wird.

B. Inhalt der kollisionsrechtlichen Lösung

Nach diesem Regelungsmodell wird das CESL ein zusätzliches Vertragsrecht, das die Parteien gemäß dem Art. 3 Abs. 1 Rom I-VO wie ein staatliches Vertragsrecht auswählen können. Die kollisionsrechtliche Lösung sieht die Durchsetzung des fakultativen Instruments innerhalb des Systems des bestenden europäischen Kollisionsrechts, nämlich der Rom I-VO für die Vertragsverhältnisse und der Rom II-VO für die vorvertraglichen Pflichten,[263] vor und behandelt dabei das

---

259 Ebenso *R. Wagner*, IPRax 2008, 377, 380.

260 *Leible/Lehmann*, RIW 2008, 528, 533 f.; *Diedrich*, RIW 2009, 378, 384; jurisPK-BGB/*Ringe*, Bd. 6, 6. Aufl. (2013), Art. 3 Rom I-VO Rdnr. 39; Nomos/*Leible*, Bd. 6, 2014, Art. 3 Rom I-VO Rdnr. 35.

261 Vgl. die kollisionsrechtliche Wahlmöglichkeit des CESL aus drittenstaatlicher Sicht *Gebauer*, GPR 2011, 227, 232.

262 Siehe unten S. 112 f. u. 158 ff.

263 Vorvertraglichen Schutzpflichtverletzungen (culpa in contrahendo) fallen unter Art. 12 der Rom II-VO. Die nach deutschem Recht mögliche Haftung aus einem Vertrag mit Schutzwirkung für Dritte, die Schwächen des deutschen Deliktsrechts kompensiert, gehört nicht mehr zu den vertraglichen Ansprüchen, *Eidenmüller/Jansen/Kieninger/Wagner/Zimmermann*, JZ 2012, 269, 273; *Corneloup*, ZEuP 2012,705, 713; Ferrari u.a./*Kieninger.*, Internationales Vertragsrecht, 2. Aufl. (2012), Art. 1 Rom I-VO Rdnr. 2; MünchKomm/*Junker*, Bd. 10, 7. Aufl. (2015), Art. 12 Rom II-VO Rdnr. 14 ff. Der EuGH hat auch das Kriterium der autonomen Selbstbindung herangezogen und den Abbruch von Vertragsverhandlungen mangels freiwillig eingegangener Verpflichtung dem außer vertraglichen Bereich zugeordnet, EuGH, Urt. v. 17.9.2002, Rs. C-334/00, Slg. 2002, I-7357 Rdnr. 24 = NJW 2002, 3159 = EuZW 2002, 655.

CESL als zusätzliche Wahlmöglichkeit neben dem Vertragsrechtsregime der 28 Mitgliedstaaten.[264] Folglich würde die Wahl des CESL von den Vertragsparteien auf dem Wege der kollisionsrechtlichen Rechtswahl erfolgen, sie gilt im Geltungsbereich der Rom I-VO gemäß deren Art. 3 Abs. 1.[265] Die Rechtswahl des CESL soll gleichzeitig zur Abwahl des objektiv anwendbaren Rechts führen.

C. Probleme und Nachteile in der kollisionsrechtlichen Lösung

Die kollisionsrechtliche Lösung hat einen großen Vorteil, die das CESL betreffenden Problemen nach vorhandenem Kollisionsrecht einfach und rechtsklar zu lösen.[266]

Die Lösung liegt auf der Hand.[267] Wie oben erwähnt, soll zuerst das CESL ein staatliches Recht im Sinne des Art. 3 Abs. 1 Rom I-VO sein, um durch die Rechtswahl der Vertragsparteien gewählt zu werden. Nun handelt es sich aber bei dem zu erwartenden optionalen Instrument nicht um staatliches Recht, sondern um eine EU-Verordnung. Jedoch wendet diese Auffassung den Vorrang der EU-Verordnung gegenüber dem mitgliedstaatlichen Recht nicht an. Wäre das CESL nicht für den vertikalen Konflikt konzipiert, sondern für den horizontalen,[268] würden damit gegenüber dem CESL dieselben Einschränkungen gültig, die das Kollisionsrecht für die Wahl anderen fremden Rechts vorsieht.[269] Das nach Art. 3 Rom I-VO

---

264 Ferner kommen alle anderen wählbaren Rechte hinzu, *Stadler*, AcP 212 (2012), 473, 475; *Lehmann*, in: Gebauer (Hg.), Gemeinsames Europäisches Kaufrecht – Anwendungsbereich und kollisionsrechtliche Einbettung, 2013, S. 69; so auch *Stürner*, GPR 2011, 236, 239; *Fornasier*, RabelsZ 76 (2012), 401, 407.

265 *Lehmann*, GPR 2010, 261, 261; *Heiss*, in: FS für Roth, 2011, S. 238 ff.; *Busch*, EuZW 2011, 655, 656; *Fornasier*, RabelsZ 76 (2012), 401, 406 ff.; *Stadler*, AcP 212 (2012), 473, 475; *Wojcik*, in: Gebauer (Hg.), Gemeinsames Europäisches Kaufrecht – Anwendungsbereich und kollisionsrechtliche Einbettung, 2013, S. 52 ff.; *Lehmann*, in: Gebauer (Hg.), Gemeinsames Europäisches Kaufrecht – Anwendungsbereich und kollisionsrechtliche Einbettung, 2013, S. 69 f.

266 *Rühl*, MJ 19 (2012), 148, 150.

267 *Fornasier*, RabelsZ 76 (2012), 401, 409 f.; *Lehmann*, in: Gebauer (Hg.), Gemeinsames Europäisches Kaufrecht – Anwendungsbereich und kollisionsrechtliche Einbettung, 2013, S. 69 f. Zum Argument gegen die illusionäre Prämisse der EU-Kommission über die Transaktionskosten siehe *Stadler*, AcP 212 (2012), 473, 476 f.

268 *Lehmann*, in: Gebauer (Hg.), Gemeinsames Europäisches Kaufrecht – Anwendungsbereich und kollisionsrechtliche Einbettung, 2013, S. 68 ff.

269 *Stürner*, GPR 2011, 236, 237 ff.; *Stadler*, AcP 212 (2012), 473, 475 f.; *Rühl*, MJ 19 (2012), 148, 154 ff; *Lehmann*, in: Gebauer (Hg.), Gemeinsames Europäisches Kaufrecht – Anwendungsbereich und kollisionsrechtliche Einbettung, 2013, S. 70.

gewählte Recht steht gemäß den Artt. 6–8 noch unter dem Vorbehalt der zwingenden Bestimmungen des Staates, dessen Recht wegen objektiver Anknüpfung für die Verbraucher-, Versicherungs- und Arbeitsverträge anzuwenden ist. Bei fehlendem Auslandsbezug haben ferner trotz des Verweisungsvertrags sämtliche zwingenden Normen des betreffenden Landes Vorrang (Art. 3 Abs. 3), außerdem sind ebenfalls nach Art. 9 Rom I-VO die sog. Eingriffsnormen[270] zu berücksichtigen. Der Vorrang nationaler Bestimmungen könnte den primären Zweck des europäischen Vertragsrechts gefährden, nämlich einen gemeinsamen Rechtsrahmen für Schuldverträge im Binnenmarkt hervorzubringen.[271]

Eine kollisionsrechtliche Wahl des CESL wäre zwar durch die entsprechende Änderung von der Rom I-VO möglich.[272] Zuerst würde Art. 3 Abs. 1 Rom I-VO den Parteien die kollisionsrechtliche Rechtswahl des CESL erlauben. Ferner sollte das optionale Instrument von den anderen Beschränkungen, nämlich Artt. 6 Abs. 2 (Verbraucherschutz), 9 (Eingriffsnorm) und 21 (ordre public) Rom I-VO, frei sein.[273] Die fehlende kollisionsrechtliche Schutzlücke, die mit der Verdrängung des Verbraucherschutzes im staatlichen Recht einhergehen kann, müsste dennoch auf sachrechtlicher Ebene durch das hohe Verbraucherschutzniveau im CESL ersetzt werden.[274]

---

270 Zur Legaldefinition der Eingriffsnorm siehe Art. 9 Abs. 1 Rom I-VO und deren Erwägungsgrund 37.

271 Die Rom I-VO würde den Anwendungsbereich des fakultativen Vertragsrechts erheblich beschneiden und die Funktion des Instruments insgesamt stören. Insbesondere wegen den staatlichen Verbraucher schützenden Regelungen nach Art. 6 Abs. 2 Rom I-VO wären die Defizite der kollisionsrechtlichen Lösung spürbar, *Stürner*, GPR 2011, 236, 238; *Fornasier*, RabelsZ 76 (2012), 401, 409; *Rühl*, MJ 19 (2012), 148, 155 f.; *Stadler*, AcP 212 (2012), 473, 476; *Lehmann*, in: Gebauer (Hg.), Gemeinsames Europäisches Kaufrecht – Anwendungsbereich und kollisionsrechtliche Einbettung, 2013, S. 70.

272 *Stürner*, GPR 2011, 236, 239; *Stadler*, AcP 212 (2012), 473, 477; dagegen würde die Lösung keine kollisionsrechtliche im Sinne der klassischen IPR genannt, denn es wären viele Ausnahmen für das CESL in die Rom I-VO einzuführen, *Lehmann*, in: Gebauer (Hg.), Gemeinsames Europäisches Kaufrecht – Anwendungsbereich und kollisionsrechtliche Einbettung, 2013, S. 70.

273 Um die externen Lücken im CESL zu schließen, darf das CESL jedoch nicht vom Geltungsbereich der Rom I-VO sämtlich ausgeschlossen werden, siehe unten S. 206 ff.

274 *Stürner*, GPR 2011, 236, 241.

2. Einheitsrechtliche Lösung

A. *Inhalt der einheitsrechtlichen Lösung*

Kollisionen werden dann vermieden, wenn ein jüngeres Recht das inkompatible ältere verdrängt oder ersetzt (*lex posterior derogat legi priori*).[275] Es wäre eine andere Alternative, eine kollisionsrechtliche Regelung, also einen Vorrang vor den anderen anwendbaren Rechten, in ein Einheitsrecht selbst aufzunehmen. Würde das CESL in der Form einer EU-Verordnung in Kraft treten, scheint es vielversprechend, die Bestimmung des Opt-in-Instruments selbst als eigene Kollisionsnorm auszugestalten, um als *lex specialis* andere allgemeine Kollisionsnormen unmittelbar zu verdrängen und die kollisionsrechtliche Wirkung *per se* zu entfalten.[276]

Der Gerichtshof hat bereits frühzeitig erklärt, dass entsprechende Konfliktfälle durch einen umfassenden Primat des Unionsrechts gelöst werden können.[277] Ein europäisches Einheitsrecht kann nicht nur die unmittelbare Anwendbarkeit, sondern auch den Vorrang gegenüber den mitgliedstaatlichen Rechtsordnungen beanspruchen. In diesem Regelungsmodell kann das CESL seine unmittelbare Anwendbarkeit autonom bestimmen[278] (oder es hat als ein europäisches Einheitsrecht von vornherein die ausschließliche Anwendung inne), ähnlich wie dies das CISG in seinem Art. 1 Abs. 1 lit. a vorsieht.[279] Folglich setzt sich das CESL ebenso wie das CISG über das einzelstaatliche Recht hinweg. Anders als der kollisionsrechtliche Ansatz orientiert sich diese Auffassung an der ersten Konfliktachse, nämlich am Verhältnis zwischen Unionsrecht und staatlichem Recht.[280] Im Zuge der Anwendung des CESL geht es nicht mehr um freie kollisionsrechtliche Konkurrenz, sondern um Normenhierarchie. Denn das Einheitsrecht hat erst den Vorrang vor dem nationalen Recht, wenn die Parteien das CESL durch einen

275 *Basedow*, in: FS für E. Lorenz, 2004, S. 103; *Sonnenberger*, in: FS für Kropholler, 2008, S. 232; MünchKomm/*Martiny*, Bd. 10, 6. Aufl. (2015), Art. 23 Rom I-VO Rdnr. 7.

276 *Rösler*, EuZW 2011, 1, 1.

277 EuGH, Urt. v. 15.7.1964, Rs. 6/64 (Costa/ENEL), Slg. 1964, 1141 = NJW 1964, 2371.

278 *Busch*, EuZW 2011, 655, 656; *Lehmann*, in: Gebauer (Hg.), Gemeinsames Europäisches Kaufrecht - Anwendungsbereich und kollisionsrechtliche Einbettung, 2013, S. 70; *Stadler*, AcP 212 (2012), 473, 477; *Fornasier*, RabelsZ 76 (2012), 401, 417; *Wojcik*, in: Gebauer (Hg.), Gemeinsames Europäisches Kaufrecht - Anwendungsbereich und kollisionsrechtliche Einbettung, 2013, S. 54.

279 *Piltz*, NJW 2012, 3061, 3063 f.

280 *Lehmann*, in: Gebauer (Hg.), Gemeinsames Europäisches Kaufrecht - Anwendungsbereich und kollisionsrechtliche Einbettung, 2013, S. 70.

Verweisungsvertrag vereinbaren. Damit sieht man eine Verwirklichung des optionalen Instruments außerhalb der bestehenden Kollisionsnormen, insbesondere der Rom I-VO vor.

Der Charme der einheitsrechtlichen Lösung besteht darin, dass die Wahl des CESL durch die Parteien den kollisionsrechtlich vorgesehenen Beschränkungen nicht unterliegen würde, insbesondere nicht den Schranken der Art. 3, 6 Abs. 2, 9 oder 21 Rom I-VO.[281] Inhaltlich lässt Erwägungsgrund 14 Rom I-VO jeden Spielraum offen. Insbesondere erklärt dieser Erwägungsgrund in keiner Weise, was als geeignetes Rechtsinstrument anzusehen ist. Die Auffassung einer solchen *lex specialis* steht hinter Erwägungsgrund 14 der Rom I-VO:[282]

> (14) Sollte die Gemeinschaft in einem geeigneten Rechtsakt Regeln des materiellen Vertragsrechts, einschließlich vertragsrechtlicher Standardbestimmungen, festlegen, so kann in einem solchen Rechtsakt vorgesehen werden, dass die Parteien entscheiden können, diese Regeln anzuwenden.

Falls der Erwägungsgrund 14 Rom I-VO als eine Ankündigung einer späteren EU-Verordnung, die frei von Beschränkungen der Rom I-VO ist, auszulegen wäre, dann ließe der europäische Gesetzgeber bereits die Möglichkeit eines „1. Regimes", also der einheitsrechtlichen Lösung, offen.[283]

B. *Zwei Varianten der einheitsrechtlichen Gestaltung im fakultativen Unionsrecht*

Für den Weg der einheitlichen Lösung kommen zwei Arten von Kollisionsnormen in Betracht.[284] Zuerst spricht man von einseitiger Kollisionsnorm (oder Abgrenzungsnorm), wenn sie auf der Rechtsfolgenseite die Anwendung einer einzigen Rechtsordnung bestimmt.[285] Die Opt-in-Bestimmung im CESL könnte selbst mit der kollisionsrechtlichen Wirkung ausgestaltet werden. Dazu kommt

---

281 *Basedow*, in: FS für von Hoffmann, 2011, S. 57; *Heiss*, in: FS für Roth, 2011, S. 241; *Fornasier*, RabelsZ 76 (2012), 401, 421; *Stadler*, AcP 212 (2012), 473, 477 f.; *Wojcik*, in: Gebauer (Hg.), Gemeinsames Europäisches Kaufrecht – Anwendungsbereich und kollisionsrechtliche Einbettung, 2013, S. 54.

282 *Basedow*, in: FS für von Hoffmann, 2011, S. 55; *Stadler*, AcP 212 (2012), 473, 477; *Lehmann*, in: Gebauer (Hg.), Gemeinsames Europäisches Kaufrecht – Anwendungsbereich und kollisionsrechtliche Einbettung, 2013, S. 87; ebenso zustimmend für diese Möglichkeit, *R. Wagner*, IPRax 2008, 377, 380.

283 *Heiss*, in: FS für Roth, 2011, S. 241; *Corneloup*, ZEuP 2012, 705, 713.

284 *Kropholler*, Internationales Privatrecht, 6. Aufl., 2006, S. 106 ff.; *Busch*, EuZW 2011, 655, 656.

285 *Basedow*, in: FS für E. Lorenz, 2004, S. 103; *Busch*, EuZW 2011, 655, 656.

eine (ausdrückliche oder versteckte) Rangkollisionsnorm, nach der die Rechtsanwendungsnormen im optionalen Instrument vorrangig gegenüber die Vorschriften der Rom I-VO behandelt werden. Diese Kollisionsnormen können in den Bestimmungen des Anwendungsbereichs inkorporiert sein.[286] Das CESL gilt danach auf der EU-Ebene erst als *lex fori*, wenn die Parteien ihren Vertrag dem optionalen Instrument unterworfen haben.

Dementsprechend wird die kollisionsrechtliche Funktion eines sachrechtlichen Einheitsrechts unterschiedlich erklärt. Nach ersterer Auffassung ist die Opt-in-Bestimmung im Einheitsrecht eine einseitige Kollisionsnorm.[287] Daraus ergibt sich nicht nur die Anwendbarkeit des optionalen Sachrechts, sondern auch der Primat des optionalen Sachrechts über die allgemeinen Kollisionsregeln. Nach anderer Meinung gibt es überhaupt kein Bedürfnis nach dem Rückgriff auf Kollisionsnormen,[288] denn ein vereinheitlichtes Sachrecht unterliegt den bestehenden Sachrechts- und Kollisionsrechtsordnungen nicht. Erst wenn das einheitliche Sachrecht bei einem konkreten Fall zur Anwendung kommt, werden alle unterschiedlichen nationalen Sachrechtsordnungen aus seinem Anwendungsbereich verdrängt und somit bestehen keine sachrechtlichen Konflikte, die nach den Kollisionsnormen zu lösen wären. Dem IPR und den einzelstaatlichen Vertragsrechten kommt ausnahmsweise nur die Aufgabe zu, die Lücken im Einheitsrecht zu schließen.

Dieser Ansatz ähnelt in seiner Konstruktion dem Anwendungsmechanismus im CISG, das als ein zweites Kaufrecht neben die staatlichen Bestimmungen tritt. Deshalb wird dieses Modell bisher häufig als „2. Regime“ tituliert.[289] Diese Bezeichnung ist so verwirrend, dass sie richtigerweise in „1. Regime“ umbenannt

286 *Kropholler,* Internationales Privatrecht, 6. Aufl., 2006, S. 107.

287 *Kropholler,* Internationales Privatrecht, 6. Aufl., 2006, S. 106 f.; *Busch*, EuZW 2011, 655, 656; *Stürner*, GPR 2011, 236, 239; *Wojcik*, in: Gebauer (Hg.), Gemeinsames Europäisches Kaufrecht – Anwendungsbereich und kollisionsrechtliche Einbettung, 2013, S. 54.

288 *Zweigert/Drobnig*, Einheitliches Kaufgesetz und Internationales Privatrecht, RabelsZ 29 (1965), 146, 147; *v. Caemmerer*, in: FS für Hallstein, 1966, S. 67; *Basedow*, in: FS für E. Lorenz, 2004, S. 103; *Wojcik*, in: Gebauer (Hg.), Gemeinsames Europäisches Kaufrecht – Anwendungsbereich und kollisionsrechtliche Einbettung, 2013, S. 54; *Lehmann*, in: Gebauer (Hg.), Gemeinsames Europäisches Kaufrecht – Anwendungsbereich und kollisionsrechtliche Einbettung, 2013, S. 70 f.

289 *Heiss*, in: FS für Roth, 2011, S. 240 ff.; *Busch*, EuZW 2011, 655, 656; *Fornasier*, RabelsZ 76 (2012), 401, 408; *Mansel*, WM 2012, 1253, 1261; *Leible*, in: Remien/Herrler/Limmer (Hg.), Gemeinsames Europäisches Kaufrecht für die EU?, 2012, S. 22 f.

werden sollte und die alte an die folgende „kollisionsrechtliche Vorschaltlösung“ übergeben sollte.[290]

C. *Probleme und Nachteile in der einheitsrechtlichen Lösung*

Diese Lösung kann einerseits ein vorzugswürdiger Weg gegenüber einer Änderung der Rom I-VO sein.[291] Darüber hinaus könnte man der Relevanz des CESL mit dem Kollisionsrecht entgehen, ansonsten würde er in den Anwendungsbereich des Art. 81 AEUV fallen. Aus diesem Grund schien der Kommission die politische Durchsetzbarkeit dieser Option als nicht überzeugend,[292] denn Art. 352 Abs. 1 AEUV sowie Art. 81 Abs. 3 AEUV setzen ebenfalls Einstimmigkeit im Rat voraus.[293] Als Beispiel für die einheitsrechtliche Lösung wird häufig das CISG angeführt,[294] es geht aber dem Kollisionsrecht gemäß Art. 25 Abs. 1 Rom I-VO vor. In Hinsicht auf die Rechtssicherheit ist es unabdingbar, zu wissen, ob und inwieweit ein Einheitsrecht ausschließlich zur Anwendung kommt.[295] Darüber hinaus soll das Verhältnis mit dem mitgliedstaatlichen Eingriffsrecht sowie mit dem ordre public-Vorbehalt geklärt werden. Es ist jedoch

---

290 Es ist wünschenswert, dass die kollisionsrechtliche Lösung als „29. Regime“, die einheitsrechtliche Lösung als „1. Regime“ und die kollisionsrechtliche Vorschaltlösung als „2. Regime“ bezeichnet wird, *Rühl*, MJ 19 (2012), 148, 149 ff.; Schulze/*Wendehorst*, CESL, 2012, Art. 3 PR CESL Rdnr. 11; *Lehmann*, in: Gebauer (Hg.), Gemeinsames Europäisches Kaufrecht – Anwendungsbereich und kollisionsrechtliche Einbettung, 2013, S. 69 ff.; auch kritisch *Schinkels*, in: Gebauer (Hg.), Gemeinsames Europäisches Kaufrecht – Anwendungsbereich und kollisionsrechtliche Einbettung, 2013, S. 23.

291 Obwohl die beiden, die kollisionsrechtliche und die einheitsrechtliche Lösung, funktional gleichwertig sein dürften, erscheint aus Gründen der Rechtsklarheit dennoch der einheitsrechtliche Ansatz vorzugswürdig, der zu einer autonomen Anwendung des Optionalen Instruments führt, *Busch*, EuZW 2011, 655, 656.

292 *Stadler*, AcP 212 (2012), 473, 478.

293 Ausführend siehe unten S. 100 ff. In Bezug auf Art. 352 AEUV ist darüber hinaus dem deutschen Vertreter im Rat eine besondere gesetzliche Ermächtigung nach § 8 IntGV erforderlich.

294 *Busch*, EuZW 2011, 655, 656; *Basedow*, in: FS für von Hoffmann, 2011, S. 56; *Fornasier*, RabelsZ 76 (2012), 401, 417; *Stadler*, AcP 212 (2012), 473, 477; *Lehmann*, in: Gebauer (Hg.), Gemeinsames Europäisches Kaufrecht – Anwendungsbereich und kollisionsrechtliche Einbettung, 2013, S. 70 f.; *Wojcik*, in: Gebauer (Hg.), Gemeinsames Europäisches Kaufrecht – Anwendungsbereich und kollisionsrechtliche Einbettung, 2013, S. 54.

295 Auch *Basedow*, in: FS für E. Lorenz, 2004, S. 103.

zweifelhaft, ob das CESL diese Voraussetzungen erfüllt und ob seine Verabschiedung gegen die Hindernisse durchzusetzen ist.

Bei sachrechtlicher Einheitslösung scheint der Rückgriff auf das Kollisionsrecht nicht obsolet.[296] Auch wenn man die Prämisse akzeptieren würde, dass die Rechtskollision zwischen CESL und anderen Regelwerken wegen dessen einheitlicher Eigenschaft nur scheinbar wäre und es diesbezüglich eigentlich keine Konkurrenz gäbe, ist es sicher, dass die Koexistenz der vielschichtigen anwendbaren Bestimmungen den Parteien in der Praxis beträchtliche Schwierigkeit machen würde. Für die Anwendung des unweigerlichen Ersatzrechts oder Reserverechts (für die sog. Lückenfüllung), dessen es anders als bei staatlichem Recht bedarf,[297] muss man ein anwendbares Recht nach dem Kollisionsrecht prüfen.[298] Da das CESL nicht alle vertragsrechtlichen Aspekt regelt – z. B. Rechtswidrigkeit von Verträgen, Stellvertretung und Abtretung – ist für die nicht geregelten Bereiche weiterhin das geltende Vertragsrecht der Mitgliedstaaten maßgebend.[299] Außerdem würde diese

---

296 *Stürner*, GPR 2011, 236, 241; *Balthasar*, RIW 2012, 361, 365; *Wojcik*, in: Gebauer (Hg.), Gemeinsames Europäisches Kaufrecht – Anwendungsbereich und kollisionsrechtliche Einbettung, 2013, S. 54; *Lehmann*, in: Gebauer (Hg.), Gemeinsames Europäisches Kaufrecht – Anwendungsbereich und kollisionsrechtliche Einbettung, 2013, S. 71. Das Kollisionsrecht könnte bereits – auch weiter unabhängig von der einheitlichen Lösung – eine Rolle bei der Frage spielen, ob ein fakultatives Vertragsrecht in einem konkreten Fall anwenden würde. Denn eine Rechtswahl, die für ein optionales Instrument per definitionem unabdingbar für seine Anwendung ist, basiert auf einen Anknüpfungsmechanismus im Kollisionsrecht, *Stürner*, GPR 2011, 236, 236 f.

297 Würde der Traum des Europäischen Zivilgesetzbuchs in Zukunft vollständig verwirklicht, könnte das Bedürfnis für ein Reserverecht durch die kollisionsrechtliche Vorschaltung nicht mehr bestehen.

298 Der 27 Erwägungsgrund PR CESL weist auf diese Möglichkeit hin: „Alle vertraglichen und außervertraglichen Sachverhalte, die nicht im Gemeinsamen Europäischen Kaufrecht geregelt sind, unterliegen dem außerhalb des Gemeinsamen Kaufrechts bestehenden innerstaatlichen Recht, das nach Maßgabe der Verordnungen (EG) Nr. 593/2008 und (EG) Nr. 864/2007 oder nach sonstigen einschlägigen Kollisionsnormen anwendbar ist." Siehe auch *Perner*, in: Wendehorst/Zöchling-Jud (Hg.), Am Vorabend eines Gemeinsamen Europäischen Kaufrechts, 2012, S. 28. Vgl. Bedürfnis der IPR beim autonom anwendbaren CISG, Schlechtriem/Schwenzer/*Ferrari*, CISG, 6. Aufl. (2013), Vor. zu Artt. 1–6 CISG Rdnr. 7.

299 Zur Lückenfüllung nach Art. 11a Abs. 2 PR CESL (übereinstimmend auch im Erwägungsgrund 27) mithilfe des Kollisionsrechts durch den Rückgriff auf mitgliedstaatliches Recht siehe unten S. 203 f. Auch bezüglich unbestimmter Rechtsbegriffe im CESL seihe *Balthasar*, RIW 2012, 361, 365 ff.

Lösung nur innerhalb der Union das Kollisionsrecht verdrängen, nicht aber zwischen Unionsrecht und drittstaatlichen Rechtsordnungen lösen. Das IPR müsste innerhalb der Union für die rechtlichen Aspekte, die nicht vom sachrechtlichen Einheitsrecht erfasst werden, weiterhin bemüht werden. Wäre der Sachverhalt mit einem Drittstaat verbunden, müsste ebenfalls nach dem Kollisionsrecht ermittelt werden, unter welchen Umständen das europäische Einheitsrecht anwendbar ist.[300]

3. Kollisionsrechtliche Vorschaltlösung

A. Kollisionsrechtliche Vorschaltlösung

Anders als bei bisherigen Verbraucherschutzlichtlinien schlug die Kommission von vornherein vor, das fakultative Vertragsrecht in die Form einer EU-Verordnung zu kleiden.[301] Nach ihrer Vorstellung betrifft das Einheitsrecht zwar ein Unionsrecht, aber es wird gleichzeitig von der Union zum Teil der Rechtsordnung eines jeden Mitgliedstaates gemacht.[302] Die Rechtsakte der Europäischen Union gehen grundsätzlich jedem mitgliedstaatlichen Recht vor.[303] Das CESL wäre ein Teil des Sekundärrechts, somit würde es den Anwendungsvorrang des Sekundärrechts vor den nationalen Rechten genießen. Mithilfe der über Art. 288 Abs. 2 AEUV bewirkten, unmittelbaren Geltung bedürfte es keinerlei Umsetzung durch die Mitgliedstaaten.[304] Die bestehenden Kollisionsnormen bleiben

300 *Stürner*, GPR 2011, 236, 241; *Lehmann*, in: Gebauer (Hg.), Gemeinsames Europäisches Kaufrecht – Anwendungsbereich und kollisionsrechtliche Einbettung, 2013, S. 71.

301 Siehe KOM (2011) 635 endg. Am Anfang zog die Kommission zwei Möglichkeit in Betracht, das optionale Instrument in Form einer EU-Verordnung oder einer Empfehlung einzurichten, KOM (2003) 68 endg., Nr. 92.

302 Auch *Trautmann*, Europäisches Kollisionsrecht und ausländisches Recht im nationalen Zivilverfahren, 2011, S. 272; ähnlich schon früher *Basedow*, in: FS für E. Lorenz, 2004, S. 102 f.

303 Seit EuGH, Urt. v. 15.7.1964, Rs. 6/64 (Costa/ENEL), Slg. 1964, 1141 (= NJW 1964, 2371) ist die zuständige Rechtsprechung: BVerfG, Urt. v. 5.7.1967, Rs. 2 BvL 29/63 = BVerfGE 22, 134 = NJW 1967, 1707. Steht eine Norm des nationalen Rechts nicht in Einklang mit Gemeinschaftsrecht, ist diese jedoch nicht unwirksam. Nach h. M. geht es nur um die Frage des Anwendungsvorgangs: Die europarechtswidrige nationale Norm darf auf einen Sachverhalt mit Gemeinschaftsrechtsbezug nicht angewandt werden, *Langenbucher*, in: ders (Hg.), Europarechtliche Bezüge des Privatrechts, 2. Aufl. (2008), S. 3; *Heiderhoff*, Europäisches Privatrecht, 3. Aufl., 2012, S. 15. Kritisch *K. Röhl/H. Röhl*, Allgemeine Rechtslehre, 3. Aufl., 2008, S. 594 f.

304 Seit jeher wurde eine Verordnung als diejenige Handlungsform unter den Möglichkeiten der EU-Organe bewertet, die für die Vereinheitlichung sowie für ein optionales

vom CESL jedoch weiter unberührt.[305] Erst wenn der Vertrag nach den Bestimmungen der Rom I-VO bzw. dem sonstigen einschlägigen Kollisionsrecht dem Recht eines Mitgliedstaats unterworfen ist, kommt das CESL darauf zur Anwendung.[306] Da das CESL zu dem Recht dieses Mitgliedstaates gehört, kann es durch seine Auswahloption wirksam gewählt werden. Beim europäischen Binnenmarkt hat man sich an den Wettbewerb zwischen Privatrechtsordnungen anhand der Rechtswahlfreiheit schon früh gewöhnt.[307] Der Auswahl des CESL werden die Vorprüfung nach dem Kollisionsrechts sowie die Anwendung des mitgliedstaatlichen Rechts vorgeschaltet.[308] Diese Wahl ist keine kollisionsrechtliche mehr, sondern nur ein *aliud*,[309] also vielmehr eher eine materiellrechtliche. Es macht aber überhaupt keinen Unterschied, denn das CESL kann als eine EU-Verordnung die nationalen zwingenden Bestimmungen wie eine kollisionsrechtliche Rechtswahl verdrängen.[310] Diese zweistufige Strukturierung entspricht der in der Rom I-VO niedergelegten Auffassung, dass lediglich ein staatliches Recht für die

---

Instrument am besten geeignet ist, *Martiny*, ZEuP 2007, 212, 224 f.; *Mankowski*, RIW 2012, 97, 97 f.

305 KOM (2011) 635 endg. S. 6 und Erwägungsgrund 10 PR CESL.

306 *Fornasier*, RabelsZ 76 (2012), 401, 418; *Magnus*, in: ders. (Hg.), CISG vs. Regional Sales Law Unification, 2012, S. 99; Staudinger/*Martinek*, Eckpfeiler des Zivilrechts 2014/2015, 2014, S. 149. Dieser geographische Anwendungsbereich des CESL ist mit Art. 1 Abs. 1 lit. b CISG vergleichbar, *Heiss*, in: FS für Martiny, 2014, S. 920.

307 *Kieninger*, Wettbewerb der Privatrechtsordnungen im Europäischen Binnenmarkt, 2002, S. 276 ff. (für B2B-Verträge) und S. 317 ff. (für Verbraucherverträge). Das 29. Modell des optionalen europäischen Vertrags in Bezug auf das geistige Eigentum siehe *Hilty*, RabelsZ 76 (2012), 339, 359. Kritisch zum Systemwettbewerb siehe *Müller*, EuZW 2003, 683, 685 ff.

308 *Flessner*, ZEuP 2012, 726, 726; *Fornasier*, RabelsZ 76 (2012), 401, 418; *Stadler*, AcP 212 (2012), 473, 478; *Wojcik*, in: Gebauer (Hg.), Gemeinsames Europäisches Kaufrecht – Anwendungsbereich und kollisionsrechtliche Einbettung, 2013, S. 54.

309 *Lehmann*, in: Gebauer (Hg.), Gemeinsames Europäisches Kaufrecht – Anwendungsbereich und kollisionsrechtliche Einbettung, 2013, S. 77; Schulze/*Wendehorst*, CESL, 2012, Art. 3 PR CESL Rdnr. 7; dagegen *Gebauer*, GPR 2011, 227, 233.

310 Das Verhältnis des CESL zu den Einschränkungen in der Rom I-VO sowie den zwingenden Bestimmungen im Mitgliedstaat ist noch nicht überzeugt, vielmehr ablehnend behandelt worden *Lehmann*, GPR 2010, 261, 261; *Stadler*, AcP 212 (2012), 473, 478; *Müller-Graff*, in: Schmidt-Kessel (Hg.), Ein einheitliches europäisches Kaufrecht?, 2012, S. 73 f.; *Stürner*, in: Schulte-Nölke/Zoll/Jansen/Schulze (Hg.), Der Entwurf für ein optionales europäisches Kaufrecht, 2012, S. 66 f.

Kollisionsrechtswahl geeignet ist und dagegen nicht irgendein Regelungskomplex, der eine andere Rechtsnatur hat.[311] Richtiger und präziser wäre es damit zu beschreiben, dass die Wahl des CESL nicht zwischen eigenen einzelstaatlichen Rechten stattfindet, sondern zwischen zwei innerhalb eines Staatsgeltenden Vertragsrechtsordnungen,[312] sie ist nicht kollisionsrechtlich, sondern lediglich materiellrechtlich.

B. Probleme und Kritik der kollisionsrechtlichen Vorschaltlösung

In vielen Kommentaren wird diese kollisionsrechtliche Vorschaltlösung als kompliziert, widersprüchlich, verwirrend kritisiert,[313] doch als an sich möglich angesehen.[314] Bei international einheitlichem Sachrecht hat man ständig nach der Ausschaltung der kollisionsrechtlichen Vorprüfung verlangt, um möglichst zu einfachen Anwendungsvoraussetzungen zu kommen und die Prüfungsreihenfolge zu verkürzen.[315]

Zur Anwendung des CESL kommt man in zwei Stufen. Erstens ist nach herkömmlichen Regeln des IPR das anwendbare nationale Recht zu bestimmen, entweder durch Rechtswahl oder durch objektive Anknüpfung. Zweitens könnten die Parteien dann innerhalb dieser nationalen Rechtsordnung anstelle des nationalen Rechts das CESL als das anwendbare Kaufrechtsregime wählen. In Bezug auf die Anwendung des optionalen Instruments ist die zweistufige Prüfung ungünstig,

---

311 *Corneloup*, ZEuP 2012, 705, 713.

312 *Lehmann*, in: Gebauer (Hg.), Gemeinsames Europäisches Kaufrecht – Anwendungsbereich und kollisionsrechtliche Einbettung, 2013, S. 77; Staudinger/*Martinek*, Eckpfeiler des Zivilrechts 2014/2015, 2014, S. 149.

313 *Basedow*, in: FS für von Hoffmann, 2011, S. 55 ff.; *Eidenmüller/Jansen/Kieninger/Wagner/Zimmermann*, JZ 2012, 269, 274; *Flessner*, ZEuP 2012, 726, 726; *Fornasier*, RabelsZ 76 (2012), 401, 431; *Mansel*, WM 2012, 1253, 1262; *Stadler*, AcP 212 (2012), 473, 483; *Leible*, in: Remien/Herrler/Limmer (Hg.), Gemeinsames Europäisches Kaufrecht für die EU?, 2012, S. 33; *ders.*, in: Gebauer (Hg.), Gemeinsames Europäisches Kaufrecht – Anwendungsbereich und kollisionsrechtliche Einbettung, 2013, S. 186; *Lehmann*, in: Gebauer (Hg.), Gemeinsames Europäisches Kaufrecht – Anwendungsbereich und kollisionsrechtliche Einbettung, 2013, S. 74 ff.

314 KOM (2011) 635 endg. S. 6 f.; *Moser*, in: Remien/Herrler/Limmer (Hg.), Gemeinsames Europäisches Kaufrecht für die EU?, 2012, S. 9; *Leible*, in: Remien/Herrler/Limmer (Hg.), Gemeinsames Europäisches Kaufrecht für die EU?, 2012, S. 24 f. u. 33; Schulze/*Wendehorst*, CESL, 2012, Art. 3 PR CESL Rdnr. 10 f.; *Wojcik*, in: Gebauer (Hg.), Gemeinsames Europäisches Kaufrecht – Anwendungsbereich und kollisionsrechtliche Einbettung, 2013, S. 56 ff.

315 Eidenmüller/Jansen/Kieninger/Wagner/Zimmermann, JZ 2012, 269, 273.

weil die kollisionsrechtliche Vorprüfung den Beteiligten sowie dem Forum das Festlegen des Vertragsstatuts erschwert. Die EU-Kommission versucht absichtlich durch diesen Umweg, Art. 6 Abs. 2 Rom I-VO auszuschalten und die Kompetenzfrage zu vermeiden. Wie dies genau geschehen soll, bleibt bei genauerer Betrachtung allerdings noch unklar.[316] Es scheint unrealistisch, dass das CESL eine zweite mitgliedstaatliche Rechtsordnung wird, denn das CESL liegt dennoch außer der Kontrolle des staatlichen Gesetzgebers. Obwohl das CESL unmittelbare Wirkungen nach Art. 288 AEUV auf einzelnen Mitgliedstaat haben wird, ist es eine vom Gesetzgeber des Mitgliedstaates nach eigener Verfassung zu bestimmende Frage, ob ein Regelwerk ein nationales Gesetz wird.[317] Ist der einzelne Mitgliedstaat bereit das „europäische Kuckucksei" in sein Nest zu nehmen?[318] Ohne Anlehnung an den steinigen Weg, die missliche „kollisionsrechtliche Vorschaltlösung", kann man dieselbe Rechtsfolge durch andere einfachere und damit weniger Probleme aufwerfende Wege, nämlich durch die kollisionsrechtliche oder einheitliche Lösung, erreicht werden.

In anderen Konstellationen könnte ferner dieses Konzept zu bedauerlichen Konsequenzen führen.[319] Beispielhaft meinen die Beteiligten, dass eine schlichte Wahl des CESL ausreiche und das Reserverecht (default law) von ihnen übersehen wird. Mangels Rechtswahl könnte das drittstaatliche Recht zur Anwendung kommen, falls der Verkäufer keinen gewöhnlichen Aufenthalt in der EU hätte.[320]

---

316 *Lehmann*, GPR 2010, 261, 261; *Stadler*, AcP 212 (2012), 473, 478; *Müller-Graff*, in: Schmidt-Kessel (Hg.), Ein einheitliches europäisches Kaufrecht?, 2012, S. 73 f.; *Stürner*, in: Schulte-Nölke/Zoll/Jansen/Schulze (Hg.), Der Entwurf für ein optionales europäisches Kaufrecht, 2012, S. 66 f.

317 *Stabentheiner*, in: Wendehorst/Zöchling-Jud (Hg.), Am Vorabend eines Gemeinsamen Europäischen Kaufrechts, 2012, S. 15; *Lehmann*, in: Gebauer (Hg.), Gemeinsames Europäisches Kaufrecht – Anwendungsbereich und kollisionsrechtliche Einbettung, 2013, S. 74 f.; dagegen ist ausnahmsweise die europäischen Rechtsakte möglich, um ein bestimmtes Ziel, nämlich das fakultative Vertragsrecht für das Funktionieren des Binnenmarkts, zu erreichen, *Hesselink*, in: Glaeys/Feltkamp (Hg.), The Draft Common European Sales Law: Toward an Alternative Sales Law?, 2013, S. 7 f.

318 Dazu kritisch wegen Mangels der Kompetenz der EU siehe *Flessner*, ZEuP 2012, 726, 732.

319 *Leible*, in: Gebauer (Hg.), Gemeinsames Europäisches Kaufrecht – Anwendungsbereich und kollisionsrechtliche Einbettung, 2013, S. 27 f.

320 Eine mögliche Lösung für einen solchen Fall wäre, gemäß Art. 3 Rom I-VO eine konkludente Rechtswahl eines Mitgliedstaats anzunehmen, *Corneloup*, ZEuP 2012, 705, 713. Diese missliche Situation könnte sich ebenfalls aus der einheitsrechtlichen Lösung ergeben, wenn die Parteien lediglich das optionale Instrument für seinen

Diese Rechtsfolge entspräche überhaupt nicht der Vorstellung der Vertragsparteien sowie ihren Interessen, dadurch würde man die Rechtsunsicherheit in Gefahr bringen.

III. Anwendungsmechanismus des CISG und der PACL

1. IPR und Anwendung des CISG

Als Voraussetzung für die Anwendung des CISG ist vor allem entscheidend, dass nach Art. 1 CISG die Parteien ihre Niederlassung[321] in verschiedenen Staaten haben.[322] Das Übereinkommen stellt zwei Anwendungswege bereit, um dessen Rechtsfragen hinsichtlich der Rechtskollisionen zu lösen: nach Art. 1 Abs. 1 lit. a (autonome Anwendung oder einheitsrechtliche Lösung) oder lit. b CISG (kollisionsrechtliche Vorschaltlösung).[323] Der wesentliche Unterschied besteht darin, dass bei autonomer Anwendung ein Rückgriff auf das Kollisionsrecht ausscheidet.[324]

A. Zwei Anwendungsmöglichkeiten des CISG

1) Einheitliche Lösung nach Art. 1 Abs. 1 lit. a CISG

Bei internationalen Einheitsrechten haben die einheitliche Anwendung sowie die autonome Auslegung der Bestimmungen einen hohen Stellenwert.[325] Das UN-Kaufrecht ist grundsätzlich anhand seiner eigenen autonomen Anwendungsvoraussetzungen zuerst in Betracht zu ziehen. Die unmittelbare Anwendbarkeit des CISG konnte dadurch abgesichert werden, dass dem UN-Kaufrecht, nämlich einem internationalen Einheitsrecht, Anwendungsvorrang

---

Vertrag vereinbart haben, der außerhalb des Anwendungsbereichs des Einheitsrechts steht, Schulze/*Wendehorst*, CESL, 2012, Art. 3 PR CESL Rdnr. 11.

321 Zur Bedeutung der Niederlassung als ein entscheidendes Anknüpfungsmerkmal für die räumliche Anwendbarkeit des CISG siehe Staudinger/*Magnus*, 2013, Art. 1 CISG, Rdnr. 62 ff.

322 Art. 10 CISG stellt eine Hilfsregel für den Fall auf, dass eine oder beide Parteien mehrere oder keine Niederlassung hat bzw. haben.

323 Ferrari u.a./*Saenger*, Internationales Vertragsrecht, 2. Aufl. (2012), Art. 1 CISG Rdnr. 14 f.; Staudinger/*Magnus*, 2013, Art. 1 CISG Rdnr. 84; Schlechtriem/Schwenzer/*Ferrari*, CISG, 6. Aufl. (2013), Art. 1 CISG Rdnr. 62; MünchKomm/*Huber*, Bd. 3, 7. Aufl. (2016), Art. 1 CISG Rdnr. 39.

324 Zu denen verfahrensrechtlichen Unterschieden siehe Staudinger/*Magnus*, 2013, Art. 1 CISG Rdnr. 84.

325 Ferrari u.a./*Saenger*, Internationales Vertragsrecht, 2. Aufl. (2012), Art. 7 CISG Rdnr. 1; MünchKomm/*Gruber*, Bd. 3, 7. Aufl. (2016), Art. 7 CISG Rdnr. 7 ff.

vor Regelungen nationalen Kollisionsrechts der Vertragsstaaten zukommt. Ohne Zwischenschaltung des anderen Kollisionsrechts kommt das CESL jedoch direkt zur Anwendung,[326] wenn die Parteien ihre Niederlassungen in verschiedenen Vertragsstaaten[327] haben und nach Art. 6 CISG das Einheitsrecht nicht wirksam ausgeschlossen haben. Die Vereinbarung zu einem Vertragsstatut stellt Art. 1 Abs. 1 lit. a CISG mit der Voraussetzung her, dass die verschiedenen Staaten, in denen die Parteien ihre Niederlassungen haben, Vertragsstaaten sein müssen. Einschränkungen dieser autonomen Anwendung ergeben sich jedoch aus einigen der erklärten Vorbehalte, Artt. 92 – 94 und 96 CISG.[328]

2) Kollisionsrechtliche Vorschaltlösung nach Art. 1 Abs. 1 lit. b CISG

Die Reichweite aufgrund der eigenen, autonomen Anwendungsbestimmung schien einigen[329] an der Ausarbeitung des CISG beteiligten Vertragsstaaten nicht ausreichend.[330] Gemäß Art. 1 Abs. 1 lit. b CISG ist das Übereinkommen auch dann anwendbar, wenn eine Partei oder auch beide Parteien ihre Niederlassung nicht in Vertragsstaaten haben, aber das Kollisionsrecht des Forumstaats auf das Recht eines Vertragsstaates verweist. Damit darf die Bedeutung des IPR nicht unterschätzt werden, obwohl das CISG eine autonome Bestimmung des Anwendungsbereichs

---

326 Schlechtriem/Schwenzer/*Ferrari*, CISG, 6. Aufl. (2013), Vor. zu Artt. 1–6 CISG Rdnr. 5.

327 Vertragsstaaten sind alle Staaten, die im Zeitpunkt des Abschlusses des Vertrags das CISG in Kraft gesetzt haben, *Schlechtriem/Schroeter*, Internationales UN-Kaufrecht, 5. Aufl. (2013), S. 15; Staudinger/*Magnus*, 2013, Art. 1 CISG Rdnr. 86; MünchKomm/*Huber*, Bd. 3, 7. Aufl. (2016), Art. 1 CISG Rdnr. 40. Nach Art. 100 CISG bestimmt sich, welcher Zeitpunkt für die Geltung der Konvention maßgeblich ist.

328 Schlechtriem/Schwenzer/*Ferrari*, CISG, 6. Aufl. (2013), Vor. Artt. 1–6 CISG Rdnr. 15 ff.; Staudinger/*Magnus*, 2013, Art. 1 CISG Rdnr. 87 ff.; MünchKomm/*Huber*, Bd. 3, 7. Aufl. (2016), Art. 1 CISG Rdnr. 43.

329 Die Einführung der Anwendung kraft kollisionsrechtlicher Verweisung war umstritten, wurde aber auf Initiative der Tschechoslowakei schließlich einen Kompromiss gefunden, *Czerwenka*, Rechtsanwendungsprobleme im internationalen Kaufrecht, 1988, S. 155 f.; von dieser Anwendungsalternative ist noch nicht überzeugt, Staudinger/*Magnus*, 2013, Art. 1 CISG Rdnr. 87 ff.; MünchKomm/*Huber*, Bd. 3, 7. Aufl. (2016), Art. 1 CISG Rdnr. 95; MünchKomm/*Huber*, Bd. 3, 7. Aufl. (2016), Art. 1 CISG Rdnr. 49.

330 *Reinhart*, UN-Kaufrecht, 1991, Art. 1 CISG Rdnr. 6.

enthält.[331] Entscheidend ist hier, ob das IPR des Forumstaats sich auf das Recht eines Vertragsstaates beruft.

Der Anwendung des CISG wird gewissermaßen die Anwendung des IPR vorgeschaltet. Anstelle Art. 1 Abs. 1 lit. a CISG ist die Vorschaltlösung nach Art. 1 Abs. 1 lit. b CISG in der Praxis ein einfacherer Weg für die Fälle, in denen zwar die Tatsache klar ist, dass die Niederlassungen beider Parteien in verschiedenen Staaten liegen, in denen aber bei einer Partei unklar oder nicht einfach zu beweisen ist, ob sie ihre maßgebliche Niederlassung in einem Vertragsstaat hat.[332]

B. Verhältnis zwischen dem nationalen Kollisionsrecht und dem CISG

Das CISG enthält selbst keine IPR Vorschriften,[333] sondern nur materielles Kaufrecht. Ein Konflikt des CISG mit der Rom-I VO (oder dem EVÜ)[334] ist dennoch möglich, da auch diese Instrumente zwischenparteiliche Beziehungen bei internationalen Kaufverträgen betreffen. Fraglich ist jedoch, ob dieser Konflikt durch Art. 25 der Rom I-VO bzw. Art. 21 des EVÜ[335]gelöst wird. Nach Art. 25 der Rom I-VO kann das CISG in Bezug auf die IPR-Vorschriften immer vorrangig anwendbar sein.[336] Einem materiellen internationalen Einheitsrecht kommt ein ganz spezieller Charakter zu, eine sog. „statutistische Kollisionsnorm".[337] Damit soll es ohne besonderen Anwendungsbefehl, also unabhängig von den Vorschriften der Rom I-VO, zur Anwendung kommen.[338]

---

331 Schlechtriem/Schwenzer/*Ferrari*, CISG, 6. Aufl. (2013), Vor. Artt. 1–6 CISG Rdnr. 6; MünchKomm/*Huber*, Bd. 3, 7. Aufl. (2016), Art. 1 CISG Rdnr. 5.

332 MünchKomm/*Huber*, Bd. 3, 7. Aufl. (2016), Art. 1 CISG Rdnr. 45.

333 MünchKomm/*Westermann*, Bd. 3, 6. Aufl. (2012), Vor. Art. 1 CISG Rdnr. 6; Schlechtriem/Schwenzer/*Ferrari*, CISG, 6. Aufl. (2013), Vor. Artt. 1–6 CISG Rdnr. 34; auch in der Rechtsprechung Tribunal cantonal du Jura, 3.11.2004, CISG-online 965.

334 Das Europäische Übereinkommen über das auf vertragliche Schuldverhältnisse anwendbare Recht vom 19. Juni 1980 (BGBl. 1986 II S. 809; 1991 II S. 782) ist trotz Inkrafttretens der Rom-I VO auch weiterhin nach Art. 28 Rom I-VO auf vor dem 17.12.2009 geschlossene Verträge anwendbar.

335 Im Verhältnis zum EVÜ, das in Deutschland durch Übernahme seines wesentlichen Inhalts in das EGBGB in Kraft gesetzt wurde, ergab sich der Vorrang des CISG aus Art. 3 Abs. 2 EGBGB a. F, Schlechtriem/Schwenzer/*Ferrari*, CISG, 6. Aufl. (2013), Vor. Artt. 1–6 CISG Rdnr. 34.

336 MünchKomm/*Westermann*, Bd. 3, 6. Aufl. (2012), Vor. Art. 1 CISG Rdnr. 6; Schlechtriem/Schwenzer/*Ferrari*, CISG, 6. Aufl. (2013), Vor. Artt. 1–6 CISG Rdnr. 34.

337 Siehe *Kreuzer*, RabelsZ 70 (2006), 1, 46.

338 *R. Wagner*, TranspR 2009, 103, 107; Reithmann/Martiny/*Martiny*, Internationales Vertragsrecht, 7. Aufl. (2010), S. 79.

Für das Verhältnis des CISG zum nationalen Kollisions- und Sachrecht gilt Folgendes: Sofern das CISG gültig ist, ist es ihnen voranzustellen. Ist das CISG anwendbar und lässt sich ihm die materielle Lösung für ein Kaufrechtsproblem entnehmen, dann bleibt es dabei. Ein Rückgriff auf IPR und nationales Recht ist dann nicht nur überflüssig, sondern von Rechts wegen ausgeschlossen. Nur wenn das CISG selbst, wie z. B. in Art. 1 Abs. 1 lit. b, auf das IPR verweist oder wenn dem CISG keine Lösung zu entnehmen ist, ist das Kollisionsrecht einzuschalten und das von ihm berufene nationale Recht anzuwenden.

2. IPR und Auswahl der PACL

A. Anwendungsvoraussetzungen der PACL

Als ein von Rechtswissenschaftlern ausgearbeitetes privates Regelwerk wie die PECL, das „Model Law“ oder „Soft Law“, haben die Grundregeln des Asiatischen Vertragsrechts (Principles of Asian Contract Law: PACL) keine Geltungskraft nationalen, supernationalen oder internationalen Rechts.[339] Daher ist es unmöglich, ihren Anwendungsbereich in derselben Art und Weise zu bestimmen, wie dies bei Rechtsakten zur Schaffung von Einheitsrecht, z. B. das CISG oder das CESL, üblich geworden ist.[340]

Es ist aber erstaunlich, dass die PACL lediglich einen Artikel, Art. I.-1:101 PACL hat, der drei Konstellationen regelt.[341]

---

339 *Kanayama*, Jurist 1406 (2010), 102, 103; *ders.*, PACL (Principles of Asian Civil Law), in: Moore (Hg.), Mélanges Jean-Louis Baudouin, 2012, S. 408; *Han*, Vill. L. Rev. 58 (2013), 589, 593; *Young-June Lee*, Asia Private L. Rev. 4 spec. iss. (2012), 3, 4; *Ga*, NZACL 17 spec. iss. (2014), 55, 56.

340 Im Gegensatz zur PECL oder PACL wurde der DCFR entworfen, um ein Modell für European Civil Code zu bieten. Würde er angenommen, dann wäre es ein supranationales Recht, Leible/Lehmann/*Leible*, European Contract Law and German Law, 2014, S. 7.

341 I.-1:101: Application of the Principles of Contract Law (Entwurf von Prof. Kanayama siehe *ders.*, PACL (Principles of Asian Contract Law), in: Benoît Moore (Hg.), Mélanges Jean-Louis Baudouin, 2012, S. 408.)
(1) These Principles are intended to be applied as general rules of contract law in the Asian Countries.
(2) These Principles will apply when the parties have agreed that their contract is to be governed by them.
(3) These Principles may be applied
(a) When the parties have agreed that their contract is to be governed by “general principles of law”, the “lex mercatoria” or the like; or

1) Auswahl der PACL von die Parteien

Nach Art. I.-1:101 Abs. 2 PACL werden sie zuerst angewendet, wenn die Parteien sich darauf geeinigt haben, sie in ihren Vertrag aufzunehmen oder dass ihr Vertrag den Grundregeln unterliegen soll. Von dem IPR des Forumstaats hängt es ab, ob die Auswahl der PACL als eine kollisionsrechtliche Rechtswahl gilt oder nur als eine innerhalb der Parteiautonomie geltende materiellrechtliche.[342]

2) Autonome Anwendung

Ferner können die Grundregeln gemäß Art. I.-1:101 Abs. 3 PACL angewendet werden, wenn die Parteien vereinbart haben, dass ihr Vertrag „allgemeinen Rechtsgrundsätzen", der „lex mercatoria" oder ähnlichen Regeln unterliegen soll (lit. a). Gleiches gilt, wenn die Parteien keine Rechtsordnung oder keine Rechtsregeln für ihren Vertrag gewählt haben (lit. b). Diese Möglichkeiten ihrer Anwendung sind nicht mehr als eine Hoffnung der PACL-Entwerfer, haben also nur deklaratorische Wirkung, denn das zuständige Gericht oder dessen nationales Recht selbst bestimmt, ob die PACL als Rechtsquelle zur Schließung der in nationalem Rechtssystem bestehenden Lücken heranzuziehen ist.[343] Damit ist der Einfluss der PACL für jede nationale Rechtsordnung nicht gleich.

Kraft Art. I.-1:101 Abs. 4 PACL wird dennoch die gezielte Lückenfüllungsfunktion wertvoll: Diese Grundregeln (PACL) können eine Lösung für Streitfragen bieten, für welche die anwendbare Rechtsordnung oder Rechtsregeln keine Lösung bereithalten. Dieser Rückgriff auf die allgemeinen Grundregeln steht mit der Praxis im Einklang, dass viele Gerichte ausländische Urteile oder Literatur zu Rate ziehen, um neuartige Probleme zu lösen.[344] Auf der Grundlage sorgfältiger und umfassender rechtsvergleichender Untersuchungen der anderen einheitlichen Regelwerke und der nationalen Rechte wären die PACL als der erste Versuch in Asien erarbeitet worden und könnten einheitliche und vernünftige

(b) When the parties have not chosen any system or rules of law to govern their contract.

(4) These Principles may provide a solution to the issue raised where the systems or rules of law applicable do not do so.

342 Siehe unten S. 48.

343 Vgl. Verhältnis zwischen der PECL und der Art. 3 Rom I-VO (oder Art. 27 EGBGB a. F.), Ferrari u.a./*Ferrari*, Internationales Vertragsrecht, 2. Aufl. (2012), Art. 3 Art. 3 Rom I-VO Rdnr. 19; MünchKomm/*v. Hein*, Bd. 10, 6. Aufl. (2015), Art. 3 Rom I-VO Rdnr. 34.

344 Auch so bezüglich der PECL siehe *v. Bar/Zimmermann*, PECL, 2002, S. 89.

Lösungen bieten. Damit würden sie mindestens dieselbe Überzeugungskraft wie eine Rechtsordnung oder die Literatur eines einzelnen Staates verdienen.

B. Kollisionsrechtliche Wahlmöglichkeit der PACL

Mangels Geltungskraft nationalen, supernationalen oder internationalen Rechts ließen die Verfasser grundsätzlich die Möglichkeit offen, die PACL anzuwenden, um von Parteien frei gewählt zu werden. Mittels der Parteiautonomie im einzelnen IPR würde sie in der Regel angewandt werden. Damit ist es von jedem staatlichen IPR abhängig, ob die Vertragsparteien die von privaten Arbeitsgruppen erstellten vertragsrechtlichen Grundregeln kollisionsrechtlich wählen können.[345] Auf dem Rechtsgebiet der internationalen Verträge gilt die für die Beteiligten mögliche freie Rechtswahl meistens in asiatischen Ländern als eine allgemeine Grundregel, z. B. § 25 KIPR,[346] §§ 3 und 41 CIPR,[347] § 7 JIPR.[348] Es ist noch fraglich, ob die Parteien ein außerstaatliches Recht nach ihrem nationalen Kollisionsrecht wählen können. Nach den chinesischen, japanischen und koreanischen IPR können die Parteien das auf ihren Vertrag (oder Rechtsgeschäft) anwendbare „Recht (法)" frei wählen. Es ist aber unklar, wie der Begriff „Recht" auszulegen ist.

1) Auswahl der PACL in Korea

§ 25 KIPR sieht lediglich die freie Rechtswahl nach dem Grundsatz der Parteiautonomie vor, so dass der Vertrag dem von den Parteien ausdrücklich oder stillschweigend[349] gewählten „Recht" unterliegt. Obwohl der Begriff des „Rechts" im wörtlichen Sinn (oder aus oberer Kategorie) die staatlichen und nichtstaatlichen Rechte umfassen kann, ist er nach h. M. jedoch anders auszulegen, nämlich nur

345 MünchKomm/*v. Hein*, Bd. 10, 6. Aufl. (2015), Art. 3 Rom I-VO Rdnr. 33.

346 § 25 (Party's Autonomy) Abs. 1 KIPR: A contract shall be governed by the law which the parties choose explicitly or implicitly: Provided, that the implicit choice shall be limited to the case which the implicit choice can be reasonably recognized by the content of the contract and all other circumstances.

347 § 41 CIPR: The parties may by agreement choose the law applicable to their contract. Absent any choice by the parties, the law of the habitual residence of a party whose performance of obligation is most characteristic of the contract or the law that most closely connected with the contract shall be applied.

348 § 7 JIPR: The formation and effect of a juridical act shall be governed by the law of the place chosen by the parties at the time act.

349 KOGH, Urt. v. 25.6.2004, Rs. 2002 Da 56130; KOGH, Urt. v. 15.11.2007, Rs. 2006 Da 72567.

als ein staatliches Recht.[350] Denn die „ausländischen" Bestimmungen und Rechte kommen jeweils in §§ 6 (Rechtweite des anwendbaren Recht) und 7 (Zwingende Anwendung der koreanischen Rechte) KIPR, der im Allgemeinem Teil des KIPR liegt, vor. Wenn die Parteien die Anwendung der PACL für ihren Vertrag vereinbaren, ist diese Vereinbarung keine kollisionsrechtliche, sondern nur eine materiellrechtliche Verweisung, denn die PACL sind wie die PICC oder die PECL kein staatliches Recht.[351]

Aus materiellrechtlicher Sicht sieht § 1 Koreanisches Bürgerliches Gesetzbuch (Civil Act (민법), No. 9650, 8.5.2009: Im Folgenden KBGB)[352] die allgemeinen Rechtsgrundsätze[353] als eine auffangende sekundäre Rechtsquelle gegenüber schriftlichen Gesetzen und dem Gewohnheitsrecht[354] an. Damit können die PACL in Korea reibungslos zur Anwendung kommen. Es ist aber abzuwarten, ob die koreanischen Gerichte das PACL als allgemeine Rechtsgrundsätze nach dem KBGB in Zukunft tatsächlich akzeptieren. Abgesehen davon besteht für das KBGB ein Modernisierungsbedürfnis, seit 2009 hat die beauftragte Kommission das Schuldrecht ausgearbeitet.[355] Es besteht daher noch Gelegenheit, inzwischen teilweise die Inhalte der PACL ins neue KBGB einzubeziehen.[356]

---

350 *Sin*, Internationales Privatrecht, 2. Aufl. (2011), S. 231 f.; *Suk*, Internationales Privatrecht, 2013, S. 296 ff.; *Y. Kim/Park/I. Kim*, Internationales Privatrecht, 3. Aufl. (2014), S. 300.

351 Vgl. Art. 1:103 (Zwingendes Recht) PECL und Art. 1.4 PICC.

352 Art. 1 (Source of Law) KBGB: If no provisions applicable to certain civil affairs exist in Acts, customary law shall apply, and if no applicable customary law exists, sound reasoning shall apply.

353 Allgemeine Rechtsgrundsätze (sound reasoning) nach § 1 KBGB werden auch manchmal als „Erfahrungsregeln", „Gerechtigkeit", „gute Sitten", „redlicher Geschäftsverkehr", „Allgemeingut", „Vernünftigkeit", „Treu und Glauben" bezeichnet, *Yun-Jik Kwak/Jae-Hyung Kim*, AT BGB, 2012, S. 28; KOGH, Urt. v. 9.6.2000, Rs. 98 Da 35037; KOGH, Urt. v. 1.9.2000, Rs. 96 Da 4002; KOGH, Urt. v. 22.2.2007, 2004 Da 70420, 70437; KOGH, Urt. v. 24.5.2013, Rs. 2012 Da 112138, 112145.

354 *Ki-Seon Kim*, AT BGB, 1985, S. 24; *Sang-Yong Kim*, AT BGB, 1998, S. 27; *Eun-Yeong Lee*, AT BGB, 2000, S. 52; KOGH, Urt. v. 9.6.2000, Rs. 98 Da 35037; KOGH, Urt. v. 1.9.2000, Rs. 96 Da 4002; dagegen *Yun-Jik Kwak/Jae-Hyung Kim*, AT BGB, 2012, S. 29; *Young-June Lee*, AT BGB, 2003, S. 23; *Hyung-Bae Kim*, BGB, 1998, S. 31; *Won-Lim Jee*, BGB, 2006, S. 14; *Tuck-Soo Song*, AT BGB, 2015, S. 25 ff.

355 Zum Entwurf der Schuldrechtsmodernisierung des KBGB, *Koreanisches Justizministerium*, Der Entwurf der KBGB-Änderung – Schuldrecht I (AT Schuldrecht) und II (BT Schuldrecht), 2013.

356 Siehe *Lee/Seo*, NBL 977 (2012), 74, 74 ff.

2) Auswahl der PACL in China

Am 28.10.2010 wurde das Gesetz der Volksrepublik China zur Anwendung des Rechts auf zivilrechtliche Beziehungen mit Außenberührung (CIPR) von dem ständigen Ausschuss des Nationalen Volkskongresses der Volksrepublik China verabschiedet.[357] Nach § 3 CIPR können die Parteien gemäß den gesetzlichen Bestimmungen das Recht ausdrücklich wählen, das auf zivilrechtliche Beziehungen mit Außenberührung angewendet wird. Die Rechtswahl ist demnach nur bei Sachverhalten mit Auslandsbezug zulässig. Außerdem muss die Rechtswahl ausdrücklich erfolgen, damit wird eine stillschweigende Rechtswahl grundsätzlich nicht anerkannt.[358] Allerdings lassen die Bestimmungen des Chinesischen Obersten Volksgerichts 2007 (im Folgenden: OVG-Bestimmungen 2007)[359] im internationalen Vertragsrecht auch eine konkludente Rechtswahl zu, wenn die Parteien durchgängig auf das Recht eines Staates oder Gebietes Bezug genommen und keinen Einwand gegen die Anwendung dieses Rechts erhoben haben.[360] Diese Regelung gilt laut Kommentierung auch nach Inkrafttreten des IPR-Gesetzes. Eine Schriftform ist nicht erforderlich, in der Praxis aber zu empfehlen.

§ 41 S. 1 CIPR lautet: Die Parteien können das auf Verträge anwendbare Recht wählen. Er erklärt ausdrücklich den Grundsatz der Parteiautonomie für das internationale Vertragsrecht. Es ist aber fraglich, ob nur ein staatliches Recht wählbar ist oder daneben auch Private Regelwerke und internationale Gebräuche möglich sind. Die Wahl ist nach der Kommentierung nicht auf ausländisches Gesetzesrecht beschränkt. Nach Art. 1 OVG-Bestimmungen 2007 Rechtsausleung des Chinesischen Obersten Volksgerichts ist das für die Internationalen Zivil- und Handelsverträge anwendbare Recht in China nur das ausländische

---

357 Zur Entwicklung des chinesischen Internationalen Privatrechts siehe *Pissler*, RabelsZ 76 (2012), 1, 3 ff.

358 Dagegen sieht eine stillschweigende Rechtswahl bei der einvernehmlichen Scheidung nach § 26 CIPR weiter als wirksam an, Huang/Jiang, Erläuterungen und Analysen zum Gesetz der Volksrepublik China zur Anwendung des Rechts auf zivilrechtliche Beziehungen mit Außenberührung (Chinesischer Titel: 中华人民共和国涉外民事关系法律适用与分析), 2011, S. 136.

359 OVG-Bestimmungen (2007) Nr. 14 v. 11.6.2007, Bestimmungen zu einigen Fragen der Rechtsanwendung bei der Behandlung von zivilrechtlichen und handelsrechtlichen Vertragsstreitigkeiten mit Außenberührung (Chinesischer Titel: 最高人民法院关于审理涉外民事或商事合同纠纷案件法律适用苦干问题的规定 v. 11.6.2007, 法释 (2007) 14号).

360 *Liu*, KPILJ 17 (2011), 193, 201.

materielle Recht, wobei es nicht das Kollisions- oder Verfahrensrecht umfasst.[361] Damit können die Parteien nicht Gewohnheitsrecht oder allgemeine Grundregeln (und auch private Regelwerke) wie *lex mercatoria*, die PACL und die PICC wählen, sondern nur ein staatliches Recht.[362]

3) Auswahl der PACL in Japan

Japan hat sein Internationales Privatrecht überwiegend reformiert. Am 1. Januar 2007 trat mit dem Rechtsanwendungsgesetz eine umfassend überarbeitete und neubenannte Fassung des IPR-Gesetzes aus dem Jahr 1898 in Kraft.[363] Bei Rechtsgeschäften ist nach Art. 7 JIPR (wie zuvor gemäß Art. 7 I JIPR a. F.) primär das zur Zeit des Vertragsschlusses von den Parteien ausdrücklich oder konkludent gewählte Recht maßgeblich.[364] Die Rechtswahl ist sowohl durch die Sonderregeln für Verbraucher- und Arbeitsverträge als auch durch den in Art. 42 JIPR geregelten *ordre public* begrenzt.[365] Es ist streitig, ob Vertragsparteien nach Art. 7 JIPR nicht-staatliches Recht oder *lex mercatoria*[366] als ein anwendbares Recht wählen können oder nicht. Außerstaatliches Recht ist nach herrschender Meinung nicht wählbar.[367]

---

361 *Liu*, KPILJ 17 (2011), 193, 201; *Du*, Grundregeln des Internationalen Privatrechts, 2014, S. 212.

362 *Du*, Grundregeln des Internationalen Privatrechts, 2014, S. 212; *Liu*, KPILJ 17 (2011), 193, 200 f.; *Huang/Jiang*, Erläuterungen und Analysen zum Gesetz der Volksrepublik China zur Anwendung des Rechts auf zivilrechtliche Beziehungen mit Außenberührung, (Chinesischer Titel: 中华人民共和国涉外民事关系法律适用与分析), 2011, S. 12; *Hyun-Ah Kim*, Ewha law journal Vol. 19 No. 4 (2015), 459, 472 f.; dagegen *Xiao/Long*, Yb. PIL 11 (2009), 193, 202.

363 Hintergrund und Verlauf der Reform des JIPR siehe *Dogauchi*, in: Basedow/Baum/Nishitani (Hg.), Japanese and European Private International Law in Comparative Perspective, 2008, S. 30 ff.; *Sakurada/Schwittek*, RabelsZ 76 (2012), 86, 89 ff.

364 Die umfassende Anerkennung der Parteiautonomie entspricht der Regelung in Art. 3 Abs. 1 S. 1 Rom I-VO.

365 Zur Begrenzung der Parteiautonomie in japanischem IPR siehe *Nishitani*, in: Basedow/Baum/Nishitani (Hg.), Japanese and European Private International Law in Comparative Perspective, 2008, S. 92 ff.

366 Zur kollisionsrechtlichen Verweisung der *lex mercatoria*, *Nishitani*, in: Riesenhuber/Nishitani, Rechtsangleichung: Grundlagen, Methoden und Inhalte, 2006, S. 321 ff.

367 *Tameike*, Internationales Privatrecht (Japanischer Titel: 国際私法), 3. Aufl. (2005), S. 364 f.; *Nishitani*, in: Basedow/Baum/Nishitani (Hg.), Japanese and European Private International Law in Comparative Perspective, 2008, S. 87 f; *Sakurada/Schwittek*, RabelsZ 76 (2012), 86, 93.

§ 7 JIPR gilt für das ganze Rechtsgeschäft, darunter Verträge, anders als § 26 KIPR und § 41 CIPR nur für Verträge gilt. Der Begriff „Rechtsgeschäft" umfasst in der Regel Verträge und Gesamtakte sowie einseitige Rechtsgeschäfte, z. B. auch auf Verträge bezogene Rechtsgeschäfte wie Kündigung oder Anfechtung.[368] Bei einseitigen Rechtsgeschäften, die sich auf einen Vertrag beziehen, ist die einseitige Bestimmung des anwendbaren Rechts nicht zulässig. Vielmehr müssen alle Beteiligten – etwa auch der Empfänger einer Kündigungserklärung – an der Rechtswahl beteiligt sein. Bei einseitig verpflichtenden Verträgen, etwa Schenkung oder Treuhand, ist hingegen eine einseitige Bestimmung des anwendbaren Rechts möglich.

4) Zwischenergebnis

Es ist nicht auszuschließen, dass einzelne Staaten in Asien eine kollisionsrechtliche Wahl des PACL anerkennen. Es hängt von dem IPR des zuständigen Gerichts ab, ob sich die kollisionsrechtliche Wirkung des PACL in der Rechtsform eines nur wissenschaftlichen Regelwerks entfalten wird oder nicht. Wie oben ausgeführt, gilt das Gleiche in Korea, China und Japan: Die Parteien können im Rahmen der vom IPR gewährten Vertragsfreiheit lediglich eine fremdstaatliche Rechtsordnung für anwendbar erklären und sie machen sie damit zum Vertragsinhalt, d. h. ihre Wirkung entfaltet sich aufgrund der Privatautonomie. Obwohl die Parteien in drei Ländern jeweils nach nationalem IPR die PACL als das auf ihren Vertrag anwendbare Recht gewählt hätten, wären sie dennoch an die zwingengenden Vorschriften des nach IPR anwendbaren staatlichen Rechts gebunden. Die PACL als ein rein privates Regelwerk kann gar nicht mit einem staatlichen Recht gleichgesetzt werden. Vor diesem Hintergrund sollte sich das erste einheitliche Regelwerk in Asien höchstens mit der Rolle als *lex contractus* im Bereich des dispositiven Rechts bescheiden.

3. Vergleich der Anwendung des CESL, des CISG und der PACL bezüglich des Kollisionsrechts

Obwohl die Parteien die Anwendung der PACL auf ihr Vertrag vereinbart haben, ist wegen der mangelnden Geltungskraft als nationales, supernationales oder internationales Recht zuerst zu prüfen, ob diese allgemeinen Grundregeln nach jedem nationalen IPR wählbar sind. Grundsätzlich ist nur staatliches Recht

368 Kündigung und Anfechtung sind nach dem japanischen Zivilgesetz eigenständige Rechtsgeschäfte und daher wird das auf sie anwendbare Recht unabhängig von dem des Vertrages bestimmt.

dafür geeignet. Damit kann die von den Parteien gewollte Auswahl der PACL nur materiellrechtliche Wirkung in China, Korea und Japan entfalten. Dieser ungünstige – aber unvermeidbare – Anwendungsmechanismus der PACL beruht auf ihrer Natur als ein unverbindliches privates Regelwerk.

Dagegen besitzen beide einheitlichen Regelwerke Geltungskraft, das CISG als ein internationales Übereinkommen und das CESL als ein gemeinsames europäisches Kaufrecht in Form der europäischen Verordnung. Zuerst gilt für das Verhältnis des CISG zum nationalen Kollisions- und Sachrecht Folgendes: Sofern das CISG gültig ist, geht es ihnen vor. Ist das CISG anwendbar und lässt sich ihm die materielle Lösung für ein Kaufrechtsproblem entnehmen, dann bleibt es dabei. Ein Rückgriff auf IPR und nationales Recht ist dann nicht nur überflüssig, sondern von Rechts wegen ausgeschlossen. Nur wenn das CISG selbst, wie z. B. in Art. 1 Abs. 1 lit. b, auf das IPR verweist oder wenn dem CISG keine Lösung zu entnehmen ist, ist das Kollisionsrecht einzuschalten und das von ihm berufene nationale Recht anzuwenden.

Im Vergleich mit dem Anwendungsmechanismus der CISG kommt das CESL in zwei komplizierten Stufen zur Anwendung. In einer ersten Stufe ist nach herkömmlichen Regeln des IPR das anwendbare nationale Recht zu bestimmen, entweder durch Rechtswahl oder durch objektive Anknüpfung. In einer zweiten Stufe könnten die Partien dann innerhalb dieser nationalen Rechtsordnung anstelle des nationalen Rechts das CESL als das anwendbare Kaufregime wählen. Dabei stellt sich die Kommission vor, dass diese Wahl auf der zweiten Stufe keine kollisionsrechtliche Rechtswahl im Sinne der Rom I-VO ist. Diese Lösung in CESL deckt sich überraschend nicht mit der nach Art. 1 Abs. 1 lit. a CISG zwischen Vertragsstaaten geltenden „einheitsrechtlichen Lösung", sondern mit der nach Art. 1 Abs. 1 lit. b CISG zwischen nicht Vertragsstaaten anwendbaren Lösung. Daraus ergibt sich, dass für das zwischen Mitgliedstaaten Anwendung findende CESL ohne unnötig komplizierten Umweg die erstere Lösung gelten soll.

Wahrscheinlich wollte der Unionsgesetzgeber von vornherein dem politischen Widerstand gegen ein Europäisches Vertragsrecht dadurch Rechnung tragen, dass ein auf grenzüberschreitende Verträge beschränkter Anwendungsbereich und ein optionales Instrument durch einen kollisionsrechtlichen Umweg eingeführt wurden.[369] Diese Vorschaltung der Kollisionsnormen ist eine kompliziertere Lösung als die im CISG aufgenommene einheitsrechtliche Lösung, die in vielen Fällen die Vertragsparteien in die Irre führen kann. Diese können, soweit

369 *Basedow*, ZEuP 2004, 1, 3; *Hilty*, RabelsZ 76 (2012), 339, 359.

sie juristische Laien sind, kaum vorhersehen, ob eine Wahl des CESL sichergestellt ist und ob das CESL auch im vorgelegten Fall anwendbar ist.

IV. Bewertung

Für grenzüberschreitende Verträge finden sich viele anwendbare Regelwerke. Es kommen mindestens zwei staatliche Vertragsrechte wegen der ausländlichen Berührung und gegebenenfalls internationale oder europäische Einheitsrechte in Betracht. Um die Konflikte zwischen diesen verschiedenen Normen reibungslos zu lösen, greift der Zweck des Kollisionsrechts.[370] Glücklicherweise stehen schon die europaweit geltenden Kollisionsrechte, die Rom I-VO und Rom II-VO, zur Verfügung. Auf den ersten Blick scheint die mit dem CESL einhergehende Rechtskonkurrenz einfach durch diese Kollisionsrechte aufgelöst zu werden. Würde man das Verhältnis zwischen dem CESL und anderen anwendbaren Rechten präzise betrachten, gibt es nur einen Anschein der Rechtskollision. Denn das CESL besitzt erst einen Vorrang nach Art. 288 Abs. 2 AEUV[371] vor allen mitgliedstaatlichen Vertragsrechten, wenn die Parteien seine Anwendung wirksam vereinbaren. Innerhalb des sachlichen, persönlichen und räumlichen Anwendungsbereichs des vereinheitlichen Rechts verdrängt das CESL, also eine europäische Verordnung, inhaltlich widersprechendes nationales Recht.[372] Damit werden sonstige Kollisionsnormen für materielles Einheitsrecht überflüssig.[373] Die Artt. 4–7 PR CESL, in denen der Anwendungsbereich des CESL niedergelegt ist, sind sog. kollisionsrechtliche Abgrenzungs- oder Anwendungsnormen.[374] Mithilfe dieser Bestimmungen könnte das CESL vereinfacht ohne Vorschaltung des Kollisionsrechts zum Zuge kommen.

Warum der europäische Gesetzgeber der kollisionsrechtlichen Vorschaltlösung gefolgt ist, soll im Folgenden näher erläutert werden. Um denselben Endeffekt zu

370 *Zweigert/Drobnig*, RabelsZ 29 (1965), 146, 147.

371 Auch nach § 3 Abs. 1 EGBGB.

372 Auch *Gruber*, Methoden des internationalen Einheitsrechts, 2004, S. 231.

373 MünchKomm/*v. Hein*, Bd. 10, 6. Aufl. (2015), Einl. IPR Rdnr. 97; *Gruber*, Methoden des internationalen Einheitsrechts, 2004, S. 233; *Kropholler*, Internationales Einheitsrecht, 1975, S. 183; *Zweigert/Drobnig* erklärt klar, „vereinheitlichte Sachnormen verdrängen im Prinzip (einheitliche oder nicht einheitliche) Kollisionsnormen.", *dies*., RabelsZ 29 (1965), 146, 148; dagegen *Lehmann*, in: Gebauer (Hg.), Gemeinsames Europäisches Kaufrecht – Anwendungsbereich und kollisionsrechtliche Einbettung, 2013, S. 71.

374 *Mansel*, WM 2012, 1253, 1262. Zur Definition der Abgrenzungs- oder Anwendungsnormen siehe *Kropholler*, Internationales Einheitsrecht, 1975, S. 189 ff.; MünchKomm/*v. Hein*, Bd. 10, 6. Aufl. (2015), Einl. IPR Rdnr. 96 f.

erreichen, scheint die Kommission bezüglich des CESL einen weitaus komplizierteren Weg zu gehen.[375] Zuerst muss das auf den Vertrag anwendbare Recht mit Hilfe des Kollisionsrechts bestimmt werden. Nur wenn dieses das Recht eines Mitgliedstaates bezeichnet, kann das CESL, als zweites Vertragsrechtsregime, innerhalb der anwendbaren Rechtsordnung gewählt werden. Das getarnte - aber nicht so gut verborgene - Motiv ist es, zum einen die Auswahl des CESL gegenüber Art. 6 Abs. 2 Rom I-VO zu immunisieren, zum anderen den Anschein einer Beeinflussung des bestehenden IPR zu vermeiden. Dieses ist vielmehr kompetenzrechtlich motiviert.[376] Im Folgenden ist näher auf diesen Hintergrund im Zusammenhang mit der Kompetenzgrundlage des CESL einzugehen.

1. Kollisionsrechtliche Vorschaltlösung und Kompetenzgrundlage des CESL

Ohne Zweifel besteht Einigkeit, dass die Europäische Union keine umfassende Kompetenz innehat, sondern lediglich die begrenzte Einzelermächtigung nach Art. 5 Abs. 1 EUV.[377] Nach ständiger Rechtsprechung des EuGH muss die Wahl der Rechtsgrundlage auf objektiven und gerichtlich nachprüfbaren Umständen beruhen, zu denen insbesondere das Ziel und der Inhalt des Rechtsakts gehören.[378] Für den Erlass eines gemeinsamen europäischen Kaufrechts stehen verschiedene Rechtsgrundlagen zur Verfügung. Die in Betracht kommenden drei Rechtsgrundlagen, Art. 81 Abs. 2 lit. c, 114 und 352 AEUV, unterscheiden sich aus inhaltlicher und prozeduraler Hinsicht voneinander.[379] Eine auf Art. 81

375 Kritisch *Stürner*, GPR 2011, 236, 238; *Stadler*, AcP 212 (2012), 473, 483.

376 *Eidenmüller/Jansen/Kieninger/Wagner/Zimmermann*, JZ 2012, 269, 274; *Mansel*, WM 2012, 1253, 1264; *Basedow*, EuZW 2012, 1, 1; *Stadler*, AcP 212 (2012), 473, 483 f.; *Schinkels*, in: Gebauer (Hg.), Gemeinsames Europäisches Kaufrecht - Anwendungsbereich und kollisionsrechtliche Einbettung, 2013, S. 26; a.A. *Wojcik*, in: Gebauer (Hg.), Gemeinsames Europäisches Kaufrecht - Anwendungsbereich und kollisionsrechtliche Einbettung, 2013, S. 61 ff.

377 *Basedow*, AcP 200 (2000), 445, 473 ff.; *Herresthal*, in: Langenbucher (Hg.), Europarechtliche Bezüge des Privatrechts, 2. Aufl. (2008), S. 56; *Schmidt-Kessel*, in: Basedow/Hopt/Zimmermann, Handwörterbuch des Europäischen Privatrechts, Bd. 2, 2009, S. 554; *Kloepfer*, Verfassungsrecht, Bd. I, 2011, S. 1194; *Mansel*, WM 2012, 1309, 1315; Schmidt-Kessel/*ders.*, GEK-E, 2014, Einl. GEK-VO-E Rdnr. 19.

378 EuGH, Urt. v. 3.9.2009, Rs. C-166/07 (Europäisches Parlament/Rat der Europäischen Union), Slg. 2009, I-07135 Rdnr. 42.

379 Ausführlich siehe *Leible*, in: Streinz, EUV/AEUV, 2. Aufl. (2012), Art. 81 AEUV Rdnr. 52 ff.; *Wojcik*, in: Gebauer (Hg.), Gemeinsames Europäisches Kaufrecht - Anwendungsbereich und kollisionsrechtliche Einbettung, 2013, S. 61 ff.

AEUV gestützte Maßnahme gilt im Vereinigten Königreich, in Irland und in Dänemark[380] nicht, es sein denn, diese Länder erklären ausdrücklich ihren Willen, in die Maßnahme eingebunden zu werden. Eine Maßnahme, die sich auf Art. 114 AEUV stützt, führt zum ordentlichen Gesetzgebungsverfahren unter Beteiligung des Europäischen Parlamentes und des Rates, der mit qualifizierter Mehrheit abstimmt. Eine Maßnahme nach Art. 352 AEUV benötigt die Zustimmung des Europäischen Parlamentes sowie ein Einstimmigkeitsvotum im Rat.

Die Europäische Kommission äußerte, dass ausweislich der Einleitung des Normtextes die Rechtsgrundlage des CESL Art. 114 AEUV ist.[381] Dies wird dahingehend kritisiert, dass es sich beim optionalen Modell nicht um eine Angleichungs-Maßnahme im Sinne des Art. 114 AEUV handele. Als Rechtsgrundlage komme allenfalls Art. 352 AEUV in Betracht.[382] In der Literatur wird gemutmaßt, der Grund dafür könne sein, dass man die Kompetenzgrundlage des Artt. 81 oder 352 AEUV vermeiden möchte. Art. 81 AEUV hätte aus Sicht der Kommission den entscheidenden Nachteil, dass die auf ihn gestützten Maßnahmen nicht alle Mitgliedstaaten erfassen und die Einstimmigkeit im Rat erfordern.[383] Art. 352 AEUV, der Einstimmigkeit im Rat voraussetzt, wurde auch als Rechtgrundlage vermieden, dagegen bedarf Art. 114 AEUV nur der Zustimmung einer qualifizierten Mehrheit im Rat.[384]

---

380 Großbritannien und die Republik Irland machten zwar regelmäßig vom Recht des „opt-In" Gebraucht, bei der justiziellen Zusammenarbeit in Zivilsachen ist Dänemark aber von vornherein (Art. 69 EGV iVm Protokoll Nr. 5 über die Position Dänemark, ABl. 2006 C 321 E/201) nicht dabei, *Leible*, in: Streinz, EUV/AEUV, 2. Aufl. (2012), Art. 81 AEUV Rdnr. 2.

381 Begründung des Vorschlags für eine Verordnung über ein Gemeinsames Europäisches Kaufrecht, KOM (2011) 635 endg., S. 9 f. Es ist auch umstritten, ob die Voraussetzungen von Art. 114 AEUV gegeben sind, *Stadler*, AcP 212 (2012), 473, 483; *Stabentheiner*, in: Wendehorst/Zöchling-Jud (Hg.), Am Vorabend eines Gemeinsamen Europäischen Kaufrechts, 2012, S. 3 ff.

382 Der Deutsche Bundestag hat sich diese Argumentation zu eigen gemacht und am 1.12.2011 Subsidiaritätsrüge erhoben (Stellungnahme gem. Protokoll Nr. 2 zum EUV und zum AEUV, BT-Dr. 17/8000, S. 4 f.) Weitergehend hat der Bundestag auch die Vereinbarkeit des Vorschlags mit dem Subsidiaritätsprinzip und dem Verhältnismäßigkeitsgrundsatz (Art. 5 III und IV EUV) bezweifelt (S. 6 f.).

383 *Wojcik*, in: Gebauer (Hg.), Gemeinsames Europäisches Kaufrecht – Anwendungsbereich und kollisionsrechtliche Einbettung, 2013, S. 61 ff.

384 *Eidenmüller/Jansen/Kieninger/Wagner/Zimmermann*, JZ 2012, 269, 274; *Stadler*, AcP 212 (2012), 473,497, 500; *Müller-Graff*, in: Schmidt-Kessel (Hg.), Ein einheitliches europäisches Kaufrecht?, 2012, S. 59 f.

Art. 114 AEUV als Rechtsgrundlage für das CESL erscheint nicht nur aus Sicht der Rechtsprechung des EuGH inkompatibel, sondern ist auch aus Sicht der Lehre umstritten.[385] In der Rechtsprechung des EuGH ist geklärt, dass ein Gesetzgebungsakt, welcher die bestehenden nationalen Rechtsordnungen unverändert lässt, keine Angleichung der Rechts- und Verwaltungsvorschriften der Mitgliedstaaten im Sinne des Art. 114 Abs. 1 AEUV verfolgt.[386] Eine interparlamentarische Konferenz vom 5.11.2012 im Deutschen Bundestag kam auch schließlich zu dem Schluss, dass verschiedenste Probleme des PR CESL von Rechtsgrundlagen bis zur Geeignetheit noch nicht gelöst werden müssten.[387]

2. Einheitsrechtliche Lösung aus Art. 23 Rom I-VO

Insgesamt ist eine vorzuziehende Lösung im Sinne der Klarheit und Einfachheit, diejenige, die ohne Umwege über das IPR, insbesondere die Rom I-VO, und

---

385 Die möglichen Kompetenzgrundlagen für das CESL sind Artt. 114, 81 Abs. 2 lit. c und 352 AEUV. Für hinreichend erachtet Art. 114 AEUV als Kompetenz zum Erlass des CESL *Wojcik*, in: Gebauer (Hg.), Gemeinsames Europäisches Kaufrecht – Anwendungsbereich und kollisionsrechtliche Einbettung, 2013, S. 61 ff.; *Mankowski*, RIW 2012, 97, 98; *ders.*, IHR 2012, 1, 2; *Brand*, DRiZ 2011, 359, 359; *Staudenmayer*, NJW 2011, 3491, 3495; *Schmidt-Kessel*, in: ders. (Hg.), Ein einheitliches europäisches Kaufrecht?, 2012, S. 9; *Micklitz/Reich*, EUI Working Paper Law 2012/04, 1, 6 f.; Begründung des Vorschlags für eine Verordnung über ein Gemeinsames Europäisches Kaufrecht, KOM (2011) 635 endg., S. 9 f.; dagegen soll der Vorschlag durch Art. 352 AEUV unterstützt werden *MPI*, RabelsZ 75 (2011), 371, 388 ff.; *Eidenmüller/Jansen/Kieninger/Wagner/Zimmermann*, JZ 2012, 269, 274; *Müller-Graff*, in: Schmidt-Kessel (Hg.), Ein einheitliches europäisches Kaufrecht?, 2012, S. 57 ff.; *Wendehorst*, in: Wendehorst/Zöchling-Jud (Hg.), Am Vorabend eines Gemeinsamen Europäischen Kaufrechts, 2012, S. 44 Rdnr. 7; *Perner*, in: Wendehorst/Zöchling-Jud (Hg.), Am Vorabend eines Gemeinsamen Europäischen Kaufrechts, 2012, S. 33 ff.; *Bittner*, in: Wendehorst/Zöchling-Jud (Hg.), Am Vorabend eines Gemeinsamen Europäischen Kaufrechts, 2012, S. 282 f.; *Stadler*, AcP 212 (2012), 473, 483, 500; *Kroll-Ludwigs*, GPR 2012, 181, 182 f.; nicht nur durch Art. 114 AEUV sondern auch durch Art. 81 AEUV *Leible*, in: Streinz, EUV/AEUV, 2. Aufl. (2012), Art. 81 AEUV Rdnr. 45; *Leible/Müller*, K&R 2009, 7, 11. Zur fehlenden Kompetenz der EU für ein faktisch einseitig zwingendes Vertragsrecht siehe *Herresthal*, ZIP 2011, 1347, 1352.

386 Vgl. EuGH, Urt. v. 2.5.2006, Rs. C-436/03 (Europäisches Parlament/Rat der Europäischen Union), Slg. 2006, I-3733.

387 Die Ergebniszusammenfassung dieser Konferenz und die Stellungnahme v. *Sensburg* (abrufbar unter http://www.bundestag.de/dokumente/textarchiv/2012/41354012_kw45_pa_recht_konferenz/209864).

mitgliedstaatliches Recht seine Anwendungsvoraussetzungen selbst definiert.[388] Die Rom I-VO soll die Anwendung anderer Rechtsakte gerade nicht ausschließen, wenn diese Bestimmungen enthalten, die zum reibungslosen Funktionieren des Binnenmarkts beitragen, soweit sie nicht in Verbindung mit dem Recht angewendet werden können, auf das die Regeln der Verordnung verweisen. Den Vorgang der PR CESL gegenüber der Rom I-VO mag man auf Art. 23 Rom I-VO stützen.[389] Die Vorschrift räumt Kollisionsnormen in Rechtsakten der Union, die sektoral Vertragsrecht harmonisieren bzw. vereinheitlichen, Vorrang vor dem allgemeinen europäischen internationalen Vertragsrecht ein.[390] Der Hintergrund dieser Bestimmung besteht darin, dass die EU/EG-Rechtsakte für besondere Teilgebiete erlassen kann, die sich mit dem Anwendungsbereich „vertragliche Schuldverhältnisse" der Rom I-VO überschneiden.[391] Diese spezielleren Regelungen sollen dann auch eigene Kollisionsnormen haben dürfen. Vorschriften des Gemeinschaftsrechts[392] können von den Mitgliedstaaten umzusetzende Richtlinien und unmittelbar anwendbare Verordnungen (Art. 288 Abs. 2 AEUV) sein. Bisher kommt als auf dem Gebiet des Vertragsrechts mit eigenständigen kollisionsrechtlichen Vorschriften nur die Fluggastrechteverordnung (VO Nr. 261/2004) in Betracht.

---

388 Ebenso *Stadler*, AcP 212 (2012), 473, 483 f.; *Stürner*, GPR 2011, 236, 239 ff.; *Eidenmüller/Jansen/Kieninger/Wagner/Zimmermann*, JZ 2012, 269, 273; *Fornasier*, RabelsZ 76 (2012), 401, 425; *Busch*, EuZW 2011, 655, 657; dagegen *Leible*, in: Remien/Herrler/Limmer (Hg.), Gemeinsames Europäisches Kaufrecht für die EU?, 2012, S. 23 f.

389 MünchKomm/*Martiny*, Bd. 10, 6. Aufl. (2015), Art. 23 Rom I-VO Rdnr. 6; *Eidenmüller/Jansen/Kieninger/Wagner/Zimmermann*, JZ 2012, 269, 275; *Stürner*, GPR 2011, 236, 239; ders., in: Schulte-Nölke/Zoll/Jansen/Schulze (Hg.), Der Entwurf für ein optionales europäisches Kaufrecht, 2012, S. 65; dagegen *Leible*, in: Remien/Herrler/Limmer (Hg.), Gemeinsames Europäisches Kaufrecht für die EU?, 2012, S. 23 f.; Nomos/*Leible*, Bd. 6, 2014, Art. 23 Rom I-VO Rdnr. 8. Zur Kritik des Art. 23 Rom I-VO siehe Ferrari u.a./*Kieninger*, Internationales Vertragsrecht, 2. Aufl. (2012), Art. 23 Rom I-VO Rdnr. 9; *Mankowski*, RIW 2012, 97, 100; *Reich*, ZfRV 2011, 196, 200.

390 Ferrari u.a./*Kieninger*, Internationales Vertragsrecht, 2. Aufl. (2012), Art. 23 Rom I-VO Rdnr. 1; Erman/*Hohloch*, Bd. 2, 14. Aufl. (2014), Anh. III Art. 26 EGBGB Art. 23 Rom I-VO Rdnr. 1; Nomos/*Leible*, Bd. 6, 2014, Art. 23 Rom I-VO Rdnr. 2.

391 Erman/*Hohloch*, Bd. 2, 14. Aufl. (2014), Anh. III Art. 26 EGBGB Art. 23 Rom I-VO Rdnr. 1.

392 Der Begriff Vorschriften des Gemeinschaftsrechts umfasst die verbindlichen Handlungsformen des Unionsrechts nicht aber völkerrechtliche Verträge, weil für letztere die besonderen Regelungen der Artt. 24 und 25 einschlägig sind, Nomos/*Leible*, Bd. 6, 2014, Art. 23 Rom I-VO Rdnr. 3; Staudinger/*Magnus*, 2011, Art. 23 Rom I-VO Rdnr. 13.

Würde auch ein einheitliches europäisches Kaufrecht hierzu gehören? Art. 23 Rom I-VO lässt sich nicht entnehmen, welche Unionsrechtsakte kollisionsrechtlich relevant sind.[393] Daher bedarf es bei jedem Unionsrechtakt im Bereich des Schuldvertragsrechts einer genauen Analyse seines kollisionsrechtlichen Gehalts und des Konkurrenzverhältnisse zur Rom I-VO.[394] Es spielt keine Rolle, ob die besondere Kollisionsnorm einer Verordnung oder aber einer Richtlinie angehört und erst noch in nationales Recht umgesetzt werden muss. Ungeachtet der Auffassung der Europäischen Kommission erfüllen sich beim CESL die Voraussetzungen des Art. 23 Rom I-VO,[395] weil das CESL für grenzüberschreitende Verträge gilt und eigene Kollisionsnorm (Art. 3 PR CESL) und die dessen Anwendungsbereich bestimmenden (Artt. 4–7 PR CESL) Vorschriften hat. Das CESL dürfte über seinen eigenen Anwendungsbereich hinaus gleichzeitig die Verbraucherschutzregeln der Rom I-VO verdrängen.[396] Dies gilt allerdings nur im Anwendungsbereich des CESL.

---

393 Der Verordnungsvorschlag der Kommission hatte vorgesehen, dass die Rechtsakte, welche Vorrang vor der Rom I-VO haben sollen, in einem Anhang einzeln aufgezählt werden (Vorschlag für eine Verordnung über das auf vertragliche Schuldverhältnisse anzuwendende Recht, KOM (2005) 650 endg., Art. 22 lit. a i. V. m. Anhang I). Diese Liste ist dann jedoch nicht in die endgültige Fassung aufgenommen worden.

394 Nomos/*Leible*, Bd. 6, 2014, Art. 23 Rom I-VO Rdnr. 6; Staudinger/*Magnus*, 2011, Art. 23 Rom I-VO Rdnr. 15.

395 Auch Eidenmüller/Jansen/Kieninger/Wagner/Zimmermann, JZ 2012, 269, 275.

396 Ebenso *Reich*, ZfRV 2011, 196, 200.

§ 5 Konsequenzen aus der Wahl des CESL nach dem Ansatz der Kommission

I. Kollisionsrechtlicher Ansatz der Europäischen Kommission im CESL

Die Auswahl des CESL und ihre Rechtsfolge sind in den Artt. 3 und 11 PR CESL vorgesehen. Nach Artt. 8 f. PR CESL richten sich ihre Modalitäten. Eine nähere Analyse der Bestimmungen im PR CESL kommt zu dem Ergebnis, dass seiner Anwendung der Verweis auf mitgliedstaatliches Recht vorgeschaltet ist.[397] Dies kann sowohl aus der Begründung des PR CESL[398] als auch aus dessen Erwägungsgrund 10[399] entnommen werden. Obwohl die kollisionsrechtliche Einbettung des CESL praktisch relevant ist, wird sie nur in den Erwägungsgründen, auch in der Begründung des PR CESL, angesprochen. Erwägungsgründe[400] im Europarecht haben grundsätzlich keine direkte normative Wirkung, insbesondere gegenüber dem Richter, und sind daher für tragende Rechtsfragen nicht ausreichend als

---

397 *Schinkels*, in: Gebauer (Hg.), Gemeinsames Europäisches Kaufrecht – Anwendungsbereich und kollisionsrechtliche Einbettung, 2013, S. 25 f.; *Corneloup*, ZEuP 2012, 705, 712; *Stadler*, AcP 212 (2012), 473, 478 ff.; *Staudenmayer*, NJW 2011, 3491, 3495. Nach anderer Auffassung ist das PR CESL nicht als Teil nationalen Rechts, sondern als integriertes Regime konzipiert, *Lehmann*, in: Gebauer (Hg.), Gemeinsames Europäisches Kaufrecht – Anwendungsbereich und kollisionsrechtliche Einbettung, 2013, S. 74 ff.

398 KOM (2011) 635 endg., S. 6 f.

399 Erwägungsgrund 10 des PR CESL führt vorsorglich aus:
„Die Vereinbarung über die Verwendung des Gemeinsamen Europäischen Kaufrechts sollte eine Wahl sein, die innerhalb der einzelstaatlichen Rechtsordnung getroffen wird, die nach der Verordnung (EG) Nr. 593/2008 beziehungsweise […] oder nach jeder anderen einschlägigen Kollisionsnorm als das anwendbare Recht festgelegt wird. Die Vereinbarung über die Verwendung des Gemeinsamen Europäischen Kaufrechts ist das Ergebnis einer Wahl zwischen zwei unterschiedlichen Regimes innerhalb derselben einzelstaatlichen Rechtsordnung. Die Wahl ist daher keine Wahl zwischen zwei einzelstaatlichen Rechtsordnungen im Sinne der Kollisionsnormen und sollte nicht damit verwechselt werden; sie sollte unbeschadet der Kollisionsnormen gelten. Diese Verordnung lässt bestehende Kollisionsnormen, so wie die der Verordnung (EG) Nr. 593/2008, somit unberührt."

400 Zur Begründungspflicht des Sekundärrecht siehe *Gellermann*, in: Streinz, EUV/AEUV, 2. Aufl. (2012), Art. 296 AEUV, Rdnr. 4 ff; *Sladič*, ZfRV 2005, 123, 128 ff.

Begründung. Wichtige Elemente trotz ihres hohen Stellenwertes lediglich in der Präambel niederzulegen, ist bei den Unionsrechten nicht neu und auch nicht selten. Diese Gesetzgebungstechnik rief als eine schlechte Angewohnheit schon oft Kritik hervor.[401] Richtigerwiese sollte das Verhältnis zum IPR, insbesondere zur Rom I-VO, in einem Artikel im Verordnungstext geregelt werden.

Nach dem Erwägungsgrund 10 wird die Vereinbarung über die Verwendung des CESL nur innerhalb der einzelstaatlichen Rechtsordnung getroffen, die nach vorheriger Anwendung der einschlägigen Kollisionsnorm zur Anwendung berufen wurde. Diese Übereinstimmung bedeutet, zwischen zwei getrennten Vertragsrechtsregimen, unter denen sich das CESL befindet, dieses innerhalb derselben einzelstaatlichen Rechtsordnung auszuwählen. Daher ist sie gar nicht mit einer Rechtswahl zwischen zwei einzelstaatlichen Rechtsordnungen, also einer kollisionsrechtlichen Rechtswahl, gleichzusetzen oder zu verwechseln.[402] Bestehende Kollisionsrechtsnormen, so wie hauptsächlich die Rom I-VO, sind der Anwendung des CESL vorgeschaltet und bleiben vom PR CESL unberührt. Aus der Sicht der Europäischen Kommission befinden sich theoretisch immer zwei rechtliche Vereinbarungen, also Wahl des einzelnen mitgliedstaatlichen Rechtssystems und Wahl des CESL, auch wenn die Beteiligten in der Tat *uno actu* das CESL für die beiden wählen.[403]

II. Auswirkungen der Vorschaltlösung im CESL

Nach der Selbsteinschätzung der Europäischen Kommission lässt das CESL bestehende Kollisionsnormen unberührt.[404] Obwohl das CESL von einem optionalen Instrument ausgehen wird und dadurch Anwendung finden wird, ist das Verhältnis mit den bestehenden Regelwerken vorsichtig zu überprüfen. Inzwischen zwingt die mögliche Kollision mit anderen Regeln dazu, Farbe zu bekennen. Die Herausforderung besteht zunächst einmal darin, auf den kollisionsrechtlich relevanten Inhalt des CESL einzugehen und sodann das Verhältnis zum bisherigen

401 *Corneloup*, ZEuP 2012, 705, 712; *Fornasier*, RabelsZ 76 (2012), 401, 419 f.; *Stadler*, AcP 212 (2012), 473, 478.

402 KOM (2011) 635 endg., Begründung S. 7 und Erwägungsgrund 10.

403 *Wojcik*, in: Gebauer (Hg.), Gemeinsames Europäisches Kaufrecht – Anwendungsbereich und kollisionsrechtliche Einbettung, 2013, S. 56.

404 Siehe Erwägungsgrund 10 PR CESL. Kritisch *Schinkels*, in: Gebauer (Hg.), Gemeinsames Europäisches Kaufrecht – Anwendungsbereich und kollisionsrechtliche Einbettung, 2013, S. 26 f.

und zum künftigen Acquis zu erklären. Wie weit tritt eine Konkurrenz zu anderen gemeinschaftsrechtlichen und nationalen Rechtsquellen auf? Zu bedenken ist noch, ob sich das bestehende Schutzniveau des Acquis bei Wahl des Einheitsrechts angesichts von dessen zwingendem Charakter ohnehin durchsetzt oder ob und wie es vom Einheitskaufrecht verdrängt wird.

Anders als nach der Erklärung der Kommission ist es noch ungeklärt, wie das optionale Instrument im Verhältnis mit bestehenden Rechtsordnungen genau geschehen soll. Im Folgenden werden die Auswirkungen des CESL aus Sicht der EU-Kommission – ungeachtet ob es richtig ist oder nicht – erklärt.

1. Verhältnis des CESL zur Rom I-VO

A. Anwendung des CESL durch Vorschaltung der Artt. 3 und 4 Rom I-VO

Als eine Folge der kollisionsrechtlichen Vorschaltlösung im CESL lässt sich zusammengefasst sagen, dass das CESL bei den grenzüberschreitenden Verträgen über den Umweg eines mitgliedstaatlichen Rechts zur Geltung gelangt.[405] Die Auswahl des CESL ist eine Rechtswahl innerhalb des einzelstaatlichen Rechts, die nach der einschlägigen Kollisionsnorm Anwendung findet. Um die Wirksamkeit dieser Wahl zu prüfen, soll zuerst festgelegt werden, welches Kollisionsrecht für den gegebenen Fall infrage kommt. Bei einem grenzüberschreitenden Vertrag im Binnenmarkt ist die einschlägige Kollisionsnorm regelmäßig die Rom I-VO, ausnahmsweise kommt die Rom II-VO[406] oder ein in einzelnem Mitgliedstaat geltendes Kollisionsrecht[407] in Betracht. Art. 3 Rom I-VO erlaubt grundsätzlich den Parteien die freie Rechtswahl. In dem von Art. 1 Rom I-VO umschriebenen Anwendungsbereich können sie das für ihr Schuldverhältnis maßgebende Recht zum Zeitpunkt des Vertragsschlusses oder auch nachträglich ausdrücklich sowie stillschweigend bestimmen.

---

405 Schmidt-Kessel/*ders.*, GEK-E, 2014, Art. 8, 9 PR CESL Rdnr. 6 f.; *Wojcik*, in: Gebauer (Hg.), Gemeinsames Europäisches Kaufrecht – Anwendungsbereich und kollisionsrechtliche Einbettung, 2013, S. 55 f.; *Eidenmüller/Jansen/Kieninger/Wagner/Zimmermann*, JZ 2012, 269, 273; *Stadler*, AcP 212 (2012), 473, 478; *Moser*, in: Remien/Herrler/Limmer (Hg.), Gemeinsames Europäisches Kaufrecht für die EU?, 2012, S. 9.

406 Siehe oben S. 107.

407 Als ein in Frankreich geltendes Kollisionsrecht ist das Haager Übereinkommen das auf internationale Kaufverträge über bewegliche körperliche Sache anzuwendende Recht vom 15.6.1955, *Corneloup*, ZEuP 2012, 705, 713.

Das Vertragsstatut bei grenzüberschreitenden Verträgen im Binnenmarkt außer c.i.c[408] ist grundsätzlich nach Art. 3 Rom I-VO oder nach objektiver Anknüpfung zu ermitteln. Nach den einschlägigen Kollisionsnormen (Art. 3 Abs. 1 und Art. 4 Abs. 1 lit. a Rom I-VO) unterliegt der Vertrag entweder dem von den Parteien gewählten Recht oder, mangels Rechtswahl, dem Recht des Staates, in dem der Verkäufer seinen gewöhnlichen Aufenthalt hat. Nach dieser Bestimmung kann man lediglich ein staatliches Recht wählen, dagegen ist das CESL für die kollisionsrechtliche Rechtwahl nicht geeignet, denn es kann nicht mit einem staatlichen Recht gleichgesetzt werden (hierzu schon oben S. 50 ff.).[409] Die Wahl des CESL kann sich damit nicht unmittelbar auf die Rom I-VO berufen.[410] Nur als fakultatives zweites Vertragsrecht innerhalb des mitgliedstaatlichen Rechts kann das CESL mittels Opt-In-Instruments gemäß Art. 8 und 9 PR CESL auf grenzüberschreitende Verträge angewandt werden.[411] Die Rechtsform der europäischen Verordnung gemäß Art. 288 Abs. 2 AEUV ermöglicht dem CESL ohne kollisionsrechtliche Rechtswahl, die zwingenden Bestimmungen in den einzelnen Mitgliedstaaten zur Seite zu drängen. Zu beachten ist, dass das Ergebnis nicht für die Drittstaatenverhältnisse gilt, weil der AEUV keine Wirkung gegen Drittstaaten hat und ebenfalls eine kollisionsrechtliche Wahl des CESL außerhalb der EU in der Regel nicht anerkannt wird.[412]

---

408 MünchKomm/*Martiny*, Bd. 10, 6. Aufl. (2015), Art. 1 Rom I-VO Rdnr. 10; MünchKomm/*Junker*, Bd. 10, 6. Aufl. (2015), Art. 12 Rom I-VO Rdnr. 12 ff.; Ferrari u.a./*Kieninger*, Internationales Vertragsrecht, 2. Aufl. (2012), Art. 6 Rom I-VO Rdnr. 31; *Reithmann/Martiny*, Internationales Vertragsrecht, 7. Aufl. (2010), Rdnr. 64 und 471 ff. Die Fallgruppe der culpa in contrahendo wird nach Art. 12 Abs. 1 Rom II-VO das anwendbare Recht bestimmt.

409 Schmidt-Kessel/*ders.*, GEK-E, 2014, Art. 8, 9 PR CESL Rdnr. 1; *Mansel*, WM 2012, 1253, 1261; *Corneloup*, ZEuP 2012, 705, 713; *Stürner*, GPR 2011, 236, 237; Rechtswahl des Einheitsrecht gilt als nur eine materiellrechtliche Verweisung, MünchKomm/*Martiny*, Bd. 10, 6. Aufl. (2015), Art. 3 Rom I-VO Rdnr. 31.

410 Schmidt-Kessel/*ders.*, GEK-E, 2014, Art. 8, 9 PR CESL Rdnr. 6.

411 KOM (2011) 635 endg., S. 7 f.; *Eidenmüller/Jansen/Kieninger/Wagner/Zimmermann*, JZ 2012, 269, 273.

412 Auch Stadler, AcP 212 (2012), 473, 483; *Stürner*, GPR 2011, 236, 241; *Gebauer*, GPR 2011, 227, 231 f.

B. *Umweg des Vorrangs mitgliedstaatlicher Verbraucherschutzbestimmungen nach Art. 6 Abs. 2 Rom I-VO*

1) *Möglichkeit des Günstigkeitsvergleichs nach Art. 6 Abs. 2 Rom I-VO*

Die Verbesserung des Verbraucherschutzes gehört zu den wichtigen Tätigkeitsbereichen der EU, Art. 169 AEUV. In den Verträgen zwischen Unternehmen und Verbrauchern ist die freie Rechtswahl nach Art 6 Rom I-VO eingeschränkt. Sie bildet insofern eine Ausnahme zu Art. 3 Rom I-VO.[413] Mittels der Sonderanknüpfung des Art. 6 Rom I-VO ist die intellektuell und wirtschaftlich unterlegene Partei „Verbraucher" vor der Anwendung des ausländischen Rechts zu schützen.[414] Bei Verbraucherverträgen führt Art. 6 Abs. 1 Rom I-VO zum Recht des gewöhnlichen Aufenthalts des Verbrauchers, es sei denn, die Parteien haben gemäß Abs. 2 S. 1 ein anderes Recht gewählt. Hieraus ergibt sich, dass in der Regel der Verbraucher seinen gewöhnlichen Aufenthalt in einem Mitgliedstaat haben muss, damit das CESL verwendet werden kann. Nach Art. 6 Abs. 2 S. 2 Rom I-VO bleiben ebenfalls im Aufenthaltsstaat des Konsumenten geltende zwingende Vorschriften unberührt, sofern deren Schutzstandard denjenigen der parteiautonom bestimmten Rechtsordnung übersteigt. Im Rahmen der Sonderanknüpfung erfolgt damit ein konkreter Günstigkeitsvergleich.[415]

2) *Verhältnis des CESL zu Art. 6 Abs. 2 Rom I-VO*

Die Unterschiede des Verbraucherschutzrechts in einzelnen Staaten schrecken die Unternehmen, insbesondere das KMU, davor ab, Geschäfte im Binnenmarkt zu tätigen.[416] Das CESL zielt offenbar darauf ab, Hindernisse aus den rechtlichen

---

413 Interne Verbraucherschutzbestimmungen in einzelnem Mitgliedstaat lassen ein Spannungsverhältnis zur Parteiautonomie entstehen, MünchKomm/*Martiny*, Bd. 10, 6. Aufl. (2015), Art. 6 Rom I-VO Rdnr. 1.

414 Ferrari u.a./*Staudinger*, Internationales Vertragsrecht, 2. Aufl. (2012), Art. 6 Rom I-VO Rdnr. 1.

415 Ferrari u.a./*Staudinger*, Internationales Vertragsrecht, 2. Aufl. (2012), Art. 6 Rom I-VO Rdnr. 73; MünchKomm/*Martiny*, Bd. 10, 6. Aufl. (2015), Art. 6 Rom I-VO Rdnr. 46; *Stadler*, AcP 212 (2012), 473, 478 f. Ein solches optionales europäisches Sicherungsrecht (Entschließung des Europäischen Parlaments zur Annäherung des Zivil- und Handelsrechts der Mitgliedstaaten, ABl. EG Nr. C 140E v. 13.6.2002) würde den Interessenausgleich zwischen Kreditgebern und Kreditnehmern, wie er durch zwingende Bestimmungen des Sachenrechts festgelegt ist, stören. Auch hier würden die Banken ermitteln, ob das neue Instrument für sie günstiger ist, *Müller*, EuZW 2003, 683, 685.

416 KOM (2011) 635 endg., S. 2 und 4 f.

Disparitäten zu beseitigen.[417] In Bezug auf das einheitliche optionale Instrument wollten die Verfasser die kollisionsrechtliche Hintertür gar nicht offen lassen, durch die sich die mitgliedstaatlichen Verbraucherschutzbestimmungen nach Art. 6 Abs. 2 Rom I-VO durchsetzen können.[418] Wie Erwägungsgrund 12 PR CESL ausführt, hat die Kollisionsrechtsnorm allerdings „keine praktische Relevanz" gegenüber dem CESL, weil letzteres auch als eine zweite Vertragsrechtsordnung in allen Mitgliedstaaten gilt. Dann bestehen keine Unterschiede, wenn man das CESL in zwei Rechtsordnungen nach Art. 6 Abs. 2 Rom I-VO miteinander vergleicht, sowie keine Rechtskollision zwischen den Verbraucherschutznormen.[419] Dem Verbraucher wird somit kein Schutz entzogen, den er in seinem Heimatland genießt. Aus diesem Gesichtspunkt scheint der Günstigkeitsvergleich zwischen dem CESL und anderen mitgliedstaatlichen Verbraucherschutznormen sinnlos.[420]

Jedoch ist diese Erklärung der Europäischen Kommission zu rechtstechnisch und oberflächlich.[421] Nach ihrer Vorstellung kann sich der aus der Einführung des CESL erwachsende Nachteil vermittels der freien Rechtswahl von Parteien und des höheren Verbraucherschutzniveaus ausgleichen. Das fakultative Vertragsrecht könnte zuerst von der überlegenen Partei absichtlich dazu ausgenutzt werden, um etwa in einem Inlandsvertrag das national zwingende Recht zu umgehen[422] sowie im grenzüberschreitenden Verkehr den Verbraucherschutz nach der Heimatrechtsordnung des Verbrauchers auszuhebeln. Bei B2C-Verträgen kommt es für Unternehmen als Anbieter in Betracht, eine Rechtswahl zugunsten des eigenen Vorteils zu treffen.[423] Für den Verbraucher besteht damit von Anfang an in der Tat keine Wahlmöglichkeit zwischen nationalem Recht und

---

417 Siehe Erwägungsgrund 12 und Art. 1 PR CESL.

418 Auch zur Unvereinbarkeit der Bestimmungen in der Rom I-VO mit dem Zweck des CESL siehe *Fornasier*, RabelsZ 76 (2012), 401, 409 f.

419 Schmidt-Kessel/*ders.*, GEK-E, 2014, Art. 8, 9 PR CESL Rdnr. 11; *Wojcik*, in: Gebauer (Hg.), Gemeinsames Europäisches Kaufrecht – Anwendungsbereich und kollisionsrechtliche Einbettung, 2013, S. 56; a.A. *Stürner*, GPR 2011, 236, 241; *Fornasier*, RabelsZ 76 (2012), 401, 409 ff.

420 KOM (2011) 635 endg., S. 7.

421 Ebenso kritisch *Eidenmüller/Jansen/Kieninger/Wagner/Zimmermann*, JZ 2012, 269, 273; *Stadler*, AcP 212 (2012), 473, 479; dagegen *Fornasier*, RabelsZ 76 (2012), 401, 411 f.

422 Siehe oben S. 58 ff.

423 Zur Gefahr des „Sozialdumping" aus einheitlichem Vertragsrecht in EU siehe *Rutgers*, ERCL 2011, 350, 351 ff.; *Wulf*, Institutional Competition between Optional Codes in European Contract Law, 2014, S. 49 f.

dem CESL. Beispielhaft verbleiben den Kunden in Online-Geschäften meistens zwei Varianten, durch das Anklicken die vom Unternehmen aufgestellten AGB anzunehmen und einen Vertrag mit dem Unternehmen abzuschließen. Darunter wird sich in Zukunft die Ein- oder Abwahl des CESL befinden, die er entsprechend abschließt oder nicht. Sieht man die Rechtslage des Verbrauchers vor dem Inkrafttreten oder bei Abwahl des CESL näher an, kann der Verbraucher die Schwächung, anders als die Erklärung der Kommission meint, bemerken. Denn die verbindlichen Verbraucherschutzbestimmungen seines Landes, die ohne das CESL dem Verbraucherschutz nach Art. 6 Abs. 2 Rom I-VO dienen, können nicht mehr zur Anwendung gelangen.[424] Die Auswahl der CESL bedeutet folglich für den Verbraucher, dass ihm der Schutz durch diese Bestimmung entgeht. Auch wenn die Prämisse besteht, dass das Schutzniveau des CESL auf dem Niveau des gegenwärtigen Acquis liegt oder sogar darüber angenommen wird,[425] ist noch die Möglichkeit in Rechnung zu stellen, dass das Schutzniveau im einzelnen Mitgliedstaat zukünftig durch eine Änderung erhöht werden könnte.[426]

---

424 Zur Gefahr der Senkung des Verbraucherschutzniveaus *Bittner*, in: Wendehorst/Zöchling-Jud (Hg.), Am Vorabend eines Gemeinsamen Europäischen Kaufrechts, Wien, 2012, S. 287 f. Die Europäische Kommission kann tatsächlich nicht garantieren, dass das CESL dem Schutzniveau jedes Mitgliedstaates allemal ebenbürtig ist und sein wird. Um dies zu gewährleisten, müsste der europäische Gesetzgeber das Einheitsrecht nach dem staatlichen Recht mit der höchsten Schutznorm mühsam aktualisieren. Kritisch zu diesem Meistbegünstigungsansatz *Fornasier*, RabelsZ 76 (2012), 401, 413 f.

425 Die umstrittene Frage, ob dem CESL ein höheres – oder mindestens gleiches – Verbraucherschutzniveau zugrunde liegt als das einzelne Mitgliedsstaatsrecht oder andere verbraucherschützende Richtlinien, darf man nicht nach spezieller individueller Bestimmung beurteilen, sondern nach der Gesamtheit, also im Zusammenhang mit anderen bezogenen Schutzmitteln und Ergänzungen (oder Wechselwirkung) durch die anderen Regelungen. Der Grund hierfür ist, dass ein Regelwerk ein aus einzelnen Bestimmungen bestehender Organismus ist. Auch wenn ein nationales Recht eine längere Widerrufsfrist als 14 Tage des Art. 42 CESL bestimmt, darf man allein von diesem Umstand darauf schließen, dass das den Verbraucher stärker als das CESL schützt.

426 Zu dieser Möglichkeit Schulte-Nölke, ZEuP 2011, 749, 755; zu einer Erhöhungsmöglichkeit des Verbraucherschutzniveau in den neu zu schaffenden Richtlinien, Stürner, in: Schulte-Nölke/Zoll/Jansen/Schulze (Hg.), Der Entwurf für ein optionales europäisches Kaufrecht, 2012, S. 74. Aus dem Erwägungsgrund 11 PR CESL hat die Kommission diese Situation auch schon angenommen: „... Darüber hinaus sollte die Verabschiedung dieser Verordnung nicht die Überarbeitung der Richtlinie über Verbraucherrechte ausschließen, um eine Vollharmonisierung des Verbraucherschutzes

Bei jeder mitgliedstaatsrechtlichen Verbesserung gilt eine dementsprechende Änderung des CESL als unrealistisch. Damit könnte das CESL kein höheres Verbraucherschutzniveau als jedes mitgliedstaatliche Vertragsrecht gewährleisten. Aus der Sicht der einheitlichen Falllösung ist ein weiteres Problem bezüglich Art. 3 Abs. 3 Rom I-VO[427] aufzuwerfen. Wählen die Parteien bei rein innerstaatlichen Sachverhalten das optionale Instrument, so müsse das innerstaatliche zwingende Recht sich durchsetzen.[428]

Wie im Erwägungsgrund 14 PR CESL impliziert, treten substantielle Probleme bei den Drittstaatenverhältnissen auf. Wenn der Verbraucher seinen gewöhnlichen Aufenthalt in einem Drittstaat hat, die Rechnungs- oder Lieferungsadresse jedoch in der EU ist,[429] und trotz des Rückgriffs auf drittstaatliches Recht nach dem IPR die Parteien das CESL für Verbraucherverträge vereinbart haben, besteht keine Durchsetzbarkeit als eine EU-Verordnung wie in den Mitgliedstaaten. Denn Art. 288 Abs. 2 AEUV entfaltet keine Bindung gegen die außerhalb der EU liegenden Akteure und Foren und das europäisches Einheitsrecht ist für den Verbraucher und sein Heimatgericht höchstens nur ein ausländisches Recht.[430] Der von Kommission aufgestellte Anwendungsmechanismus funktioniert hier nicht. Damit ist in diesem Fall das anwendbare Recht grundsätzlich nach dem IPR, also nach der kollisionsrechtlichen Lösung, zu ermitteln und unterliegt ebenfalls der kollisionsrechtlichen Schranke wie in Art. 6 Abs. 2 Rom I-VO.[431] Der Vorgang der Rechtswahl des CESL läuft bei den Drittstaatenverhältnissen ganz anders als die Einschätzung der Kommission, denn die EU-Verordnung

auf hohem Niveau in den Mitgliedstaaten zu gewährleisten.“ Würde das Verbraucherschutzniveau durch vollharmonisierte Richtlinie neu erhöht werden, würde das mitgliedstaatliche Verbraucherschutzrecht ohne gesetzgeberisches Spielraum stärker umgesetzt und anders als das Vorhaben der Kommission kann das CESL das höhere Schutzniveau als einzelnes Mitgliedstaatsrecht garantieren.

427 Nach Art. 3 Abs. 3 Rom I-VO ist die Möglichkeit der Rechtswahl aber auf grenzüberschreitende Sachverhalte beschränkt. Bei Binnensachverhalten entfaltet sie bei Vorliegen zwingender Vorschriften des objektiv anwendbaren Rechts demnach nur materiellrechtliche Wirkung, MünchKomm/*Martiny*, Bd. 10, 6. Aufl. (2015), Art. 3 Rom I-VO Rdnr. 94; Ferrari u.a./*Ferrari*, Internationales Vertragsrecht, 2. Aufl. (2012), Art. 3 Rom I-VO Rdnr. 49; *Herresthal*, ZIP 2011, 1347, 1350.

428 *Stürner*, GPR 2011, 236, 238; *Herresthal*, ZIP 2011, 1347, 1350.

429 Art. 4 Abs. 3 PR CESL.

430 *Fornasier*, RabelsZ 76 (2012), 401, 427. Es ist nach IPR des Forums möglich, dass das CESL nicht als ein staatliches Recht, sondern nur als ein europäisches einheitliches Regelwerk angesehen wird und sich damit für die kollisionsrechtliche Wahl nicht eignet.

431 Auch *Fornasier*, RabelsZ 76 (2012), 401, 427.

kann in einem drittstaatlichen Forum keine Wirkung entfalten. Die Gültigkeit und Wirkung der Auswahl des CESL ist grundsätzlich beim Drittstaatenverhältnis nach dem IPR zu ermitteln. Dementsprechend kann man keinen internationalen Entscheidungseinklang,[432] der von v. *Savigny* als ein „formales Ideal des IPR" bezeichnet wird,[433] hinsichtlich der Rechtswahl des CESL erwarten.

C. Durchsetzung mitgliedstaatlicher Eingriffsnormen nach Art. 9 Rom I-VO

Der Privatautonomie in internationalen Verträgen setzen die Eingriffsnormen (overriding mandatory provision; lois de police)[434] Grenzen, die dem öffentlichen Interesse des Erlassstaats dienen und insbesondere auf die Wahrung seiner politischen, sozialen oder wirtschaftlichen Organisation gerichtet sind.[435] Eingriffsnormen des Art. 9 Rom I-VO setzen sich ohne Rücksicht auf das Wirkungsstatut der von ihnen berührten zivilrechtlichen Rechtsverhältnisse, das heißt gegen eine Rechtswahl der Beteiligten, durch.[436] Insbesondere die Eingriffsnormen der *lex*

---

432 MünchKomm/*v. Hein*, Bd. 10, 6. Aufl. (2015), Einl. IPR Rdnr. 5 ff.; *Stadler*, AcP 212 (2012), 473, 483; *Fornasier*, RabelsZ 76 (2012), 401, 425 f.; *Kropholler*, Internationales Privatrecht, 6. Aufl., 2006, S. 36 ff.

433 v. *Savigny*, System des heutigen Römischen Rechts, Bd. VIII, 1849, S. 27: „... sofern daß auch die Rechtsverhältnisse, in Fällen einer Collision der Gesetze, dieselbe Beurtheilung zu erwarten haben, ohne Unterschied, ob in diesem oder jenem Staate das Urtheil gesprochen werde."

434 MünchKomm/*Martiny*, Bd. 10, 6. Aufl. (2015), Art. 9 Rom I-VO Rdnr. 1; *Fornasier*, RabelsZ 76 (2012), 401, 439; Staudinger/*Magnus*, 2011, Art. 9 Rom I-VO Rdnr. 46.

435 MünchKomm/*Martiny*, Bd. 10, 6. Aufl. (2015), Art. 9 Rom I-VO Rdnr. 4 und 10 ff.; Nomos/*Doehner*, Bd. 6, 2014, Art. 9 Rom I-VO Rdnr. 2; Ferrari u.a./*Staudinger*, Internationales Vertragsrecht, 2. Aufl. (2012), Art. 9 Rom I-VO Rdnr. 5. Die Definition der Eingriffsnormen des Art. 9 Abs. 1 Rom I-VO orientiert sich an der *Arblade*-Entscheidung des EuGH (EuGH, Urt. v. 23.11.1999, Rs. C-369/96 und 374/96, Slg. 1999, I-8453 = ZIP 1999, 2168 = EuZW 2000, 88 = NJW 2000, 1553). Die Entscheidung dieser EuGH hat ihre Wurzeln und Grundlagen bereits in Savigny´s Unterscheidung zwischen reinem Rechtsgebiet für die Gestaltung der privaten Freiheits- und Vermögenssphäre und anomalischem Zweckrecht zur Gestaltung der öffentlichen Wohlfahrt (*Savigny*, System des heutigen Römischen Rechts, Bd. I, 1840, S. 54 ff.), Staudinger/*Magnus*, 2011, Art. 9 Rom I-VO Rdnr. 46.

436 Diese im Schnittpunkt betrifft die privatrechtlichen Folgen, insbesondere die Auswirkungen öffentlich-rechtlicher Verbote auf internationale Schuldverhältnisse, MünchKomm/*Martiny*, Bd. 10, 6. Aufl. (2015), Art. 9 Rom I-VO Rdnr. 1; Ferrari u.a./*Staudinger*, Internationales Vertragsrecht, 2. Aufl. (2012), Art. 9 Rom I-VO Rdnr. 8.

fori sind grundsätzlich gemäß Art. 9 Abs. 2 Rom I-VO zu beachten.[437] Sind also die deutschen Gerichte zuständig, setzen sich somit die deutschen Eingriffsnormen als vorrangige Sonderregeln gegen jedes (gewählte oder objektiv angeknüpfte) Vertragsstatut durch.[438] Nach Art. 9 Abs. 3 Rom I-VO können ferner unter bestimmten Voraussetzungen auch ausländische Eingriffsnormen, nämlich diejenigen des Erfüllungsorts, Geltung beanspruchen. Hier ist zwischen Eingriffsnormen des eigenen Rechts des angerufenen Gerichts und solchen des Rechts dritter Staaten zu unterscheiden.[439] Zu klären bleibt die Frage, ob die Anwendung des CESL durch Eingriffsnormen überlagert wird, d. h. das Verhältnis zwischen dem CESL und dem mitgliedstaatlichen Eingriffsnormen unausgewogen ist.

Für das CESL gehen die Verfasser nicht ausdrücklich auf die Frage ein, ob und inwieweit sich die mitgliedstaatlichen Eingriffsnormen gegen das CESL durchsetzen.[440] Im Zusammenhang mit externer Lückenfüllung im CESL können die Eingriffsnormen in Betracht kommen.[441] Die in Art. 11a Abs. 2 lit. b PR CESL genannte „Ungültigkeit eines Vertrags wegen Rechts- oder Sittenwidrigkeit"[442] ist durch den Rückgriff auf das nach einschlägigen Kollisionsnormen anwendbare Recht zu schließen.[443] Nach Vorstellung der Kommission würden nicht nur alle kollisionsrechtlichen Schranken, sondern auch jedes konkurrierende und einengende Zivilrecht der Mitgliedstaaten verdrängt, um das Ziel des CESL zu vollziehen[444] Dagegen führt nach anderer Ansicht die Vorschaltung des Kollisionsrechts

---

437 MünchKomm/*Martiny*, Bd. 10, 6. Aufl. (2015), Art. 9 Rom I-VO Rdnr. 2; Nomos/*Doehner*, Bd. 6, 2014, Art. 9 Rom I-VO Rdnr. 2; *Corneloup*, ZEuP 2012, 705, 717; *Busch*, EuZW 2011, 655, 659.

438 *Rauscher*, Internationales Privatrecht, 4. Aufl., 2012, S. 319.

439 *Lehmann*, in: Gebauer (Hg.), Gemeinsames Europäisches Kaufrecht – Anwendungsbereich und kollisionsrechtliche Einbettung, 2013, S. 82; MünchKomm/*Martiny*, Bd. 10, 6. Aufl. (2015), Art. 9 Rom I-VO Rdnr. 3.

440 *Fornasier*, RabelsZ 76 (2012), 401, 439; *Lehmann*, in: Gebauer (Hg.), Gemeinsames Europäisches Kaufrecht – Anwendungsbereich und kollisionsrechtliche Einbettung, 2013, S. 82; *Stürner*, in: Schulte-Nölke/Zoll/Jansen/Schulze (Hg.), Der Entwurf für ein optionales europäisches Kaufrecht, 2012, S. 65.

441 *Fornasier*, RabelsZ 76 (2012), 401, 439.

442 Auch übereinstimmend im Erwägungsgrund 27 PR CESL.

443 Siehe unten S. 206 ff.

444 Schmidt-Kessel/*ders.*, GEK-E, 2014, Einl. GEK-VO-E Rdnr. 29; *Lehmann*, in: Gebauer (Hg.), Gemeinsames Europäisches Kaufrecht – Anwendungsbereich und kollisionsrechtliche Einbettung, 2013, S. 82; Schulze/*Wendehorst*, CESL, 2012, Art. 3 PR CESL Rdnr. 8; *Corneloup*, ZEuP 2012, 705, 719 ff.; *Flessner*, ZEuP 2012, 726, 732; *Mankowski*, RIW 2012, 97, 102; *MPI*, RabelsZ 75 (2011), 371, 406 f.

grundsätzlich zu Folgendem:[445] Wenn der Vertrag europäischem Recht unterliegt, beanspruchen im Zusammenhang mit dem Kollisionsrecht auch die Eingriffsnormen des Forums Geltung. Nach dem Entwurf der Kommission ist die Wahl des CESL keine kollisionsrechtliche Rechtswahl, sondern eine Wahl eines von zwei innerhalb eines Mitgliedstaats geltenden Vertragsrechtsregimen. Diese sollen ebenfalls den Eingriffsnormen unterliegen.

Eingriffsnormen zielen nicht nur auf private Schutzzwecke,[446] sondern vielmehr auf öffentliche, politische, wirtschaftliche oder soziale Ziele, obwohl die scharfe Abtrennung unmöglich ist.[447] Die Begründung der Durchsetzung der Eingriffsnormen liegt richtigerweise darin, dass mitgliedstaatliche Eingriffsnormen dem Anwendungsbereich des CESL nicht unterstellt sind oder als eine externe Lücke – wie 27 Erwägungsgrund des PR CESL „Rechts- oder Sittenwidrigkeit" aufgezählt – angesehen werden. Damit darf das CESL nicht die im Folgenden getroffenen Eingriffsnormen des Forums außer Acht lassen. Auf dem Gebiet des Vertragsrechts sind Eingriffsnormen vor allem solche Vorschriften, aus denen sich die Gesetz- oder Sittenwidrigkeit bestimmter Geschäfte, z. B. über Drogen- oder Waffenlieferungen[448] oder Kunstwerk gegen mitgliedstaatlichen Kulturgüterschutz,[449] ergibt. Das Beschränkungsbedürfnis der Durchsetzung staatlicher Eingriffsnormen steht jedoch im Vordergrund. Mit Rücksicht auf die durch das CESL angestrebte Rechtsvereinheitlichung im Binnenmarkt dürfen Eingriffsnormen der nur in eng umgrenzten Ausnahmefällen gegenüber den Vorschriften des optionalen Instruments Anwendung finden. Gebunden ist die mitgliedstaatliche Gestaltungsfreiheit der Eingriffsnormen zwar an nationale Grundrechte,[450] aber auch an das Unionsrecht, insbesondere der EU-Grundrechtecharta.[451] Staatliche Gesetzgeber sowie Gerichte haben dementsprechend keinen Spielraum, eine kollisionsrechtliche Korrektur des optionalen Instruments

---

445 *Fornasier*, RabelsZ 76 (2012), 401, 438 ff.; *Corneloup*, ZEuP 2012, 705, 719; *Mansel*, WM 2012, 1253, 1264; *Busch*, EuZW 2011, 655, 659; *Stürner*, GPR 2011, 236, 238.

446 Wenn Normen rein privater Interessen dienen, gelten sie als Eingriffsnormen in Art. 9 Abs. 1 Rom I-VO nicht, *Remien*, in: FS für von Hoffmann, 2011, S. 335.

447 *Corneloup*, ZEuP 2012, 705, 719.

448 *Lehmann*, in: Gebauer (Hg.), Gemeinsames Europäisches Kaufrecht – Anwendungsbereich und kollisionsrechtliche Einbettung, 2013, S. 82.

449 MünchKomm/*Martiny*, Bd. 10, 6. Aufl. (2015), Art. 9 Rom I-VO Rdnr. 102; *Stürner*, GPR 2011, 236, 238.

450 *Reich*, NJW 1994, 2128, 2129.

451 MünchKomm/*Martiny*, Bd. 10, 6. Aufl. (2015), Art. 9 Rom I-VO Rdnr. 32; *Busch*, EuZW 2011, 655, 660; *Remien*, in: FS für von Hoffmann, 2011, S. 340; *Szczekalla*, NVwZ 2006, 1019, 1021.

unter Rückgriff auf nationale Grundrechte durchzusetzen, wenn die Eingriffsnormen mit den europäischen Grundfreiheiten nicht vereinbar sind.[452]

D. *Geltung des nationalen* ordre public *nach Art. 21 Rom I-VO*

Die Vorschrift Art. 21 Rom I-VO dient dem Schutz des Kernbereich der nationalen Wertordnung vor fremden Rechten und setzt dabei voraus, dass die Anwendung des ausländischen Vertragsrechts gegen den *ordre public*[453] der *lex fori* offensichtlich verstößt.[454] Der *ordre public* ist von Amts wegen zu berücksichtigen.[455] Somit ist es nicht erforderlich, dass die Parteien sich auf die Kollision berufen. Der BGH bezeichnet den *ordre public* als Substrat der geltenden Rechtsordnung, das eine Ausprägung der elementaren Wertvorstellung der inländischen und zunehmend auch der europäischen Rechtsgemeinschaft darstellt.[456] Der Inhalt des *ordre public* ist zunehmend von den supranationalen, insbesondere europäischen Grundwerten geprägt.[457]

Es ist unsicher, ob Art. 21 Rom I-VO mitgliedstaatliche Schranken gegenüber dem CESL einsetzen darf. Der *ordre public* steht außerhalb des Anwendungsbereichs des CESL oder gilt als eine externe Lücke, weil es dabei um einen offensichtlichen Verstoß gegen die öffentliche Ordnung, also um nationales öffentliches Interesse an politischen, sozialen oder wirtschaftlichen Wertungen,

---

452 *Busch*, EuZW 2011, 655, 660

453 Nach der Definition der EuGH (EuGH, Urt. v. 23.11.1999, Rs. C-369/96, Slg. 1999, I-8453 = ZIP 1999, 2168 = EuZW 2000, 88 = NJW 2000, 1553) umfasst der ordre public „alle nationalen Vorschriften, deren Einhaltung als so entscheidend für die Wahrung der politischen, sozialen oder wirtschaftlichen Organisation des betreffenden Mitgliedstaates angesehen wird, dass ihre Beachtung für alle Personen, die sich im nationalen Hoheitsgebiet dieses Staates befinden, und für jedes dort lokalisierte Rechtsverhältnis vorgeschrieben ist".

454 MünchKomm/*Martiny*, Bd. 10, 6. Aufl. (2015), Art. 21 Rom I-VO Rdnr. 2 f.; Nomos/*Doehner*, Bd. 6, 2014, Art. 21 Rom I-VO Rdnr. 5 f.; Ferrari u.a./*Schulze*, Internationales Vertragsrecht, 2. Aufl. (2012), Art. 21 Rom I-VO Rdnr. 7 f.

455 MünchKomm/*Martiny*, Bd. 10, 6. Aufl. (2015), Art. 21 Rom I-VO Rdnr. 2; Nomos/*Doehner*, Bd. 6, 2014, Art. 21 Rom I-VO Rdnr. 2; Ferrari u.a./*Schulze*, Internationales Vertragsrecht, 2. Aufl. (2012), Art. 21 Rom I-VO Rdnr. 5; Staudinger/*Hausmann*, 2011, Art. 21 Rom I-VO Rdnr. 23.

456 BGH, Urt. v. 11.10.2006, XII ZR 79/04, BGHZ 169, 240 = NJW-RR 2007, 145 = MDR 2007, 470.

457 Zur europäischen Einfluss auf nationaler ordre public siehe *Stürner*, in: FS für von Hoffmann, 2011, S. 464 ff.; Staudinger/*Hausmann*, 2011, Art. 21 Rom I-VO Rdnr. 11 ff.; *Siehr*, in: FS für Kropholler, 2008, S. 222 f.

geht. Mit dem besonders hervorgehobenen Anwendungsfall des *ordre public* im Art. 6 S. 2 EGBGB wird dieser als „Einfallstor für Grundrechte" geöffnet.[458] Diese nationalen Wertungen werden von unionsrechtlichen Wertungen im Zusammenhang mit sachbezogenen Unionsrechten, z. B. Grundrechtscharta sowie den Menschenrechtsverbürgungen der EMRK,[459] überlagert.

Allerdings bleibt für den *ordre public* nur wenig Raum. Denn er besitzt in Art. 21 Rom I-VO nur eine negative Funktion (Abwehrfunktion),[460] während die positive Funktion den Eingriffsnormen i. S. d. Art. 9 Rom I-VO zugewiesen wurde.[461] Die wirtschaftlichen, politischen und sozialen Interessen des Forumstaats werden darüber hinaus anhand der Eingriffsnormen in Art. 9 Rom I-VO[462] und der Schutz der unterlegenen Vertragspartei mithilfe der Sonderanknüpfungen[463] außer Gefahr der Fremdrechtsanwendung sein.[464] Im Bereich des vom optionalen Instrument geregelten Kaufrechts sind die Fälle selten, in denen ein einem fremden Recht unterstehender Vertrag aus deutscher Sicht anstößig erschiene. Darüber hinaus darf ein mitgliedstaatliches Recht, welches dem Unionsrecht widerspricht, nicht über den *ordre public* durchgesetzt werden.[465] Das mitgliedstaatliche Gericht soll sich bei der Anwendung des ordre public im Bereich des europäischen einheitlichen Sachrechts zurückhalten.[466] Im Drittstaatenverhältnis können aber *ordre public* sowie Eingriffsnormen des Forums die widersprüchlichen Bestimmungen im CESL

---

458 *Gebauer*, in: FS für Jayme, Bd. 1, 2004, S. 223; *Basedow*, in: FS für E. Lorenz, 2004, S. 103 f. Unter Berücksichtigung der Respekt vor der Souveränität der Mitgliedstaaten soll Entscheidung und Spielraum nach nationaler Gesamtrechtsordung anerkannt werden.

459 Ferrari u.a./*Schulze*, Internationales Vertragsrecht, 2. Aufl. (2012), Art. 21 Rom I-VO Rdnr. 3; Nomos/*Doehner*, Bd. 6, 2014, Art. 21 Rom I-VO Rdnr. 3

460 MünchKomm/*Martiny*, Bd. 10, 6. Aufl. (2015), Art. 21 Rom I-VO Rdnr. 2; Staudinger/*Hausmann*, 2016, Art. 21 Rom I-VO Rdnr. 2 u. 9.

461 Staudinger/*Hausmann*, 2016, Art. 21 Rom I-VO Rdnr. 2 u. 9.

462 Staudinger/*Hausmann*, 2016, Art. 21 Rom I-VO Rdnr. 2.

463 Staudinger/*Hausmann*, 2016, Art. 21 Rom I-VO Rdnr. 4.

464 MünchKomm/*Martiny*, Bd. 10, 6. Aufl. (2015), Art. 21 Rom I-VO Rdnr. 2 u. 7; Staudinger/*Hausmann*, 2011, Art. 21 Rom I-VO Rdnr. 24; Nomos/*Doehner*, Bd. 6, 2014, Art. 21 Rom I-VO Rdnr. 10 ff.; *Stürner*, GPR 2011, 236, 238 f.; *ders.*, in: FS für von Hoffmann, 2011, S. 482.

465 *Stürner*, in: FS für von Hoffmann, 2011, S. 469; *Lehmann*, in: Gebauer (Hg.), Gemeinsames Europäisches Kaufrecht – Anwendungsbereich und kollisionsrechtliche Einbettung, 2013, S. 83.; MünchKomm/*Martiny*, Bd. 10, 6. Aufl. (2015), Art. 21 Rom I-VO Rdnr. 3; Staudinger/*Hausmann*, 2016, Art. 21 Rom I-VO Rdnr. 12.

466 *Siehr*, in: FS für Kropholler, 2008, S. 223.

verdrängen. Denn kein Vorrang des CESL gilt für nicht zur EU gehörenden Staaten und die Rom I-VO ist vor deren Gerichten ohnehin nicht anwendbar.[467]

2. Verhältnis zum Acquis

Das Verhältnis zwischen dem CESL und acquis communautaire ist durch drei Umstände geprägt.[468] Erstens ist das CESL selbst als ein Teil des Acquis und die bestehenden Unionsrechte beeinflussen sich mittelbar oder unmittelbar. Zweitens ist der Vorschlag der Kommission durch die acquis-konforme Ausgestaltung gekennzeichnet, weshalb das inhaltliche Kohärenzgebot des Unionsrechts nach Art. 7 AEUV zu beachten ist.[469] Den Mitgliedstaaten stehen darüber hinaus Gestaltungsmöglichkeiten durch diese Integration in den Acquis zur Verfügung.

A. CESL als Teil des Acquis

1) CESL als Sekundärrecht

Anders als vorherige harmonisierte Verbraucherrechte[470] hat der Verfasser des CESL von Anfang an das neue Einheitsrecht in Form einer EU-Verordnung ins Auge gefasst. Das CESL hat dieselben Qualitäten wie alle EU-Verordnungen. Damit gehört es zum Sekundärrecht und, erst wenn die Parteien die Opt-in-Option des CESL wirksam ausgeübt haben, hat es als ein neues europäisches Einheitskaufrecht Anwendungsvorrang vor jedem mitgliedstaatlichen Recht. Nach dem Effektivitätsgrundsatz und dem Äquivalenzprinzip verpflichten sich somit die Mitgliedstaaten,[471] den Rechtspositionen des CESL die erforderliche Wirksamkeit zu verschaffen und es gegenüber dem vergleichbaren nationalen Recht nicht zu benachteiligen.[472] In Bezug auf die Auslegungen des CESL wird der EuGH die

---

467 *Lehmann*, in: Gebauer (Hg.), Gemeinsames Europäisches Kaufrecht – Anwendungsbereich und kollisionsrechtliche Einbettung, 2013, S. 83.

468 *Schmidt-Kessel*, in: ders. (Hg.), Ein einheitliches europäisches Kaufrecht?, 2012, S. 15.

469 *Stürner*, in: Schulte-Nölke/Zoll/Jansen/Schulze (Hg.), Der Entwurf für ein optionales europäisches Kaufrecht, 2012, S. 55; Schmidt-Kessel/*ders.*, GEK-E, 2014, Einl. GEK-VO-E Rdnr. 37.

470 Ungeachtet der Mindest- oder Vollharmonisierung unterscheiden sich die bisherigen europäischen Verbraucherrechte wesentlich vom CESL, denn die ersteren erschienen in Form der EU-Richtlinie, die erst nach dem Umsetzungsverfahren in den einzelnen Mitgliedstaaten Anwendung finden kann.

471 Schmidt-Kessel/*ders.*, GEK-E, 2014, Einl. GEK-VO-E Rdnr. 38.

472 EuGH, Urt. v. 17.9.2002, Rs. C-253/00, Slg. 2002, I-7289, 7321 = DVBl 2002, 1620; BGH, Urt. v. 17.9.2013, Rs. XI ZR 332/12 = ZIP 2013, 2001 = MDR 2013, 1294 = WM 2013, 1983 = DB 2013, 2385.

monopolistische Kompetenz im Vorabentscheidungsverfahren nach Art. 267 AEUV ausüben.[473] Anders als ein staatliches Revisionsgericht prüft der EuGH nicht grundsätzlich die Anwendbarkeit der Verordnung.[474] Für die Relevanz der unionsrechtlichen Frage ist lediglich das vorlegende mitgliedstaatliche Gericht im Ausgangsverfahren des einzelnen Falls zuständig.[475]

2) Verhältnis zum Verbraucherschutzniveau des sonstigen Acquis

a) Verhältnis zum primärrechtlichen Verbraucherschutzniveau

Wie die verfassungskonforme Auslegung in der staatlichen Normenhierarchie gilt die (europaverfassungs- oder) primärrechtskonforme Auslegung im Unionsrecht, womit das CESL in Einklag mit dem Primärrecht stehen muss.[476] Es ist noch nicht von Zweifeln frei, inwieweit der europäische Gesetzgeber in der Ausgestaltung des Einheitskaufrechts eine Kompetenz besitzt. Hinsichtlich der Auslegung kommt es besonders darauf an, ob von dem festgelegten Verbraucherschutzniveau im bestehenden Acquis zuungunsten des Verbrauchers abgewichen werden kann.[477] Setzt das Primärrecht ein gewisses Mindestmaß an Verbraucherschutz als einen nicht disponiblen Kernbereich fest, ist es unstreitig, dass es Sperrwirkung gegenüber dem Sekundärrecht entfaltet. Denn das Sekundärrecht, zu dem die in Art. 288 AEUV genannten Verordnungen, Richtlinien, Beschlüsse, Empfehlungen und Stellungnahmen gehören, soll auf der Grundlage des Primärrechts basieren und erlassen werden.[478] Zuerst ist zu ermitteln, ob

---

473 *Gaitanides*, in: Groeben/Schwarze/Hatje, Europäisches Unionsrecht, Bd. 4, 7. Aufl. (2015), Art. 267 AEUV Rdnr. 3; *Schwarze*, in: ders., EU-Kommentar, 3. Aufl. (2012), Art. 267 AEUV Rdnr. 11; *Ehricke*, in: Streinz, EUV/AEUV, 2. Aufl. (2012), Art. 267 AEUV Rdnr. 6.

474 Schmidt-Kessel/*ders.*, GEK-E, 2014, Einl. GEK-VO-E Rdnr. 39.

475 EuGH, Urt. v. 5.2.1963, Rs. 26/62, Slg. 1963, 3 = NJW 1963, 974; EuGH, Urt. v. 19.04.2007, Rs. C-295/05, Slg. 2007, I-2999; *Ehricke*, in: Streinz, EUV/AEUV, 2. Aufl. (2012), Art. 267 AEUV Rdnr. 14 f.; *Schwarze*, in: ders., EU-Kommentar, 3. Aufl. (2012), Art. 267 AEUV Rdnr. 37 f.

476 Ausführend *Leible/Domröse*, in: Riesenhuber (Hg.), Europäische Methodenlehre, 3. Aufl. (2015), S. 147 ff.; *Höpfner*, Die systemkonforme Auslegung, 2008, S. 220 ff.

477 *Stürner*, in: Schulte-Nölke/Zoll/Jansen/Schulze (Hg.), Der Entwurf für ein optionales europäisches Kaufrecht, 2012, S. 63.

478 *Schroeder*, in: Streinz, EUV/AEUV, 2. Aufl. (2012), Art. 288 AEUV Rdnr. 20; *Geismann*, in: Groeben/Schwarze/Hatje, Europäisches Unionsrecht, Bd. 4, 7. Aufl. (2015), Art. 288 AEUV Rdnr. 25 f.; *Kotzur*, in: Geiger/Khan/Kotzur, EUV/AEUV, 5. Aufl. (2010), Art. 288 AEUV Rdnr. 4; *Biervert*, in: Schwarze, EU-Kommentar, 3. Aufl., 2012, Art. 288 AEUV Rdnr. 11.

das Primärrecht überhaupt ein Mindestmaß an Verbraucherschutz festschreibt. Artt. 114 Abs. 3 und 169 AEUV sprechen nur ausdrücklich vom Ziel der EU, ein hohes Verbraucherschutzniveau zu gewährleisten. Die Perpetuierung und das Verschlechtungsverbot des erreichten Verbraucherschutzniveaus im Unionsrecht sind dem Primärrecht unmittelbar nicht zu entnehmen.[479] Damit ist gemäß Art. 111 Abs. 1 CESL unter Umständen zulässig, das Wahlrecht zwischen Reparatur und Ersatzlieferung, das bisher nach Art. 3 Abs. 2 Verbrauchergüterkaufrichtlinie dem Käufer zugestanden hat, auf den Verkäufer zu übertragen.[480]

b) Verhältnis zum sonstigen sekundärrechtlichen Verbraucherschutzniveau

Angesichts von Artt. 114 Abs. 3 und 169 AEUV darf kein Verbraucherschutz, den die bestehenden Richtlinien seit langem geschaffen haben, durch die Auswahl des CESL verdrängt werden.[481] Es ist jedoch fraglich, ob das CESL das Verbraucherschutzniveau im Acquis teilweise absenken kann. Obwohl die Kommission stets betont hat, dass das Instrument ein höheres Verbraucherschutzniveau habe als der sonstige Acquis,[482] ist jedoch bei der Auswahl des CESL zu prüfen, ob sich das bestehende Schutzniveau des Acquis mithilfe dessen zwingenden Charakter ohnehin durchsetzt oder umgekehrt vom CESL verdrängt wird.

Nach dem Ansatz der Kommission ist erstens das Verhältnis zwischen dem CESL und den Richtlinien zum Verbraucherschutz wie im Folgenden zu lösen: Jede verbraucherschützende Richtlinie findet durch deren Umsetzungsgesetz in einzelnen Mitgliedstaaten Anwendung, somit kommt in der Praxis keine direkte Rechtskollision auf. Diese Frage stellt sich nicht anders als der Konflikt des CESL

479 *Herresthal*, EuZW 2011, 328, 329 ff.; *Stürner*, in: Schulte-Nölke/Zoll/Jansen/Schulze (Hg.), Der Entwurf für ein optionales europäisches Kaufrecht, 2012, S. 63; dagegen wird davon ausgegangen, dass das im Verbraucher-acquis erreichte Schutzniveau im Primärrecht festgeschrieben ist und dieses daher eine Sperrwirkung für weitere Rechtsakte entfaltet, *Tamm*, EuZW 2007, 756, 758 f.

480 *Stürner*, in: Schulte-Nölke/Zoll/Jansen/Schulze (Hg.), Der Entwurf für ein optionales europäisches Kaufrecht, 2012, S. 63.

481 *Stürner*, in: Schulte-Nölke/Zoll/Jansen/Schulze (Hg.), Der Entwurf für ein optionales europäisches Kaufrecht, 2012, S. 63 f.

482 Hinsichtlich des Verbraucherschutzniveaus kommt es auf die Attraktivität des Einheitskaufrechts für Marktteilnehmer an. Unternehmen erwartet davon eine möglichst niedriges Niveau, umgekehrt Verbraucher ein möglichst hohes, *Stürner*, in: Schulte-Nölke/Zoll/Jansen/Schulze (Hg.), Der Entwurf für ein optionales europäisches Kaufrecht, 2012, S. 68.

mit den staatlichen Bestimmungen. Wie schon oben ausgeführt,[483] können sich die Bestimmungen im CESL mithilfe Art. 288 Abs. 2 AEUV gegen die umgesetzten Richtlinien durchsetzen.[484] Würde ein verbraucherschützendes Regelwerk in Form der EU-Verordnung in Zukunft in Kraft treten, wäre grundsätzlich seine Rechtskollision mit dem CESL durch den Rückgriff auf *lex specialis derogat legi generali*[485] bezüglich des sachlichen Anwendungsbereichs oder nach dem Grundsatz *lex posterior derogat legi priori* bezüglich des zeitlichen Anwendungsbereichs zu lösen.

B. Wechselwirkungen zwischen CESL und anderen Unionsakten

Zwischen dem CESL als Teil des Acquis und den übrigen Unionsakten bestehen Wechselwirkungen,[486] insbesondere löst ein Einheitsrecht unvermeidbar viele Fragen im Verhältnis mit bestehenden Rechten aus.[487] Es geht um die Rangfragen und die Auslegung der jeweiligen Rechtsakte. Das Verhältnis zum sonstigen Acquis ist im CESL aber ungenügend geregelt.

1) Rangfrage des CESL zum sonstigen Acquis

Nach der Auffassung der Kommission ist klar, dass bei der Anwendung des CESL die Berufung eines mitgliedstaatlichen Rechts nach IPR vorausgesetzt wird und damit die Rom I-VO unberührt bleibt.[488] Art. 12 PR CESL sieht dazu vor, dass diese Verordnung die Informationspflichten aufgrund der Dienstleistungsrichtlinie 2006/123/EG[489] unberührt lässt. Für die Verbraucherkreditrichtlinie 2008/48/EG

---

483 Siehe oben S. 121 ff.

484 Kritisch *Stürner*, in: Schulte-Nölke/Zoll/Jansen/Schulze (Hg.), Der Entwurf für ein optionales europäisches Kaufrecht, 2012, S. 66 ff.

485 In Art. 4 Abs. 3 CESL ist dieser Regel ausdrücklich niedergelegt, Schmidt-Kessel/*Müller-Graff*, GEK-E, 2014, Art. 4 CESL Rdnr. 10; Schulze/*Schulte-Nölke*, CESL, 2012, Art. 4 CESL Rdnr. 1 und 10.

486 *Schmidt-Kessel*, in: ders. (Hg.), Ein einheitliches europäisches Kaufrecht?, 2012, S. 16; *Stürner*, in: Schulte-Nölke/Zoll/Jansen/Schulze (Hg.), Der Entwurf für ein optionales europäisches Kaufrecht, 2012, S. 74 f.

487 *Stürner* sah früher die Möglichkeit, dass mit dem parallelen Verfolgen durch das geplante optionale europäisches Einheitsrecht und die Vollharmonisierung des Verbraucherrechts schwierige Probleme einhergehen, *ders.*, in: ders., (Hg.), Vollharmonisierung im Europäischen Verbraucherrecht?, 2010, S. 14 ff.

488 Erwägungsgrund 10 des PR CESL.

489 Richtlinie 2006/123/EG des Europäischen Parlaments und des Rates vom 12. Dezember 2006 über Dienstleistungen im Binnenmarkt, ABl. L 376 vom 27.12.2006.

fand das CESL nach Art. 6 Abs. 2 PR CESL a. F.[490] keine Anwendung. Damit waren mögliche Konflikte zugunsten der Richtlinie gelöst.[491] Dieser Ausschluss wurde scharf kritisiert.[492] Verbraucher haben oft ein Interesse an Ratenzahlung, damit scheiden viele Verträge als potentielle Kandidaten für das CESL aus.[493] Insbesondere im Online-Handel werden häufig Ratenzahlungsoptionen vorkommen und vom Verbraucher auch erwartet. Folglich ist die Anwendungsbeschränkung bezüglich des Verbraucherkredits entfallen[494] und der Ratenkaufvertrag wird als ein verbundender Vertrag nach Art. 6 Abs. 1a PR CESL behandelt.[495]

Schwierigere Fragen wirft das Verhältnis zu denjenigen EU-Rechtsakten auf, deren Verdrängung oder Modifikation das CESL nicht erklärt hat.[496] Anhand der allgemeinen Grundsätze lässt sich die mögliche Rechtskollision bewältigen.[497]

---

490 Art. 6 Abs. 2 PR CESL (KOM (2011) 635 endg.). Das Gemeinsame Europäische Kaufrecht darf nicht für Verträge zwischen einem Unternehmer und einem Verbraucher verwendet werden, bei denen der Unternehmer dem Verbraucher einen Kredit in Form eines Zahlungsaufschubs, eines Darlehens oder einer vergleichbaren Finanzierungshilfe gewährt oder zu gewähren verspricht. Möglich ist die Verwendung des Gemeinsamen Europäischen Kaufrechts bei Verträgen zwischen einem Unternehmer und einem Verbraucher, bei denen Waren, digitale Inhalte oder damit verbundene Dienstleistungen gleicher Art regelmäßig geliefert, bereitgestellt oder erbracht und vom Verbraucher für die Dauer der Leistungen in Raten bezahlt werden.

491 Schmidt-Kessel/*ders.*, GEK-E, 2014, Einl. GEK-VO-E Rdnr. 40; Schulze/*Wendehorst*, CESL, 2012, Art. 6 PR CESL Rdnr. 3; *Perner*, in: Wendehorst/Zöchling-Jud (Hg.), Am Vorabend eines Gemeinsamen Europäischen Kaufrechts, 2012, S. 26; *Staudenmayer*, NJW 2011, 3491, 3494.

492 Schmidt-Kessel/*ders.*, GEK-E, 2014, Art. 6 PR CESL Rdnr. 8 f.; *Stadler*, AcP 212 (2012), 473, 493 f.; *Eidenmüller/Jansen/Kieninger/Wagner/Zimmermann*, JZ 2012, 269, 275; Schulze/*Wendehorst*, CESL, 2012, Art. 6 PR CESL Rdnr. 12 f.; *Stabentheiner*, in: Wendehorst/Zöchling-Jud (Hg.), Am Vorabend eines Gemeinsamen Europäischen Kaufrechts, 2012, S. 9; *Balthasar*, RIW 2012, 361, 364; *Staudenmayer*, NJW 2011, 3491, 3494.

493 Der wahre Grund der Beschränkung war schlicht, dass offenbar von Anfang an die Kommission intendierte, den Umfang des CESL auf ca. 150 Artikel festzulegen und diesen nicht wesentlich zu überstreiten, *Stadler*, AcP 212 (2012), 473, 493 f.

494 Abänderung 69 P7_TA(2014)0159.

495 Zu verbundenen Verträgen siehe unten S. 183 f.

496 Als die ungenügenden Abstimmungen im CESL werden die Regelungen des öffentlichen Wirtschaftsaufsichtsrechts – insbesondere für die Bereiche Produktsicherheit, Lebensmittelsicherheit, Preisangaben – und die Bestimmungen der Agrarmarktregulierung genannt, Schmidt-Kessel/*ders.*, GEK-E, 2014, Einl. GEK-VO-E Rdnr. 48.

497 Schmidt-Kessel/*ders.*, GEK-E, 2014, Einl. GEK-VO-E Rdnr. 40.

Ergibt sich ein Konflikt zuerst aus dem überschnittenen sachlichen Anwendungsbereich, dann ist er nach dem Anwendungsvorrang zu lösen. Bei dem auf zeitlichen Anwendungsbereich bezogenen Konflikt ist der Rückgriff auf den Vorrang der *lex posterior* erforderlich.

2) Konfliktlösung durch die systematische Auslegung mit anderem Sekundärrecht?

Die Konflikte zwischen verschiedenen Rechtsakten[498] sind durch die Auslegung der betreffenden Rechtsakte aufzulösen, deren Anwendungsbereiche sich überschneiden. Nach der ständigen Rechtsprechung[499] steht dabei die systematische Auslegung zur Verfügung.[500] Es ist zu klären, ob die systematische Auslegung im Verhältnis mit anderem Sekundärrecht durch die autonome Auslegung nach Art. 4 Abs. 1 CESL[501] ausgeschlossen wird. Denn der europäische Gesetzgeber zielt durch die interne autonome Auslegung im Einklang mit den dem CESL zugrundliegenden Zielen und Grundsätzen darauf ab, die Unabhängigkeit der Auslegung gegenüber den anderen Rechtsordnungen und Methoden sicherzustellen. Es ist im Vergleich mit Art. 4 Abs. 2 CESL sowie Art. 11a Abs. 1 PR CESL[502] klar, dass die autonome Auslegung eine Sperrwirkung gegenüber den Einflüssen des nationalen Rechts entfaltet, um die angestrebte Rechtsvereinheitlichung zu garantieren. Nach h. M.[503] ist der Rückgriff auf die anderen

---

498 Die Unterschiede zwischen dem CESL und der Verbraucherrechte-RL bezüglich des Harmonisierungswegs waren trotz der zeitlichen Parallelität möglich, in der Tat erfolgte aber eine enge inhaltliche Abstimmung zwischen beiden, *Stürner*, in: Schulte-Nölke/Zoll/Jansen/Schulze (Hg.), Der Entwurf für ein optionales europäisches Kaufrecht, 2012, S. 55.

499 Nach der EuGH-Rechtsprechung ist jede Vorschrift des Gemeinschaftsrechts in ihrem Zusammenhang zu sehen und im Lichte des gesamten Gemeinschaftsrechts auszulegen, EuGH, Urt. v. 6.10.1982, Rs. 283/81, Slg. 1982, 3415 = NJW 1983, 1257 = DVBl 1983, 267.

500 Schmidt-Kessel/*ders.*, GEK-E, 2014, Einl. GEK-VO-E Rdnr. 41; *Stürner*, in: Schulte-Nölke/Zoll/Jansen/Schulze (Hg.), Der Entwurf für ein optionales europäisches Kaufrecht, 2012, S. 75 ff.

501 Vgl. Art. I.-1:102 Abs. 1 DCFR.

502 Bei der internen Lückenfüllung ist der Rückgriff auf das staatliche Recht verboten. Ausführend siehe unten S. 203 ff.

503 Schmidt-Kessel/*ders.*, GEK-E, 2014, Einl. GEK-VO-E Rdnr. 41 ff.; *Zöchling-Jud*, AcP 212 (2012), 550, 555; *Schulze/Schulte-Nölke*, CESL, 2012, Art. 4 CESL Rdnr. 4; *Mansel*, WM 2012, 1253, 1267; auch ständige EuGH-Rechtsprechung (Fn. 493); dagegen

Gemeinschaftsrechtsakte als zulässig anzusehen und die Bestimmungen im CESL sollen im Einklang mit dem bestehenden Acquis konform auszulegen sein.[504] Denn das CESL gilt als ein Teil des von demselben Gesetzgeber erlassenen Sekundärrechts und darüber hinaus sind seine vielen Bestimmungen und Begriffe aus dem sonstigen europäischen Acquis übernommen. Trotzdem darf nicht der systembildende Charakter des CESL als das erste versuchte Einheitsrecht auf der europäischen Ebene unterschätzt werden, das eigene Ziele und Grundsätze sowie umfassende Regelungen des allgemeinen Vertragsrechts kodifiziert.[505] Allerdings ist das CESL als ein Ergebnis der Entwicklung des europäischen Vertragsrechts erheblich von frühen Regelwerken und Rechtsprechungen geprägt,[506] somit kann man diese bei der Auslegung des CESL heranziehen, soweit ihr Einfluss auf das CESL feststeht. Die Europäische Kommission hat die Kohärenz zwischen parallel entwickelten anderen EU-Rechten ausdrücklich in Betracht gezogen.[507]

Um die Harmonisierung im Binnenmarkt zu vollziehen, soll der sonstige Acquis dem CESL innerhalb seines Anwendungsbereichs den Vorrang einräumen. Ohne den Rückgriff auf andere, bisher sektorspezifische Sekundärrechte, sind möglichst die Bestimmungen im CESL vermittels der ihm zugrundeliegenden

Herresthal, in: Schulte-Nölke/Zoll/Jansen/Schulze (Hg.), Der Entwurf für ein optionales europäisches Kaufrecht, 2012, 142 ff.

504 Zur Verfügung stehen insbesondere der Umkehrschluss, der Größenschluss und der Erstrechtschluss, Schmidt-Kessel/*ders.*, GEK-E, 2014, Einl. GEK-VO-E Rdnr. 41; *Schmidt-Kessel*, in: ders. (Hg.), Ein einheitliches europäisches Kaufrecht?, 2012, S. 17.

505 *Herresthal*, in: Schulte-Nölke/Zoll/Jansen/Schulze (Hg.), Der Entwurf für ein optionales europäisches Kaufrecht, 2012, 42 ff.; *Stürner*, in: Schulte-Nölke/Zoll/Jansen/Schulze (Hg.), Der Entwurf für ein optionales europäisches Kaufrecht, 2012, S. 76 f.

506 Beispielhaft ist der Begriff des Verbrauchers im Art. 2 lit. f PR CESL, der von den EU-Richtlinien sowie der EuGH-Rechtsprechung übernommen wurde, siehe unten S. 137 ff.; insbesondere zu Überschneidungen des CESL mit dem Verbraucher-acquis *Stürner*, in: Schulte-Nölke/Zoll/Jansen/Schulze (Hg.), Der Entwurf für ein optionales europäisches Kaufrecht, 2012, S. 56 f.

507 KOM (2011) 635 endg., S. 12: „Schließlich könnte der Vorschlag die künftige Kohärenz des EU-Rechts in anderen Politikbereichen gewährleisten, in denen das Vertragsrecht Bedeutung erlangt." Die fehlende Koordinierung zwischen dem DCFR und dem Entwurf der Verbraucherrechte-Richtlinie war früher kritisiert worden, *Zimmermann*, EuZW 2009, 319, 321.

Ziele und Grundsätze und allgemeinen Vertragsrechtsregelungen eigenständig auszulegen, wodurch sich seine innere Systembildung entwickelt.[508]

C. Übernahme des Acquis in das CESL

Aus einem rechtspolitischen Grund[509] lehnte sich der europäische Gesetzgeber bei einem Großteil des Einheitskaufrechts an den bestehenden, insbesondere verbraucherschützenden, Acquis an. Die getroffenen Richtlinien sind beispielhaft folgende: Klausel-RL (Nr. 93/13/EWG), Verbrauchsgüterkauf-RL (Nr. 1999/44/EG), Verbraucherrechte-RL (Nr. 2011/83/EU).[510] Durch die Übernahme des Acquis in das CESL kommen ihm viele Vorteile zu, obwohl die Überschneidung bezüglich des Anwendungsbereichs zu Schwierigkeiten führen kann. Im Vergleich mit den EU-Richtlinien kann vor allem das CESL den gesetzgeberischen Umsetzungsspielraum in den Mitgliedstaaten abschaffen, um die Hindernisse im Binnenmarkt zu beseitigen. Im Verhältnis zu den bestehenden Richtlinien (oder ihren inländischen Umsetzungsgesetzen) tritt das optionale Instrument in Rechtswettbewerb[511] und kann einen parallelen Vollharmonisierungseffekt effizient entfalten.[512] Die Übernahme von Begriffen und Theorien, die im Rahmen des bestehenden Acquis festgelegt und entwickelt sind, ermöglicht dem CESL eine sanfte „Landung" im europäische Rechtssystem und kann die insbesondere

508 Nach h. M. ist die hinreichende innere Systembildung als Mindestvoraussetzung für eine rechtsaktüberstreitende systematische Auslegung erforderlich, Schmidt-Kessel/*ders.*, GEK-E, 2014, Einl. GEK-VO-E Rdnr. 42; *Stürner*, in: Schulte-Nölke/Zoll/Jansen/Schulze (Hg.), Der Entwurf für ein optionales europäisches Kaufrecht, 2012, S. 76.

509 Den Hintergrund der Übernahme bildet die rechtspolitische Absicht der Kommission, dass das CESL ein höheres mindestens dem geltende Acquis ähnliches Verbraucherschutzniveau herbeiführt, *Schmidt-Kessel*, in: ders. (Hg.), Ein einheitliches europäisches Kaufrecht?, 2012, S. 18 f.

510 Schmidt-Kessel/*ders.*, GEK-E, 2014, Einl. GEK-VO-E Rdnr. 44 f.; *Zöchling-Jud*, AcP 212 (2012), 550, 556; auch ausführend *Stürner*, in: Schulte-Nölke/Zoll/Jansen/Schulze (Hg.), Der Entwurf für ein optionales europäisches Kaufrecht, 2012, S. 56 ff.

511 Zur Konkurrenz mit den mitgliedstaatlichen, drittstaatlichen und auch internationalen Rechten, *Ackermann*, in: Remien/Herrler/Limmer (Hg.), Gemeinsames Europäisches Kaufrecht für die EU?, 2012, S. 50 ff.

512 Schmidt-Kessel/*ders.*, GEK-E, 2014, Einl. GEK-VO-E Rdnr. 45; *Stürner*, in: Schulte-Nölke/Zoll/Jansen/Schulze (Hg.), Der Entwurf für ein optionales europäisches Kaufrecht, 2012, S. 52; kritisch zum Systemwettbewerb *Müller*, EuZW 2003, 683, 685 ff.

für die Anfangszeit zu erwartende Überlastung des EuGH[513] nach der *acte-clair-Theorie*[514] vermeiden.[515]

3. Verhältnis zum CISG

A. Konkurrenz zwischen dem CISG und dem CESL

Im Verhältnis des CISG und des CESL ergibt sich eine schwierige Frage daraus, dass beide Anwendungsbereiche sich überschneiden.[516] Das CISG gilt beim Warenkauf zwischen Unternehmern als eines der bisher erfolgreichsten internationalen Regelwerke und darüber hinaus kommt es nach Art. 1 Abs. 1 lit. a CISG bei internationalen Handelskäufen automatisch zur Anwendung, es sei denn, es wird abbedungen. Anders als das CISG kann das als ein Opt-In-Instrument konzipierte CESL auf die B2C- sowie B2B-Verträge angewendet werden, Art. 7 PR CESL. Bei Kaufverträgen zwischen Unternehmern ist eine Anwendungsvoraussetzung des CESL im Nachhinein gestrichen worden, nämlich dass mindestens eine Partei ein kleines oder mittleres Unternehmer („KMU") sein soll.[517] Nach der Rechtswahlfreiheit in Art. 3 Rom I-VO steht ebenfalls den Parteien

---

513 Zur Rolle der Gerichte bezüglich der Anwendung des optionalen Einheitsrechts siehe *Doralt*, AcP 211 (2011), 1, 28 f.; insbesondere bei den Lückenfüllungen im CESL, *Gsell*, in: Gebauer (Hg.), Gemeinsames Europäisches Kaufrecht – Anwendungsbereich und kollisionsrechtliche Einbettung, 2013, S. 110 ff.

514 Als Ausnahme von der Vorlagepflicht der letztinstanzlichen Gerichte nach Art. 267 Abs. 3 AEUV hat der EuGH die „acte-claire-Doktrin" zugelassen, *Gaitanides*, in: Groeben/Schwarze/Hatje, Europäisches Unionsrecht, Bd. 4, 7. Aufl. (2015), Art. 267 AEUV Rdnr. 66; *Schwarze*, in: ders., EU-Kommentar, 3. Aufl. (2012), Art. 267 AEUV Rdnr. 48; *Ehricke*, in: Streinz, EUV/AEUV, 2. Aufl. (2012), Art. 267 AEUV Rdnr. 47; *Basedow*, FS für Brandner, 1996, 663 ff.; EuGH, Urt. v. 6.10.1982, Rs. 283/81, Slg. 1982, 3415 = NJW 1983, 1257.

515 Auch *Schmidt-Kessel*, in: ders. (Hg.), Ein einheitliches europäisches Kaufrecht?, 2012, S. 19.

516 *Magnus*, in: ders. (Hg.), CISG vs. Regional Sales Law Unification, 2012, S. 97, 106 f.; *DiMatteo*, JITLP 11 (2012), 222, 228 f.; *Schmidt-Kessel*, in: ders. (Hg.), Ein einheitliches europäisches Kaufrecht?, 2012, S. 21 ff.; *Ackermann*, in: Remien/Herrler/Limmer (Hg.), Gemeinsames Europäisches Kaufrecht für die EU?, 2012, S. 51.

517 Abänderung 70 P7_TA(2014)0159. Trotz dieses Wegfall des Art. 7 Abs. 2 PR CESL a. F. blieb Art. 13 PR CESL gleich und bezüglich des Begriffs des KMU verweist er weiter auf den entfallenen Artikel. Es ist ein deutlicher Fehler in der legislativen Entschließung des Europäischen Parlaments vom 26.2.2014, P7_TA(2014)0159.

ihr beliebiges staatliches Recht als Vertragsstatut zur Verfügung.[518] Der Erfolg des CESL im B2B-Geschäftsverkehr hängt davon ab, ob sich die Parteien in der Praxis durch eine Vereinbarung für dessen Verwendung entscheiden. Bei dieser Vereinbarung ist zu beachten, dass zwei Hürden für die gültige Anwendung des CESL in der Praxis zu überwinden sind, nämlich die Auswahl des CESL und die Abwahl des CISG.[519]

B. Erwägungsgrund 25 PR CESL und Ausschluss des CISG

1) Implizite Abwahl des CISG durch die Auswahl des CESL

Die Europäische Kommission zieht das Verhältnis des CESL zum CISG ausdrücklich in Betracht. Erwägungsgrunds 25 PR CESL[520] stellt klar, dass die Auswahl des CESL zugleich als ein impliziter Ausschluss des CISG auszulegen ist. Es ist jedoch nicht mehr als ein juristisches „Nullum".[521] Die Vorschriften des CISG sind strenger als diejenigen des CESL,[522] so dass die Inkohärenz aus der misslichen Situation zwischen dem gewählten CESL und dem nicht wirksam (oder gar nicht) abbedungenen CISG aufkommen kann.[523] Da der Unionsgesetzgeber keinen Maßstab zur Auslegung eines Übereinkommens aufstellen kann, an dem die EU selbst, obwohl die meisten Mitgliedstaaten Vertragsstaaten des

---

518 MünchKomm/*Martiny*, Bd. 10, 6. Aufl. (2015), Art. 3 Rom I-VO Rdnr. 8; *Mankowski*, RIW 2012, 97, 102.

519 Schmidt-Kessel/*ders.*, GEK-E, 2014, Einl. GEK-VO-E Rdnr. 53; *Magnus*, in: ders. (Hg.), CISG vs. Regional Sales Law Unification, 2012, S. 105 f.; *Schmidt-Kessel*, in: ders. (Hg.), Ein einheitliches europäisches Kaufrecht?, 2012, S. 22.

520 Erwägungsgrund (25) PR CESL: „In den Fällen, in denen für den betreffenden Vertrag andernfalls das Übereinkommen der Vereinten Nationen über Verträge über den internationalen Warenkauf gelten würde, sollte die Wahl des Gemeinsamen Europäischen Kaufrechts eine Vereinbarung der Vertragsparteien dahingehend implizieren, dass die Anwendung dieses Übereinkommens ausgeschlossen wird."

521 *Schlechtriem/Schroeter*, Internationales UN-Kaufrecht, 5. Aufl. (2013), Rdnr. 47; dagegen Staudenmayer, NJW 2011, 3491, 3495.

522 Ferrari u.a./*Saegner*, Internationales Vertragsrecht, 2. Aufl. (2012), Art. 6 CISG Rdnr. 2; Schlechtriem/Schwenzer/*Ferrari*, CISG, 6. Aufl. (2013), Art. 6 CISG Rdnr. 13; *Piltz*, IHR 2002, 2, 6. Beispiele sind die nach Artt. 12, 96 CISG verbleibenden Fällen der Schriftform oder die Voraussetzungen der Einbeziehung von AGB nach der unglücklichen Auffassung des Bundesgerichtshofs (BGH v. 31.10.2001 – VIII ZR 60/01, BGHZ 149, 113 = NJW 2002, 370 = ZIP 2002, 133 = CISG-online Nr. 167), *Schmidt-Kessel*, in: ders. (Hg.), Ein einheitliches europäisches Kaufrecht?, 2012, S. 22; *Magnus*, in: ders. (Hg.), CISG vs. Regional Sales Law Unification, 2012, S. 106 f.

523 Schmidt-Kessel/*ders.*, GEK-E, 2014, Einl. GEK-VO-E Rdnr. 53.

CISG sind, gar nicht beteiligt ist. Hinsichtlich eines Opt-out-Instruments soll die Frage, ob die Parteien einen vollständigen Ausschluss des CISG wirksam vereinbart haben, nach den eigenen Regeln von Teil II des CISG über den Abschluss des Vertrags beurteilt werden und nicht nach dem von den Parteien bestimmten oder aufgrund IPR berufenen Recht.[524] Darüber hinaus ist die Abwahl des internationalen Übereinkommens nach seinem Sinn und Zweck global einheitlich zu interpretieren.[525] Das CISG-Vertragsschlussrecht bildet den alleinigen Maßstab für die Wirksamkeiten eines CISG-Ausschlusses, dennoch ist es ebenfalls nicht ausgeschlossen, dass dieser mit einer Einigung über die Anwendung des CESL einhergeht.

Ungeachtet des Erwägungsgrunds 25 PR CESL ist noch fraglich, ob man der Auslegung des CISG entnehmen kann, dass die Auswahl des CESL als stillschweigender Ausschluss des CISG anzusehen ist. Denn die Parteien können nach h. M. sowohl ausdrücklich als auch stillschweigend das CISG vollständig ausschließen,[526] wenn ihre Absicht unzweideutig zum Ausdruck gekommen ist.[527] Anders als Art. 3 S. 2 EKG erwähnten die Verfasser des CISG nicht mehr die Möglichkeit eines impliziten Ausschlusses, weshalb aber eine stillschweigende Abwahl nicht

---

524 Nach h. M. sind die Vertragsschlussregeln des CISG (Artt. 14 – 24) auf das Zustandekommen der Ausschlussvereinbarung selbst anwendbar, *Schlechtriem/Schroeter*, Internationales UN-Kaufrecht, 5. Aufl. (2013), Rdnr. 47; Ferrari u.a./*Saegner*, Internationales Vertragsrecht, 2. Aufl. (2012), Art. 6 CISG Rdnr. 2; Schlechtriem/Schwenzer/*Ferrari*, CISG, 6. Aufl. (2013), Art. 6 CISG Rdnr. 13; *Magnus*, in: ders. (Hg.), CISG vs. Regional Sales Law Unification, 2012, S. 106; *Schmidt-Kessel*, in: ders. (Hg.), Ein einheitliches europäisches Kaufrecht?, 2012, S. 22; dagegen nach Art. 4 S. 2 CISG obliegt die inhaltliche Überprüfung der Ausschlussvereinbarung dem vom IPR des Forums bestimmten nationalen Recht, MünchKomm/*Huber*, Bd. 3, 7. Aufl. (2016), Art. 6 CISG Rdnr. 5.

525 Diese autonome Auslegung ist in Art. 7 Abs. 1 CESL ausdrücklich niedergelegt. Ausführend siehe *Gruber*, Methoden des internationalen Einheitsrechts, 2004, S. 119 f.

526 Staudinger/*Magnus*, 2013, Art. 90 CISG Rdnr. 20; Schlechtriem/Schwenzer/*Ferrari*, CISG, 6. Aufl. (2013), Art. 6 CISG Rdnr. 18; Ferrari u.a./*Saenger*, Internationales Vertragsrecht, 2. Aufl. (2012), Art. 6 CISG Rdnr. 4; Honsell/*Siehr*, Kommentar zum UN-Kaufrecht, 2. Aufl. (2010), Art. 6 CISG Rdnr. 6; *Piltz*, NJW 2009, 2258, 2260; dagegen die USA-Rechtsprechung, Travelers Property Cas. Co. V. Saint-Gobain Tech. Fabrics Ltd., 474 F. Supp. 2d 1075, 1081 f.

527 Ein stillschweigender Ausschluss kann durch Wahl des Rechts eines Nichtvertragsstaates erfolgen, 2012 UNCITRAL Digest Art. 7 case law; OLG Düsseldorf RIW 1993, 845; OLG Linz v. 23.1.2006, CISG-online Nr. 1377; Schlechtriem/Schwenzer/*Ferrari*, CISG, 6. Aufl. (2013), Art. 6 CISG Rdnr. 18; Ferrari u.a./*Saenger*, Internationales Vertragsrecht, 2. Aufl. (2012), Art. 6 CISG Rdnr. 4.

ausschlossen ist. Im Folgenden ist näher darauf einzugehen, ob Gründe für den Vorrang des CESL von den Bestimmungen im CISG abzuleiten sind.

2) Vorrang des CESL nach Art. 94 CISG

Durch die Unberührtheitsklausel für völkerrechtliche Verträge nach Art. 351 Abs. 1 AEUV ist der Konflikt zwischen einem völkerrechtlichen Vertrag mit Drittstaatenbeteiligung und dem Unionsrecht zugunsten des Drittstaats zu lösen.[528] Ungeachtet vom Unionsrecht bleiben diese Verträge, die vor der Gründung bzw. dem Beitritt zur Union geschlossen wurden (sog. Altverträge),[529] weiter unberührt.[530] Die EU-Mitgliedstaaten verpflichten sich gleichwohl, ihre völkerrechtlichen Pflichten in Einklang mit dem Unionsrecht zu bringen. Somit sollen sie sich alle Ausweichmöglichkeiten, die ihnen nach den völkerrechtlichen Verträgen erlaubt sind, zunutze machen.[531] Das CISG stellt zwei Wege zur Vermeidung von Anwendungsbereichsüberschneidungen oder Regelungskonflikten mit anderen Übereinkünften auf: seinen in Art. 90 CISG niedergelegten Nachrang gegenüber anderen völkerrechtlichen Übereinkommen und der Vorbehalt nach Art. 94 CISG zugunsten regionaler Rechtsvereinheitlichung.[532] In Bezug auf die „völkerrechtlichen Übereinkünfte" des Art. 90 CISG ist umstritten, ob die Bestimmung lediglich

528 *Kokott*, in: Streinz, EUV/AEUV, 2. Aufl. (2012), Art. 351 AEUV Rdnr. 2; *Lavranos*, in: Groeben/Schwarze/Hatje, Europäisches Unionsrecht, Bd. 4, 7. Aufl. (2015), Art. 351 AEUV Rdnr. 4.

529 Ein späterer Änderungsvertrag zu einem Altvertrag wird nicht vom Anwendungsbereich des Art. 351 AEUV erfasst, EuGH v. 5.11.2002, Rs. C-476/98, Slg. 2002, I-9855 = NVwZ 2003, 594 (Ls.) = EuZW 2003, 82 = DVBl 2003, 117.

530 Bei inter-se-Verträge (nur Zwischen Mitgliedstaaten ohne Beteiligung Dritter) gilt ebenfalls uneingeschränkt, aber eine Ausnahme „Benelux" nach Art. 350 AEUV, der Grundsatz des Vorrangs des Unionsrechts, EuGH v. 5.10.1988, Rs. 238/87, Slg. 1988, 6211 = NJW 1990, 628.

531 *Lavranos*, in: Groeben/Schwarze/Hatje, Europäisches Unionsrecht, Bd. 4, 7. Aufl. (2015), Art. 351 AEUV Rdnr. 8 f.; *Kokott*, in: Streinz, EUV/AEUV, 2. Aufl. (2012), Art. 351 AEUV Rdnr. 19 f.; *Terhechte*, in: Schwarze, EU-Kommentar, 3. Aufl. (2012), Art. 351 AEUV Rdnr. 11 ff.; *Kahn*, in: Geiger/Khan/Kotzur, EUV/AEUV, 5. Aufl. (2010), Art. 351 AEUV Rdnr. 5; *Hummer*, in: Vedder/Heintschel von Heinegg, Europäisches Unionsrecht, 1. Aufl., 2012, Art. 351 AEUV Rdnr. 3; *Schmidt-Kessel,* in: ders. (Hg.), Ein einheitliches europäisches Kaufrecht?, 2012, S. 22.

532 Ferrari u.a./*Mankowski*, Internationales Vertragsrecht, 2. Aufl. (2012), Art. 90 CISG Rdnr. 8 ff.; *Magnus*, in: ders. (Hg.), CISG vs. Regional Sales Law Unification, 2012, S. 107; *Schmidt-Kessel,* in: ders. (Hg.), Ein einheitliches europäisches Kaufrecht?, 2012, S. 22.

das EU-Primärrecht erfasst oder ebenfalls darunter die erlassene Verordnungen.[533] Letztere, Verordnungen der EU und Richtlinien der EU sowie deren nationalen Umsetzungsakte, sind im wörtlichen Sinn keine Übereinkommen (international agreements).[534]

Wäre es nicht möglich, den Vorrang des CESL vor dem CISG über Art. 90 CISG zu gewähren, könnte man Art. 94 CISG heranziehen.[535] Mit dieser Vorschrift haben die Konventionsgeber den regionalen Rechtsvereinheitlichungsbestrebungen Priorität eingeräumt, um die vorhersehbare Rechtskollision zu lösen.[536] Das PR CESL war als ein Verordnungsentwurf vorgelegt und ginge, sofern es zukünftig erlassen wird, dem CISG kraft Gemeinschaftsrechts vor.[537] Allerdings betrifft auch die Verbrauchergüterkaufrichtlinie in der Tat das Kaufrecht, dennoch hat bisher kein EU-Staat erklärt, dass das CISG insoweit

---

533 Nach h. M. ist das CISG den europäischen Sekundärrechten gegenüber vorrangig, Staudinger/*Beckmann*, 2014, Vorbem. zu §§ 433 ff. BGB Rdnr. 302; Staudinger/*Magnus*, 2013, Art. 90 CISG Rdnr. 4; Schlechtriem/Schwenzer/*Ferrari*, CISG, 6. Aufl. (2013), Art. 90 CISG Rdnr. 3; *Magnus*, in: ders. (Hg.), CISG vs. Regional Sales Law Unification, 2012, S. 107; dagegen Ferrari u.a./*Mankowski*, Internationales Vertragsrecht, 2. Aufl. (2012), Art. 90 CISG Rdnr. 10; *Herber*, IHR 2004, 89, 92 f.; nicht die EU-Richtline und dessen Umsetzungsgesetze, sondern nur die EU-Verordnung hat den Vorrang vor dem CISG, weil diese als unmittelbar geltendes und grundsätzlich keine Spielräume für den nationalen Gesetzgeber frei lassendes Recht gegenüber Art. 90 vorrangig ist, aber MünchKomm/*Huber*, Bd. 3, 7. Aufl. (2016), Art. 90 CISG Rdnr. 2.

534 Staudinger/*Beckmann*, 2014, Vorbem. zu §§ 433 ff. BGB Rdnr. 302; Schlechtriem/Schwenzer/*Ferrari*, CISG, 6. Aufl. (2013), Art. 90 CISG Rdnr. 3; Staudinger/*Magnus*, 2013, Art. 90 CISG Rdnr. 4; *Magnus*, in: ders. (Hg.), CISG vs. Regional Sales Law Unification, 2012, S. 107; *Herber*, IHR 2004, 89, 92, 94; *Ernst/Gsell*, ZIP 2000, 1410, 1412; dagegen *Mankowski*, IHR 2012, 45, 47.

535 Staudinger/*Beckmann*, 2014, Vorbem. zu §§ 433 ff. BGB Rdnr. 302; Schlechtriem/Schwenzer/*Ferrari*, CISG, 6. Aufl. (2013), Art. 94 CISG Rdnr. 5; Schmidt-Kessel/*ders.*, GEK-E, 2014, Einl. GEK-VO-E Rdnr. 54; Staudinger/*Magnus*, 2013, Art. 90 CISG Rdnr. 4; Ferrari u.a./*Mankowski*, Internationales Vertragsrecht, 2. Aufl. (2012), Art. 90 CISG Rdnr. 10, Art. 94 CISG Rdnr. 5; *Magnus*, in: ders. (Hg.), CISG vs. Regional Sales Law Unification, 2012, S. 107; *Herber*, IHR 2004, 89, 92 f.; dagegen ist das CESL als ein EU-Verordnung vorrangig nach Art. 90, MünchKomm/*Huber*, Bd. 3, 7. Aufl. (2016), Art. 90 CISG Rdnr. 2; *Mankowski*, IHR 2012, 45, 47. Beruft ein regionale Rechtsvereinheitlichung auf völkerrechtlichen Verträgen, inwieweit würde bereits Art. 90 CISG genügen.

536 Schlechtriem/Schwenzer/*Ferrari*, CISG, 6. Aufl. (2013), Art. 94 CISG Rdnr. 1; Ferrari u.a./*Mankowski*, Internationales Vertragsrecht, 2. Aufl. (2012), Art. 94 CISG Rdnr. 1.

537 Staudinger/*Magnus*, 2013, Art. 90 CISG Rdnr. 18 und Art. 94 CISG Rdnr. 5.

nicht angewendet werden solle.[538] Dementsprechend wird jedenfalls Art. 94 CISG als Ausweg praktisch nicht genutzt.

Folglich wäre es eine Lösung, dass der Gesetzgeber im weiteren Gesetzgebungsverfahren eine Ausnahme vom Vorrang des CESL festlegen wird, um dieser misslichen Vielschichtigkeit und dem damit hervorgehenden Konflikt zu entgehen.[539] Bislang ist die EU nicht als Bundesstaat zu bezeichnen. Es könnten aber ihre Mitgliedstaaten auf dem Weg der Rechtsangleichung oder -vereinheitlichung eine Erklärung nach Art. 94 CISG abgeben und das CISG dann vom Warenkauf für den Binnenmarkt ausschließen, wenn das CESL gewählt wird. Damit will das CESL dem CISG keine unmittelbare Konkurrenz machen, sondern den Beteiligten nur ein europäisches optionales Kaufrecht zur Verfügung stellen.

4. Option der Mitgliedstaaten

Art. 13 PR CESL bietet dem einzelnen Mitgliedstaat ein Optionsrecht zur Ausweitung auf reine Inlandssachverhalte und zur Aufhebung des KMU-Erfordernisses[540] im B2B-Geschäftsverkehr. Somit kann ein einzelner Mitgliedstaat in den Formen des nationalen Rechts entscheiden, auch außerhalb des im CESL definierten Anwendungsbereichs vom CESL Gebrauch zu machen. Ungeachtet dieser Bestimmung steht es grundsätzlich den Mitgliedstaaten frei, ob sie die von der EU nicht geregelten Bereiche einer eigenen Regelung unterwerfen oder durch die Ausdehnung des Anwendungsbereichs von europäischen Regelwerken abdecken.[541] Nach Art. 288 Abs. 2 AEUV bedarf das CESL keines nationalen Umsetzungsgesetzes. Um die Option des Art. 13 PR CESL auszuüben, ist aber ein Akt der nationalen Normsetzung, z. B. in Deutschland durch Änderung (oder neue Regelung) des EGBGB, notwendig.[542]

538 Ferrari u.a./*Mankowski*, Internationales Vertragsrecht, 2. Aufl. (2012), Art. 90 CISG Rdnr. 10, Art. 94 CISG Rdnr. 5.

539 Auch Schmidt-Kessel/*ders.*, GEK-E, 2014, Einl. GEK-VO-E Rdnr. 54.

540 Die KMU-Definition übernimmt der Vorschlag in Art. 7 Abs. 2 PR CESL a. F. aus einer Kommissionsempfehlung (2003/361 v. 6.5.2003, ABl. L 124 v. 20.5.2003, 36), siehe auch Erwägungsrund 21 PR CESL.

541 Aus diesem Grund gilt die Bestimmung über das staatliche Optionsrecht als rein deklaratorisch, Schmidt-Kessel/*ders.*, GEK-E, 2014, Einl. GEK-VO-E Rdnr. 50; Schulze/*Wendehorst*, CESL, 2012, Art. 13 PR CESL Rdnr. 2.

542 Auch Schmidt-Kessel/*ders.*, GEK-E, 2014, Art. 13 GEK-VO-E Rdnr. 1.

Nach einer Ansicht erstreckt sich der Charakter der Optionsrechte darauf, von den Standards des Acquis zugunsten des CESL abzuweichen.[543] Unter dieser Bestimmung ist die Befugnis zu verstehen, die Regeln des sonstigen Acquis zugunsten des CESL zu verdrängen. Obwohl der staatliche Gesetzgeber dem CESL folgt und die Option ausübt, darf er sich nicht mit den mitgliedstaatlichen Regelungen zu anderen Sekundärrechten in Widerspruch setzen.[544] Denn zwischen Sekundärrechten gibt es in der Regel keinen einseitigen Vorrang, so dass der europäische Gesetzgeber dem Mitgliedstaat nicht die Kompetenz gibt, vermittels des Optionsrechts im CESL den Rechtszweck anderer EU-Rechtswerke wirkungslos zu machen oder zu beeinträchtigen. Höchstens kann sich der Mitgliedstaat auf das Optionsrecht berufen, wenn sich alle Voraussetzungen für die Anwendung des CESL außer dem Merkmal des „grenzüberstreitenden Vertrags" erfüllt sind und das CESL einen Primat im Verhältnis zu anderen EU-Regelwerken ausdrücklich vorsieht.

III. Bewertung

Aus dem Ansatz der Kommission ergibt sich, dass das CESL als ein fakultatives Einheitsrecht nur durch die Auswahl der Beteiligten Anwendung finden kann. Nach der Selbsteinschätzung des Verordnungsentwurfs lässt die Verordnung bestehende Kollisionsnormen unberührt und kann damit mit anderen Regelwerken nicht in Konflikt geraten. Aus vielen Gründen ist das Verhältnis zwischen dem CESL und dem sonstigen Acquis, insbesondere der Rom I-VO, aber noch fraglich und zu erklären.

Trotz des Charakters als optionales Instrument ist das CESL kein milderer Eingriff in das nationale Recht als die bisherigen Harmonisierungsmaßnahmen, nämlich die verschiedenen Richtlinien. Als eine EU-Verordnung kann das neue Einheitsrecht zwingende Regelungen des staatlichen Rechts ohne Umsetzungsrecht sämtlich verdrängen. In Bezug auf die Rom I-VO, insbesondere Artt. 3, 6 Abs. 2, 9, 23 Rom I-VO, indiziert zunächst das CESL die Inkohärenz mit dem europäischen Kollisionsrecht. Die Optionsvorschrift im CESL sollte von Anfangen an

543 Schmidt-Kessel/*ders.*, GEK-E, 2014, Einl. GEK-VO-E Rdnr. 51. Beispielhaft wird dort aufgeführt „die nicht vorgesehene Erfassung des Kaufs digitaler Inhalte durch alle Regelungen des Verbraucherkaufvertrags sowie der mit der Zahlungsverzugs-RL (Nr. 2011/7/EU) möglicherweise nicht zu vereinbarende Ausschluss des Zahlungsanspruchs bei Annahmeverweigerung durch den Zahlungsgläubiger in Art. 132 Abs. 2 CESL".

544 Siehe auch unten S. 156 f.

als besondere Kollisionsnorm formuliert werden, sodass die Wahl des optionalen Instruments das nationale Recht und seine zwingenden Vorschriften ausschließt. Freilich sollten bestehende Kollisionsnormen im Bereich des internationalen Vertragsrechts dafür entsprechend überarbeitet werden.

Im Verhältnis des CESL zum sonstigen acquis communautaire ist das Folgende zu beachten. Zunächst ist das CESL auch ein Teil des Acquis, damit können sich die bestehenden Unionsrechte mittelbar oder unmittelbar beeinflussen. Das CESL hat viele Bestimmungen vom bestehenden Acquis sowie von der Rechtsprechung des EuGH übernommen, ist also schon acquis-konform ausgestaltet. Die Inkohärenz zwischen verschiedenen Rechtsakten ist grundsätzlich durch Auslegung der betreffenden Rechtsakte zu lösen, bei der sich Wechselwirkungen ergeben können. Um die Harmonisierung im Binnenmarkt zu vollziehen, soll der sonstige Acquis dem CESL mindestens innerhalb des Anwendungsbereichs den Vorrang einräumen.

Die Anwendungsbereiche des CISG und des CESL können sich in grenzüberschreitenden B2B-Geschäften überschneiden. Trotz der Erklärung im Erwägungsgrund 25 PR CESL beurteilt sich die Frage, ob die Parteien die Anwendung des CISG wirksam ausschalten, nach den eigenen Regeln des CISG. Wird das CESL als Verordnungsentwurf in Zukunft vorgelegt und in Kraft treten, geht es dem CISG mittels seiner Rechtsnatur vor, denn Art. 94 CISG räumt eventuellen regionalen Rechtsvereinheitlichungsbestrebungen den Vorrang ein. Aus rechtspolitischer Sicht wäre es eine bessere Lösung, dass der Gesetzgeber im weiteren Gesetzgebungsverfahren eine Ausnahme zum Vorrang des CESL festlegt, um dieser misslichen Vielschichtigkeit und anderen Konflikten zu entgehen.

Zweiter Teil
Anwendungsbereich des CESL

Das CESL kommt innerhalb seines Anwendungsbereichs durch die Vereinbarung der Auswahl durch die Beteiligten zur Anwendung. Das einheitliche Kaufrecht soll überhaupt nicht für alle Verträge gelten, sondern setzt die Einschränkungen des sachlichen, persönlichen und räumlichen Anwendungsbereichs.[545] Den Anwendungsbereich bestimmt nicht das eigentliche CESL, sondern vielmehr das PR CESL, nämlich Artt. 4–7 PR CESL. Zusätzlich werden den Mitgliedstaaten in Art. 13 PR CESL eine Option zur Ausweitung des Anwendungsbereichs gewährt.

Thematisch obliegt es diesem Teil, den Anwendungsbereich und einige Eckpunkte des CESL aufzugreifen und sie mit dem CISG und den PACL in Beziehung zu setzen. Dabei sind einzelne Regelungsinhalte sowie -techniken ausführlich miteinander zu vergleichen, denn allmählich zeigen sich die verborgenen Probleme im CESL, CISG und PACL. Den Abschluss bildet eine andere wichtige Rechtsfrage, die sog. Lückenfüllung der internen und externen Lücken im CESL. Um die Attraktivität des Einheitsrechts zu bewahren, soll sich die Lückenfüllung einerseits nach klarem Maßstab erfüllen und andererseits ist dabei die Rechtsharmonisierung als Ziel des CESL nicht zu schädigen.

545 Den engen Anwendungsbereich des CESL bedauert *Schulze*, NJW 44 (2011), Editorial; *Mankowski* spricht satirisch von dem Entwurf der Kommission: „Der Berg kreißte und gebar eine Maus…“, *ders.*, IHR 2012, 45, 45; *ders.*, RIW 2012, 97, 97.

§ 6 Persönlicher Anwendungsbereich

I. Persönlicher Anwendungsbereich im CESL

Das CESL soll nach dem Vorschlag der Kommission als ein zusätzliches wählbares Kaufrecht neben die nationalen Kaufrechte der Mitgliedstaaten treten. Durch Art. 7 PR CESL (auch Art. 1 Abs. 3 und 4 PR CESL) wird der persönliche Anwendungsbereich bestimmt. Danach findet das CESL auf B2C- sowie B2B-Verträge[546] Anwendung. Damit klammert die Kommission C2C-Verträge, also Verkaufsplattformen wie eBay, sämtlich aus.[547] Maßgebend für den persönlichen Anwendungsbereich im CESL ist nach Art. 7 PR CESL die Unternehmerstellung des Verkäufers. Hierbei stellt ein Verkäufer ebenfalls ein Unternehmen dar.[548] Im Folgenden sind die B2C- und B2B-Verträge darzulegen.

1. Verbraucherverträge (B2C-Verträge)

Art. 2 lit. l PR CESL definiert den Verbraucherkaufvertrag im CESL ausdrücklich als einen Kaufvertrag, bei dem der Verkäufer ein Unternehmer und der Käufer ein Verbraucher ist. Gleiches gilt für die in Art. 5 lit. b und c PR CESL geregelten Verträge, d. h. bei Verträgen über Bereitstellung digitaler Inhalte und Verträgen über verbundenen Dienstleistungen sind jeweils der Lieferant und der Dienstleister ein Unternehmer und der Benutzer und der Kunde sollen Verbraucher sein. Unternehmer und Verbraucher sind die Grundkonzepte des CESL, die der Gesetzgeber zur Bestimmung des persönlichen Anwendungsbereichs verwendet. Unter dem

---

546 Nach Art. 7 Abs. 2 PR CESL a. F. war die Anwendung bei B2B-Verträgen erheblich beschränkt. Dafür setzte es voraus, dass mindestens eine der Vertragsparteien ein kleines oder mittleres Unternehmen (KMU) sein sollte. Diese Beschränkung stand im Kreuzfeuer der Kritik, *Stadler*, AcP 212 (2012), 473, 489 f.; *Eidenmüller/Jansen/Kieninger/Wagner/Zimmermann*, JZ 2012, 269, 270; *Stabentheiner*, in: Wendehorst/Zöchling-Jud (Hg.), Am Vorabend eines Gemeinsamen Europäischen Kaufrechts, 2012, 8 f.; *Bittner*, in: Wendehorst/Zöchling-Jud (Hg.), Am Vorabend eines Gemeinsamen Europäischen Kaufrechts, 2012, 283 f.; Schmidt-Kessel/*ders.*, GEK-E, 2014, Art. 7 PR CESL Rdnr. 3.

547 Kritisch *Herresthal*, ZIP 2011, 1347, 1348; *ders.*, ZEuP 2011, 7, 9; *Pfeiffer*, in: Remien/Herrler/Limmer (Hg.), Gemeinsames Europäisches Kaufrecht für die EU?, 2012, S. 39; *Stadler*, AcP 212 (2012), 473, 488; Schmidt-Kessel/*ders.*, GEK-E, 2014, Art. 7 PR CESL Rdnr. 2.

548 Kritisch Schmidt-Kessel/*ders.*, GEK-E, 2014, Art. 7 PR CESL Rdnr. 2.

CESL nimmt der Verbraucher immer als Nachfrager an dem Vertrag teil.[549] Die Definitionen von Verbraucher sowie Unternehmer haben sich in den seit 1985[550] sukzessiv verabschiedeten Regelungen des Europäischen Vertragsrechts – auch durch Rechtsprechung des EuGH[551] – inkonsistent[552] entwickelt, sind aber im Kern gleich.[553] Entscheidend für die Zuordnung zu der einen oder anderen Kategorie ist die Zwecksetzung des Handelns.[554] Als Merkmal des Begriffs des Verbrauchers wird bei einer Vertragspartei typischerweise ein Handeln zu Zwecken außerhalb beruflich-gewerblicher Tätigkeit eingefordert.[555]

Der „Verbraucher" stellt sich als keine unbewegliche gesellschaftliche Gruppe dar, sondern als eine soziale Rolle,[556] somit kann er nach den Zwecken der Regelungen anders definiert werden. Der Begriff des Verbrauchers führt nach enger Auffassung,[557] wie z. B. dem Verbraucherbegriff der Haustürwiderrufs-RL

549 Schmidt-Kessel/*ders.*, GEK-E, 2014, Art. 2 PR CESL Rdnr. 36.

550 Seit den 1980er Jahren ist die Europäische Union in zunehmendem Maße im Bereich des Verbraucherschutzes sowie der Vereinheitlichung des Verbraucherrechts gesetzgeberisch aktiv geworden, 1985 mit der Produkthaftungs-RL (Nr. 85/374/EWG) und Haustürgeschäfts-RL (Nr. 85/577/EWG), 1986 mit der Handelsvertreter-RL (Nr. 86/653/EWG) und 1987 mit der Verbraucherkredit-RL (Nr. 87/102/EWG), *Jansen*, Revision des Verbraucher-acquis?, ZEW 196 (2012), S. 1; Staudinger/*Kannowski*, 2013, Vor §§ 13, 14 BGB Rdnr. 16 ff.

551 Siehe MünchKomm/*Micklitz/Purnhagen*, Bd. 1, 7. Aufl. (2015), Vor. §§ 13, 14 BGB Rdnr. 81 f.

552 Staudinger/*Kannowski*, 2013, § 13 BGB Rdnr. 1; MünchKomm/*Micklitz/Purnhagen*, Bd. 1, 7. Aufl. (2015), Vor. §§ 13, 14 BGB Rdnr. 79. Siehe sach-, personen-, vertriebs- und zweckbezogene Grundansätze zur Bestimmung des Verbraucherbegriffs, *Sachse*, Der Verbrauchervertrag im Internationalen Privat- und Prozeßrecht, 2006, S. 75 ff.

553 *Meller-Hannich*, Verbraucherschutz im Schuldvertragsrecht, 2005, S. 73 f.; *Ultsch*, Der einheitliche Verbraucherbergriff, 2005, S. 65; *Riesenhuber*, EU-Vertragsrecht, 2013, S. 79; *Thole*, in: Schmidt-Kessel/Leible/Tichý (Hg.), Perspektiven des Verbrauchsgüterkaufs, 2015, S. 26.

554 Das Europäische Verbraucherrecht nimmt sowohl auf kollisions- als auch auf materiellrechtlicher Ebene seinen Ausgang beim Vertragszweck, *Loacker*, JZ 2013, 234, 234. § 13 BGB regelt die Verbrauchereigenschaft im nationalen Recht der Bundesrepublik Deutschland und § 14 BGB definiert „Unternehmer" legal.

555 Siehe Art. 2 Nr. 1 Art. Verbraucherrechte-RL (Nr. 2011/83/EU) und § 13 BGB.

556 *Tichý*, in: Schmidt-Kessel/Leible/Tichý (Hg.), Perspektiven des Verbrauchsgüterkaufs, 2015, S. 15.

557 EuGH, Urt. v. 14.3.1991, Rs. C-361/89 = Slg. 1991, I-1189; EuGH, Urt. v. 19.1.1993, Rs. C-89/9 = Slg. 1993, I-139 = NJW 1993, 1251 = ZIP 1993, 826; EuGH, Urt. v. 17.3.1998; Rs. C-45/96 = Slg. 1998, I-1199 = NJW 1998, 1295 = NJW 2005, 2912 = WM 1998, 649.

(Nr. 85/577/EWG), der Klausel-RL (Nr. 93/13/EG), der Fernabsatz-RL (Nr. 97/7/EG) und der Fernabsatz-RL für Finanzdienstleistungen (Nr. 2002/65/EG),[558] zu Schwierigkeiten, insbesondere im Bereich sog. „gemischter Verträge" (oder Dual-use-Verträge).[559] In der *Gruber*-Entscheidung[560] ist der EuGH für die internationale Zuständigkeit eher von einer engen Begriffsauslegung bei gemischten Verträgen ausgegangen. Danach wurde in Art. I-1:105 DCFR ein „weiter" Verbraucherbegriff eingeführt, welcher eine gewisse Entsprechung im Erwägungsgrund 17 der Verbraucherrechte-RL (Nr. 2011/83/EU) und auch in § 13 BGB n. F. hat. Die Kommission folgt in Art. 2 lit. f PR CESL n. F. diesem weiteren Verbraucherbegriff:[561] „Verbraucher" bezeichnet hiernach jede natürliche Person,[562] die nicht zu Zwecken einer gewerblichen, geschäftlichen, handwerklichen oder beruflichen Tätigkeit handelt. Wird ein Vertrag jedoch teils im Rahmen, teils außerhalb des Rahmens des Gewerbes einer Person abgeschlossen, und ist der gewerbliche Zweck so gering, dass er im Gesamtkontext des Geschäfts als nicht überwiegend erscheint, gilt die betreffende Person ebenfalls als Verbraucher. Zum Zeitpunkt des Vertragsschlusses ist objektiv zu bestimmen, ob ein privater Zweck überwiegend ist oder nicht.[563]

2. Unternehmerverträge

Der Erwerb von Waren oder digitalen Inhalten durch Unternehmer sowie durch Verbraucher fällt gleichfalls in den Anwendungsbereich des CESL. Nach Art. 7 Abs. 2 PR CESL a. F. war die Anwendung bei B2B-Verträgen erheblich

---

558 MünchKomm/*Micklitz/Purnhagen*, Bd. 1, 7. Aufl. (2015), Vor. §§ 13, 14 BGB Rdnr. 80 ff.

559 *Reich*, ZfRV 2011, 196, 197 f.; Schulze/*Wendehorst*, CESL, 2012, Art. 2 PR CESL Rdnr. 16; *Loacker*, JZ 2013, 234, 235.

560 EuGH, Urt. v. 20.1.2005, Rs. C-464/01 = Slg. 2005 I-439 = NJW 2005, 653 = EuZW 2005, 241.

561 Vgl. Wortlaut von Erwägungsgrund 17 Verbraucherrechte-RL (Nr. 2011/83/EU). Art. 2 lit. f PR CESL a.F. war dagegen der Definition von Art. 2 Nr. 1 Verbraucherrechte-RL (Nr. 2011/83/EU) gefolgt.

562 Vgl. Art. 15 Abs. 1 lit. c EuGVO, wonach der Verbraucher nicht ausdrücklich auf „natürliche" Personen beschränkt.

563 Auch bezüglich Art. 2 lit. a CISG, *Sachse*, Der Verbrauchervertrag im Internationalen Privat- und Prozeßrecht, 2006, S. 110 ff.; Honsell/*Siehr*, Kommentar zum UN-Kaufrecht, 2. Aufl. (2010), Art. 1 CISG Rdnr. 7; Ferrari u.a./*Saenger*, Internationales Vertragsrecht, 2. Aufl. (2012), Art. 2 CISG Rdnr. 3; Staudinger/*Magnus*, 2013, Art. 2 CISG Rdnr. 16. In Bezug auf § 13 BGB, MünchKomm/*Micklitz/Purnhagen*, Bd. 1, 7. Aufl. (2015), § 13 BGB Rdnr. 15.

beschränkt.[564] Dabei wurde vorausgesetzt, dass mindestens eine der Vertragsparteien ein kleines oder mittleres Unternehmen (KMU) ist. Diese Beschränkung stand im Kreuzfeuer der Kritik.[565] Folglich wurde die Wahl des CESL gemäß Art. 7 PR CESL n. F. für alle Verträge zwischen Unternehmern zugänglich gemacht.[566] Im Gegensatz zu Verbrauchern können Unternehmer nicht nur natürliche, sondern auch juristische Personen sein, unabhängig davon, ob sie juristische Personen privatrechtlicher oder öffentlich-rechtlicher Natur sind.

3. Differenzierung zwischen B2C- und B2B-Verträgen im CESL

Für Verbraucherverträge sieht das CESL in Artt. 8 und 9 PR CESL erheblich höhere Hürden vor.[567] Zuerst verlangt Art. 8 Abs. 2 PR CESL eine gesonderte ausdrückliche Vereinbarung und Dokumentationspflicht. Als zusätzliche Beschränkung kann das CESL nur in der Gesamtheit verwendet werden, Art. 8 Abs. 3 PR CESL. Darüber hinaus muss der Unternehmer vor der Anwendungsvereinbarung des CESL das Standardinformationsblatt in Anhang II des PR CESL an den Verbraucher übermitteln. Wird ein Vertrag mit doppelter Zweckverfolgung wegen des überwiegend gewerblichen nicht als ein Verbrauchervertrag angesehen, so ist der Unternehmer von den zusätzlichen Verbraucherschutzbestimmungen des CESL befreit.

---

564 Diese Beschränkung des Anwendungsbereichs ist kompetenzrechtlichen Bedenken der Kommission geschuldet, *Riesenhuber*, EU-Vertragsrecht, 2013, S. 16.

565 Schmidt-Kessel/*ders.*, GEK-E, 2014, Art. 7 PR CESL Rdnr. 3; *Stadler*, AcP 212 (2012), 473, 489 f.; *Eidenmüller/Jansen/Kieninger/Wagner/Zimmermann*, JZ 2012, 269, 270; *Mansel*, WM 2012, 1253, 1260; *Lando*, in: Remien/Herrler/Limmer (Hg.), Gemeinsames Europäisches Kaufrecht für die EU?, 2012, S. 20 f.; *Stabentheiner*, in: Wendehorst/Zöchling-Jud (Hg.), Am Vorabend eines Gemeinsamen Europäischen Kaufrechts, 2012, S. 8 f.; *Perner*, in: Wendehorst/Zöchling-Jud (Hg.), Am Vorabend eines Gemeinsamen Europäischen Kaufrechts, 2012, S. 29.; *Bittner*, in: Wendehorst/Zöchling-Jud (Hg.), Am Vorabend eines Gemeinsamen Europäischen Kaufrechts, 2012, S. 283 f.

566 Gegen die Anwendung des CESL in B2B-Verträgen, *Oritz/Viscaillas*, JITLP 11 (2011), 241, 242 f.

567 Zur Kritik der besonderen rechtlichen Schutzmechanismen im CESL für Verbraucher als vermutliche Schwächen, *Tichý*, in: Schmidt-Kessel/Leible/Tichý (Hg.), Perspektiven des Verbrauchsgüterkaufs, 2015, S. 15 f.

II. Vergleich mit anderen Regelwerken

1. Vergleich mit dem CISG

Um einen Konflikt mit nationalen Verbraucherbestimmungen zu vermeiden,[568] sind von dem Anwendungsbereich des CISG diejenigen Geschäfte grundsätzlich ausgenommen, bei denen der Käufer die Ware zum persönlichen Gebrauch bzw. den Familien- und Haushaltsgebrauch[569] erwirbt, Art. 2 lit. a CISG. Die Vorschrift ist nach h. M. als Ausnahmebestimmung und im Interesse der Rechtssicherheit eng auszulegen, damit fällt nur der ausschließlich persönlichen Zwecken dienende Kauf unter die Ausnahme.[570] Folglich findet das CISG sowohl auf B2B-Geschäfte als auch auf gemischte Verträge mit doppelter Zweckverfolgung Anwendung. Darüber hinaus enthält der letzte Halbsatz des Art. 2 lit. a CISG eine Gegenausnahme, nach welcher bei einem Kauf zum persönlichen Zwecke oder dem Familien- oder Haushaltsgebrauch das CISG anwendbar bleibt, soweit der Verkäufer bei Vertragsschluss um diese Zweckbestimmung weder wusste noch hätte wissen müssen. Bei den üblicherweise den persönlichen Bedürfnissen dienenden Waren (z. B. Kleidung, Lebensmitteln, Haushaltsgeräten usw.) ist ein privater Gebrauch zu vermuten und damit das CISG ausgeschlossen.[571] Handelt es sich bei dem Vertrag um mehrere gleiche Gegenstände, kann dagegen nicht

---

568 Schlechtriem/Schwenzer/*Ferrari*, CISG, 6. Aufl. (2013), Art. 2 CISG Rdnr. 7; *Reinhart*, UN-Kaufrecht, 1991, Art. 2 CISG Rdnr. 3; *Czerwenka*, Rechtsanwendungsprobleme im internationalen Kaufrecht, 1988, S. 148 f. Andererseits ging man bei Ausarbeitung des CISG davon aus, dass es sich bei Konsumentenkäufen in erster Linie um Inlandsgeschäfte handelt, Ferrari u. a./*Saenger*, Internationales Vertragsrecht, 2. Aufl. (2012), Art. 2 CISG Rdnr. 2.

569 Die Begriffe „Familie und Haushalt“ sind unabhängig von familienrechtlichen Verhältnissen zu verstehen. Sie schließen alle Personen ein, die mit dem Käufer verwandt sind oder tatsächlich im Haushalt des Käufers leben, MünchKomm/*Huber*, Bd. 3, 7. Aufl. (2016), Art. 2 CISG Rdnr. 10; Staudinger/*Magnus*, 2013, Art. 2 CISG Rdnr. 16; Schlechtriem/Schwenzer/*Ferrari*, CISG, 6. Aufl. (2013), Art. 2 CISG Rdnr. 13; Ferrari u.a./*Saenger*, Internationales Vertragsrecht, 2. Aufl. (2012), Art. 2 CISG Rdnr. 3; *Czerwenka*, Rechtsanwendungsprobleme im internationalen Kaufrecht, 1988, S. 151.

570 MünchKomm/*Huber*, Bd. 3, 7. Aufl. (2016), Art. 2 CISG Rdnr. 7; Schlechtriem/Schwenzer/*Ferrari*, CISG, 6. Aufl. (2013), Art. 2 CISG Rdnr. 12; Ferrari u.a./*Saenger*, Internationales Vertragsrecht, 2. Aufl. (2012), Art. 2 CISG Rdnr. 3; *Czerwenka*, Rechtsanwendungsprobleme im internationalen Kaufrecht, 1988, S. 152.

571 Staudinger/*Magnus*, 2013, Art. 2 CISG Rdnr. 22; Schlechtriem/Schwenzer/*Ferrari*, CISG, 6. Aufl. (2013), Art. 2 CISG Rdnr. 17; Ferrari u.a./*Saenger*, Internationales Vertragsrecht, 2. Aufl. (2012), Art. 2 CISG Rdnr. 5.

von einem regelmäßigen privaten Verwendungszweck ausgegangen werden.[572] Bei neutralen Waren (Computer, Schreibmaschine, Pkw usw.) hingegen kann man eine private Verwendung in der Regel unterstellen.[573]

Ein Unterschied des sachlichen Anwendungsbereichs zwischen CESL und CISG findet sich nur in reinen Verbraucherverträgen, bei denen der Verkäufer den privaten Zweck des Käufers erkannte oder erkennen konnte. Diese Konstellation fällt lediglich unter das CESL. Für die dem doppelten Zweck folgenden Verträge und die B2B-Geschäfte können beide verwendet werden, auch wenn sich bezüglich der Anwendung des CESL im Bereich der Dual-use-Fällen weiterhin die Frage der Qualifikation als Verbrauchervertrag oder B2B-Geschäft stellt.

2. Vergleich mit den PACL

Die PACL zielen darauf ab, als allgemeine Regeln des Vertragsrechts angewendet zu werden, Art. 1 Abs. 1 PACL. Sie enthalten allgemeine vertragsrechtliche Bestimmungen, Grundprinzipien wie Vertragsfreiheit und Treue und guten Glaube, Willenserklärung und -mängel, Angebot und Annahme, Nichtigkeit des Willenserklärung, Rechte und Verpflichtung der Vertragsparteien sowie Leitungsstörungen. Darunter sehen sie keine besondere Begrenzung des persönlichen Anwendungsbereichs vor. Es kann daher darauf geschlossen werden, dass alle Verträge, also B2C-, B2B- und C2C-Geschäfte, erfasst werden.

Für die Verbraucherverträge sieht der Gesetzgeber überwiegend zwingende Regelungen vor.[574] In Korea wurde das Verbraucherrecht in das koreanische BGB noch nicht einbezogen, sondern durch einige spezielle Gesetze getrennt geregelt:[575] Verbraucherschutzgrundgesetz (소비자보호기본법, Gesetz Nr. 14139), AGB-Gesetz (약관의 규제에 관한 법률, Gesetz Nr. 14141), Haustürgeschäftsgesetz (방문판매 등에 관한 법률, Gesetz Nr. 14138), Ratenkaufgesetz (할부거래에 관한 법률, Gesetz Nr. 14144), Gesetz zum Verbraucherschutz im E-Commerce (전자상거래 등에서의 소비자보호에 관한

572 Schlechtriem/Schwenzer/*Ferrari*, CISG, 6. Aufl. (2013), Art. 2 CISG Rdnr. 17.

573 Staudinger/*Magnus*, 2013, Art. 2 CISG Rdnr. 23.

574 Bei der Beteiligung eines Verbrauchers am Schuldvertrag verschärft das Verbraucherschutzrecht durch Anknüpfung erweiterter Lösungsrechte, verstärkter Inhaltskontrolle und umfassender Informationsrechte die Frage, welchen Einschränkungen der freien Willensentscheidung Auswirkungen auf die Bindungskraft des Vereinbarten haben und haben sollen, welche Art von unangemessenem Vertragsinhalt zu korrigieren ist, *Meller-Hannich*, Verbraucherschutz im Schuldvertragsrecht, 2005, S. 16.

575 Zum Verbraucherschutzrecht in Korea siehe *Doo-Jin Kim*, in: Korea Legislation Research Institute (Hg.), Einführung in das koreanische Recht, 2010, S. 197 ff.

법률, Gesetz Nr. 14142), Produkthaftungsgesetz (제조물 책임법, Gesetz Nr. 11813) usw. Gleiches gilt in China[576] und Japan.[577] Insbesondere in Japan wurde die Einordnung des Verbraucherschutzrechts ins BGB im Rahmen der Modernisierung des JBGB diskutiert. Viele Juristen haben jedoch Vorbehalte dagegen. Denn häufige Änderungsbedürfnisse der Verbraucherschutzbestimmungen, außer der rechtstechnischen Schwierigkeit bei Einordnung ins JBGB, könnten die Rechtssicherheit des JBGB als zentrales Privatrecht beeinträchtigen.[578] Trotz des zunehmenden Stellewerts des Verbraucherschutzes kommt von Anfang an die Einordnung in die PACL nicht in Betracht.

Ungeachtet der Auswahl der Beteiligten soll die PACL von staatlich zwingenden Rechten,[579] wie auch dem *public ordre*,[580] verdrängt werden, da sie als privates Regelwerk ohne Bindungskraft gelten und also nur materiellrechtliche Wirkung genießen. Für Verbraucherverträge besteht in Korea kein generelles Rechtswahlverbot. Die Rechtswahl ist in der Regel nach § 25 KIPR zulässig. Gemäß § 27 Abs. 1 KIPR wie Art. 6 Abs. 2 Rom I-VO gelten die Beschränkungen zu Gunsten des Verbrauchers als ein absolutes Rechtswahlverbot zum Schutz des Schwächeren. Gleiches gilt in China nach § 42 CIPR[581] und ebenfalls in Japan

576 Ende Oktober 2013 wurde in China das reformierte Gesetz zum Schutz der Rechte und Interessen von Verbrauchern (中华人民共和国消费者权益保护法) verabschiedet und trat am 15.3.2014 in Kraft. Zu wesentlichen Änderungen und praktischen Auswirkungen des neuen Verbraucherschutzrechts siehe Bindung/Jiang, ZChinR 2014, 63, 64 ff.

577 Verbrauchergrundgesetz (消費者基本法, Gesetz Nr. 78/1968), Verbrauchervertragsgesetz (消費者契約法, Gesetz Nr. 61/2000), Gesetz über besondere Handelsgeschäfte (特定商取引に関する法律, Gesetz Nr. 57/1976), Gesetz über den Handel mit Finanzprodukten (金融商品の販売等に関する法律, Gesetz Nr. 101/2000) usw. Zur Entwicklung des japanischen Verbraucherschutzrechts siehe *Dernauer*, Verbraucherschutz und Vertragsfreiheit im japanischen Recht, 2006, S. 12 ff.

578 Kato/Jeong, law journal of Chonnam National University Vol. 29 No. 1 (2009), 309, 329.

579 § 7 KIPR, § 4 CIPR.

580 § 10 KIPR, § 5 CIPR, § 42 JIPR.

581 *Hyun-Ah Kim*, Ewha law journal Vol. 19 No. 4 (2015), 459, 476; *Pissler*, RabelsZ 76 (2012), 1, 32.

gemäß § 11 JIPR.[582] Aus diesem Grund wird die Anwendung der PACL bei Verbraucherverträgen erheblich eingeschränkt.[583]

In Bezug auf die Anwendung bei Verträgen der öffentlichen Hand schließen Träger hoheitlicher Gewalt Verträge mit Privatrechtssubjekten über die Lieferung von Waren oder die Erbringung von Werk- oder Dienstleistungen ab. Soweit diese Verträge nach dem Recht des jeweiligen Trägers hoheitlicher Gewalt dem Privatrecht unterliegen, können diese Grundregeln nach Maßgabe von Art. I.-1:101 Abs. 1 PACL darauf angewendet werden.[584]

Trotz aller oben genannten Begrenzungen steht fest, dass die PACL einen weiteren persönlichen Anwendungsbereich als das CESL haben, welches ausschließlich im Bereich von B2B- und B2C-Verträge anwendbar ist.

III. Zwischenergebnis

Der persönliche Anwendungsbereich im CESL wurde durch die Einführung des weiten Verbraucherbegriffs beträchtlich ausgedehnt[585] und die Beschränkung, die die Kommission bei B2B-Geschäften gemäß Art. 7 Abs. 1 CESL a. F. ursprünglich vorsah, aufgehoben.[586] Das CESL ist damit im Bereich sämtlicher B2C- und B2B-Verträgen und teilweise auch im Bereich gemischter Verträge anwendbar. Um den Verbraucher zu schützen, sieht das CESL bei Verbraucherverträgen zusätzliche Anforderungen in Artt. 8 und 9 PR CESL vor, nämlich gesonderte ausdrückliche Vereinbarung, Dokumentationspflicht, Alles-oder-Nichts-Lösung und Standard-Informationsblatt.

Demgegenüber findet das CISG nur bei B2B-Geschäften Anwendung. Durch die strikte Auslegung[587] der Anwendungsausnahme gemäß Art. 2 lit. a CISG

---

582 *Sakurada/Schwittek*, RabelsZ 76 (2012), 86, 108 ff.; *Wanami*, in: Basedow/Baum/Nishitani (Hg.), Japanese and European Private International Law in Comparative Perspective, 2008, S. 67 f.; *Nishitani*, in: Basedow/Baum/Nishitani (Hg.), Japanese and European Private International Law in Comparative Perspective, 2008, S. 94 ff. Zum materiellrechtliche Verbraucherschutz siehe *Dernauer*, Verbraucherschutz und Vertragsfreiheit im japanischen Recht, 2006, 105 ff.

583 Dies gilt auch bei Arbeitsverträgen, denn jedes nationale IPR kennt eine beschränkende Bestimmung (§ 28 KIPR, § 43 CIPR, § 12 JIPR), wie auch bei Verbraucherverträgen.

584 Auch bezüglich der PECL Leible/Lehmann/*Leible*, European Contract Law and German Law, 2014, S. 16; *v. Bar/Zimmermann*, PECL, 2002, S. 90.

585 Abänderung 32 P7_TA(2014)0159.

586 Abänderung 70 P7_TA(2014)0159.

587 Siehe oben S. 141 f.

wird das Übereinkommen aber auch bei den Dual-use-Verträgen verwandt. Mit Rücksicht auf nationale Verbraucherschutzregelungen nimmt das CISG diejenigen Geschäfte, bei welchen der Käufer die Ware zum persönlichen Gebrauch bzw. den Familien- und Haushaltsgebrauch erwirbt (Art. 2 lit. a CISG), aus dem Anwendungsbereich grundsätzlich heraus. Die Vorschrift ist nach h. M. als Ausnahmebestimmung und im Interesse der Rechtssicherheit eng auszulegen. Somit fällt nur der für einen ausschließlich persönlichen Zwecken dienende Kauf unter diese Ausnahme. Folglich findet das CISG sowohl auf B2B-Geschäfte als auch auf gemischte Verträge der doppelten Zweckverfolgung Anwendung.

Als ein privates und wissenschaftliches Regelwerk beschreiten die PACL einen anderen Weg als das CESL und das CISG. Wie die PECL und die PICC[588] sind sie auf einen möglichst weiten Anwendungsbereich ausgerichtet und sehen keine Einschränkung der Verträge vor. Es bleibt aber noch abzuwarten, ob sie von den Beteiligten viel gefragt und nach jedem staatlichen IPR anerkannt werden oder nicht.

588 Chinesische Gerichte haben bereits die PICC als anwendbare Regelwerke akzeptiert, siehe Xiamen Intermediate People's Court v. 19.12.2004, Unilex; Shaoguan Intermediate People's Court v. 28.04.2005, Unilex. Beim „case comment" verwiesen Richter auf die PICC, Beijing Haidian District People's Court v. 20.06.2005, (2005) haiminchuzi 10353, Unilex; Beijing Haidian District People's Court v. 28.06.2007, (2007) haiminchuzi No. 1839, Unilex; Supreme People's Court v. 00.00.2008, (2008) minerzhongzi 8, Unilex.

§ 7 Räumlicher Anwendungsbereich

I. Räumlicher Anwendungsbereich im CESL

Der räumliche Anwendungsbereich des CESL ist grundsätzlich auf grenzüberschreitende Verträge beschränkt.[589] Dazu gibt die Verordnung in Art. 13 lit. a PR CESL den Mitgliedstaaten die Möglichkeit, durch den nationalen Gesetzgebungsakt seine Anwendbarkeit auf rein innerstaatliche Rechtsgeschäfte auszudehnen. Art. 4 Abs. 1 PR CESL legt ausdrücklich fest, dass das CESL für Fernabsatzverträge, die grenzüberschreitende Verträge sind, verwendet werden kann. Das Europäische Parlament hat – im Gegensatz zu dem ursprünglichen Entwurf[590] der Europäischen Kommission – den Anwendungsbereich des CESL auf „Fernabsatzverträge und insbesondere für Online-Verträge" beschränkt.[591] Die Kommissarin *Reding* erwog aber schon früh, eine Vollharmonisierung für den Bereich des *E-commerce* herzustellen und damit den Weg für eine spätere Vollharmonisierung außerhalb des *E-commerce* zu ebnen.[592] Im Bereich des grenzüberschreitenden Handels der Verbraucher ist bereits der Onlinehandel das zentrale Transaktionsinstrument und hat darüber hinaus ein erhebliches Wachstumspotenzial.[593]

589 Art. 4 Abs. 1 PR CESL. Siehe die sich aus grenzüberschreitenden Verträgen ergebenden Besonderheiten des CESL, *Herresthal*, in: Schulte-Nölke/Zoll/Jansen/Schulze (Hg.), Der Entwurf für ein optionales europäisches Kaufrecht, 2012, S. 129.

590 Vgl. Art. 4 Abs. 1 PR CESL a. F. (KOM (2011) 635 endg.).

591 Siehe die Abänderungen 1, 2 und 61 P7_TA(2014)0159. Insbesondere die Abänderung 61 lautet, „Das Gemeinsame Europäische Kaufrecht kann *für Fernabsatzverträge, einschließlich Online-Verträge* verwendet werden, …". Gegen diese Beschränkung siehe *MPI*, RabelsZ 75 (2011), 371, 424.

592 In der Rede der Kommissarin *Reding* vom 15.3.2010 European Consumer Day 2010 (Abrufbar der Seite http://europa.eu/rapid/press-release_SPEECH-10-91_de.htm): „A possibility could be to go for fully harmonised rules on distance contracts and allow diverging national rules for face-to-face contracts. Workable fully harmonised rules for the online world could then pave the way for more harmonisation for offline contracts at a later stage."

593 *Limmer*, DNotZ-Sonderheft 2012, 59, 69. Nach einer Studie beträgt der Umsatz für 2016 im *E-commerce*-Markt in der EU etwa 239.549,6 Mio. Euro (in Deutschland, etwa 46.673,8 Mio. Euro). Laut Prognose wird im Jahr 2020 ein Marktvolumen von 341.229,0 Mio. Euro erreicht. Dies entspricht einem jährlichen Umsatzwachstum von 9,25% (Abrufbar darunter: https://de.statista.com/download/outlook/whiterpaper/Whitepaper_DMO_Contextual_Commerce.pdf).

1. Grenzüberschreitende Fernabsatzverträge

A. Grenzüberschreitende Verträge

Mit dem CESL zielt der europäische Gesetzgeber auf ein einheitliches Vertragsrecht, das bei grenzüberschreitenden Geschäften verwendet werden kann, um die Errichtung und das Funktionieren des Binnenmarkts zu fördern (Art. 1 PR CESL).[594] Die Beschränkung des Anwendungsbereichs auf grenzüberschreitende Verträge beruht aus Sicht der Kommission[595] auf der Rechtsgrundlage des Art. 114 AEUV des Verordnungsvorschlags,[596] und macht daher schon sachlich keinen Sinn.[597] Der Begriff des grenzüberschreitenden Vertrages differenziert in Art. 4 PR CESL zwischen B2B- und B2C-Verträgen.

1) Grenzüberschreitende Verträge beim B2B-Bereich

Verträge zwischen Unternehmern sind grenzüberschreitend, wenn die Parteien ihren gewöhnlichen Aufenthalt in verschiedenen Staaten haben, von denen mindestens einer ein Mitgliedstaat ist (Art. 4 Abs. 2 PR CESL).[598] In Bezug auf die Definition des gewöhnlichen Aufenthaltes ist die Anlehnung des CESL an Art. 19 Rom I-VO deutlich.[599] Bei juristischen Personen ist somit die Hauptverwaltung, bei natürlichen Personen die Hauptniederlassung (Art. 4 Abs. 4 PR CESL) maßgebend. Wird der Vertrag im Rahmen der Geschäftstätigkeit einer Zweigniederlassung, Agentur oder sonstigen Niederlassung eines Unternehmers geschlossen,

---

594 Auch Erwägungsgrund 8 und 13 PR CESL.

595 Siehe oben S. 100 ff.

596 *Stadler*, AcP 212 (2012), 473, 487; *Corneloup*, ZEuP 2012, 705, 711; *Müller-Graff*, in: Schulte-Nölke/Zoll/Jansen/Schulze (Hg.), Der Entwurf für ein optionales europäisches Kaufrecht, 2012, S. 34 f.; *Perner*, in: Wendehorst/Zöchling-Jud (Hg.), Am Vorabend eines Gemeinsamen Europäischen Kaufrechts, 2012, S. 25; *Loacker*, EuZW 2014, 888, 890.

597 Gegen die Anwendungsunterschiede nach innerstaatlichem und grenzüberschreitendem Sachverhalt im CESL spricht, dass sich anderenfalls jeder Anbieter mindestens zwei Vertragsrechte vorhalten lassen müsste, das inländische für inländische Sachverhalte und das CESL für grenzüberschreitende Geschäfte, *Herresthal*, ZIP 2011, 1347, 1348; *ders*, EuZW 2011, 7, 10; auch *Eidenmüller/Jansen/Kieninger/Wagner/Zimmermann*, JZ 2012, 269, 275.

598 Kritisch zur Minimum-Anknüpfung an die EU, Schulze/*Wendehorst*, CESL, 2012, Art. 4 PR CESL Rdnr. 23; *Eidenmüller/Jansen/Kieninger/Wagner/Zimmermann*, JZ 2012, 269, 274.

599 *Heiss*, in: FS für Martiny, 2014, S. 921; *Perner*, in: Wendehorst/Zöchling-Jud (Hg.), Am Vorabend eines Gemeinsamen Europäischen Kaufrechts, 2012, S. 23.

so gilt der Ort, an dem sich die Zweigniederlassung, Agentur oder sonstige Niederlassung befinden, als gewöhnlicher Aufenthalt des Unternehmers (Art. 4 Abs. 5 PR CESL).

2) Grenzüberschreitende Verträge beim B2C-Bereich

Bei B2C-Veträge kommt es bei der Feststellung des Erfordernisses der Auslandsberührung nicht auf den gewöhnlichen Aufenthalt des Verbrauchers an.[600] Nach Art. 4 Abs. 3 PR CESL ist maßgebend, dass sich die Anschrift des Verbrauchers, die Lieferanschrift oder Rechnungsanschrift in einem anderen Staat als dem Aufenthaltsstaat des Unternehmers befindet, und mindestens einer dieser Staaten ein EU-Mitgliedstaat ist.[601] Scheinbar vermag diese Vorschrift, den räumlichen Anwendungsbereich des CESL erheblich auszuweiten.[602] Eigentlich soll aber die Anschrift des Verbrauchers in der EU sein, ansonsten kommt in der Regel das IPR des Verbrauchers für die Bestimmung des Vertragsstatuts in Betracht.[603] Wäre er in einem anderen EU-Staat als dem Aufenthaltsstaat des Unternehmers ansässig, könnte das CESL auf den grenzüberschreitenden Verträge verwenden worden. Folglich wäre die folgende Konstellation erfasst, nach welcher beide Parteien ihren Aufenthalt in demselben EU-Mitgliedstaat haben und einer von ihren eine Lieferanschrift oder Rechnungsanschrift in einem anderen

---

600 Zum Vergleich des neuen Ansatzes im CESL mit anderen EU-Regelwerke, „Consumer Alternative Dispute Resolution" und „Online Dispute Resolution for Consumer Disputes", *Stadler*, AcP 212 (2012), 473, 485 ff.

601 „Mindestens einer dieser Staaten" in Art. 4 Abs. 3 lit. b PR CESL ist im Zusammenhang mit dessen lit. a als einer von drei möglichen Anknüpfungsanschriften der Verbrauchers auszulegen, nicht einer von den Verbraucheranschriften und dem gewöhnlichen Aufenthalt des Unternehmens, auch Schulze/*Wendehorst*, CESL, 2012, Art. 4 PR CESL Rdnr. 16. Vgl. *Fornasier*, RabelsZ 76 (2012), 401, 422. Obwohl diese Bestimmung überhaupt nichts über den gewöhnlichen Aufenthalt des Unternehmens sagt, wird nach dem Sinn und Zweck des CESL für die die Errichtung und das Funktionieren des Binnenmarkts (Art. 1 PR CESL) vorausgesetzt, dass die Unternehmen in einem EU-Mitgliedstaat ihren gewöhnlichen Aufenthalt haben. Dies wird deutlicher im Vergleich mit Art. 4 Abs. 2 PR CESL über die B2B-Verträge, in dem die Parteien ihren gewöhnlichen Aufenthalt in einem EU-Mitgliedstaat haben, vgl. dagegen Schulze/*Wendehorst*, CESL, 2012, Art. 4 PR CESL Rdnr. 16.

602 Unter dieser Bestimmung der Wahlmöglichkeit zwischen verschiedenen Anschriften kann man ein Element des indirekten Wettbewerbs verstehen, vgl. *Kieninger*, Wettbewerb der Privatrechtsordnungen im Europäischen Binnenmarkt, 2002, S. 87.

603 Auch *Eidenmüller/Jansen/Kieninger/Wagner/Zimmermann*, JZ 2012, 269, 274; Schulze/*Wendehorst*, CESL, 2012, Art. 4 PR CESL Rdnr. 22.

Mitgliedstaat hat. Außer dem grenznah wohnenden Verbraucher[604] ist darüber hinaus eine Änderung der Lieferanschrift nur zum Zwecke der Verwendung des CESL unwahrscheinlich. Dementsprechend kann die Rechnungsadresse, wie etwa ein ausländisches Postfach, eine Rolle spielen.[605] Beispielsweise kauft ein Verbraucher mit Wohnsitz in Deutschland bei einem deutschen Unternehmer, lässt sich das Produkt jedoch direkt an den Beschenkten in der Schweiz schicken und gibt die Adresse eines Bekannten in Österreich als Rechnungsadresse an.[606] Die Ausübung der staatlichen Option nach Art. 13 PR CESL kann auch in diesem Fall zu demselben Ergebnis führen. Darüber hinaus konzentrieren sich Verbrauchergerichtsstände in der Regel überwiegend am Wohnsitz des Verbrauchers, womit das Vertragsstatut trotz der Wahl des CESL das Verbraucherrecht seiner Heimat sein wird.[607] Auch wenn ein Verbraucher mit Wohnsitz in den Schweiz oder in Südkorea die Lieferungs- oder Rechnungsadresse in Deutschland verwenden würde, wäre nach dem IPR des Forums, Art. 120 Schweizer IPR in der Schweiz oder Art. 27 Abs. 1 KIPR in Korea, nicht das CESL, sondern das Schweizerische oder Koreanische Verbraucherrecht anwendbar.

B. Fernabsatzverträge

1) Begriff nach Art. 2 lit. p PR CESL

Gemäß Art. 2 lit. p PR CESL ist jeder Vertrag zwischen einem Unternehmer und einem Verbraucher oder einem anderen Unternehmer im Rahmen eines organisierten Fernabsatzsystems, der ohne gleichzeitige körperliche Anwesenheit des Unternehmers bzw. unter ausschließlichen Verwendung von Fernkommunikationsmitteln geschlossen wird, ein Fernabsatzvertrag.[608] Anders als in § 312c Abs. 1 BGB und Art. 2 Nr. 7 VerbraucherrechteRL[609] erfasst die Definition in PR

---

604 *Stadler*, AcP 212 (2012), 473, 485.

605 Auch kritisch *Micklitz/Reich*, EUI Working Paper Law 2012/04, 1, 17; aber dafür *Leible*, in: Remien/Herrler/Limmer (Hg.), Gemeinsames Europäisches Kaufrecht für die EU?, 2012, S. 29.

606 Auch *Leible*, in: Remien/Herrler/Limmer (Hg.), Gemeinsames Europäisches Kaufrecht für die EU?, 2012, S. 28; *Stadler*, AcP 212 (2012), 473, 485; *Staudenmayer*, NJW 2011, 3491, 3494.

607 *Eidenmüller/Jansen/Kieninger/Wagner/Zimmermann*, JZ 2012, 269, 274.

608 Vgl. Art. 2 Nr. 4 Richtlinie 97/7/EG (§ 312b Abs. 1 BGB a. F.) und Art. 2 Nr. 7 Richtlinie 2011/83/EU (§ 312c Abs. 1 BGB).

609 Richtlinie 2011/83/EU v. 25.10.2011 über die Rechte der Verbraucher, zur Abänderung der Richtlinie 93/13/EWG des Rates und der Richtlinie 1999/44/EG des Europäischen Parlaments und des Rates sowie zur Aufhebung der Richtlinie 85/577/

CESL die Verträge nicht nur zwischen Verbrauchern und Unternehmen, sondern auch zwischen Unternehmen.[610] Sie sollte im Hinblick auf den persönlichen Anwendungsbereich angepasst werden, da das PR CESL den in Artikel 7 genannten Parteien zur Verfügung stehen sollte.[611]

Zu beachten ist, dass es sich bei einem Fernabsatzvertrag um keinen eigenständigen Vertragstyp eines bestimmten Inhalts handelt, sondern er sich allein in der Abschlusstechnik, also der Art und Weise des Zustandekommens, von anderen Verträgen unterscheidet.[612] Damit ist auf die wesentlichen Merkmale „die ausschließliche Verwendung von Fernkommunikationsmitteln" und „organisierten Fernabsatzsystemen" abzustellen. Diese Voraussetzungen gelten sowohl für das CESL als auch das BGB und die VerbraucherrechteRL.[613]

2) Voraussetzungen des Fernabsatzvertrags

a) Ausschließlicher Verwendung von Fernkommunikationsmitteln

Der Vertrag muss unter ausschließlicher Verwendung von Fernkommunikationsmitteln abgeschlossen worden sein. Damit sind die Fälle vom Anwendungsbereich ausgeschlossen, in welchen mindestens eine der zum Vertragsschluss führenden Willenserklärungen in anderer Form übermittelt worden ist. Unter Fernkommunikationsmitteln versteht § 312c Abs. 2 BGB solche Kommunikationsmittel, bei denen ein Vertragsschluss ohne gleichzeitige körperliche Anwesenheit[614] der Parteien

---

EWG des Rates und der Richtlinie 97/7/EG des Europäischen Parlaments und des Rates, ABl. L 304 v. 22.11.2011, S. 64.

610 Im Fernabsatzrecht im BGB sollen Verbraucher vor spezifischen Gefahren geschützt werden, die dadurch auftreten, dass der Verbraucher regelmäßig die Leistung sowie die Person seines Vertragspartners vor Vertragsschluss nicht *in natura* zu sehen bekommt, MünchKomm/*Wendehorst*, Bd. 2, 7. Aufl. (2016), § 312c BGB Rdnr. 3; Palandt/*Grüneberg*, 75. Aufl., 2016, § 312c BGB Rdnr. 1; Erman/*Koch*, Bd. I, 14. Aufl. (2014), § 312c BGB Rdnr. 2; Staudinger/*Thüsing*, 2013, § 312b BGB Rdnr. 7.

611 Nach der Begründung des Änderungsantrags 49 des Rechtsausschlusses (A7-0301/2013 v. 25.9.2013) wäre es auch ratsam, in Kapitel 2 und Kapitel 4 CESL, die der Richtlinie über die Rechte der Verbraucher folgen, klarzustellen, dass die Definition des Fernabsatzvertrags nur die Verträge zwischen Unternehmen und Verbrauchern erfasst. Diese Empfehlung wurde jedoch nicht angenommen.

612 Jauernig/*Stadler*, 16. Aufl. (2015), § 312c BGB Rdnr. 6; Erman/*Koch*, Bd. I, 14. Aufl. (2014), § 312c BGB Rdnr. 6; *Micklitz*, EuZW 2001, 133, 134; *Micklitz/Reich*, Die Fernabsatzrichtlinie im deutschen Recht, 1. Aufl., 1998, S. 2.

613 Siehe Art. 2 lit. p PR CESL, § 312c Abs. 1 BGB und Art. 2 Nr. 7 VerbraucherrechteRL.

614 Vgl. den Begriff der Anwesenheit i. S. d. § 147 Abs. 1 S. 2. Der hiernach anwesende telefonische Gesprächspartner kann trotzdem § 312c BGB (oder dem

zustande kommt und der Käufer die Ware oder Dienstleistung vor Vertragsschluss nicht in Augenschein nehmen kann.[615] Beispielhaft nennt das Gesetz Briefe, Kataloge, Telefonanrufe, Telekopien, E-Mails, über den Mobilfunkdienst versendete Nachrichten (SMS) sowie Rundfunk und Telemedien.[616] Die gesetzliche Aufzählung umfasst sowohl Individual- als auch Massenkommunikationsmittel. Erfasst sind nicht nur moderne neue Kommunikationstechnologien, sondern auch traditionelle Absatzmethoden einschließlich des brieflichen Vertragsschlusses.[617] Typische Anwendungsbeispiele bilden der herkömmliche Katalog-Versandhandel, der Vertrieb über eigene oder fremde Online-Shops, Teleshopping (auch Homeshopping) oder sog. In-App-Käufe beim Handy.[618] Die Einschaltung eines Vertreters oder eines Boten stellt keinen Einsatz von Fernkommunikationsmitteln dar.[619] Etwas anderes gilt jedoch, wenn sich der Vertreter oder der Bote selbst ausschließlich des Einsatzes von Fernkommunikationsmitteln bedient.[620]

Die bis zum Zeitpunkt des Vertragsschlusses ausschließliche Anwendung dieser Mittel verdeutlicht, dass nur im Fall einer alleinigen Anwendung während des gesamten Kontakts der Vertragsparteien die Regelungen des Fernabsatzrechts anwendbar sind. Nach der Formulierung von § 312c Abs. 2 BGB, anders als Art. 2 Nr. 7 VerbraucherrechteRL und Art. 2 lit. p PR CESL, ist dessen ausschließliche Anwendung nicht nur bis zum Vertragsschluss, sondern auch in

---

Anwendungsbereich nach Art. 4 PR CESL) unterfallen, Erman/*Koch*, Bd. I, 14. Aufl. (2014), § 312c BGB Rdnr. 10; Staudinger/*Thüsing*, 2013, § 312b BGB Rdnr. 32.

615 MünchKomm/*Wendehorst*, Bd. 2, 7. Aufl. (2016), § 312c BGB Rdnr. 12; Erman/*Koch*, Bd. I, 14. Aufl. (2014), § 312c BGB Rdnr. 10; Staudinger/*Thüsing*, 2013, § 312b BGB Rdnr. 26.

616 MünchKomm/*Wendehorst*, Bd. 2, 7. Aufl. (2016), § 312c BGB Rdnr. 13; Palandt/*Grüneberg*, 75. Aufl., 2016, § 312c BGB Rdnr. 2; Erman/*Koch*, Bd. I, 14. Aufl. (2014), § 312c BGB Rdnr. 11; *Reinicke/Tiedtke*, Kaufrecht, 8. Aufl., 2009, § 312c BGB Rdnr. 13; Staudinger/*Thüsing*, 2013, § 312b BGB Rdnr. 27.

617 BGH Urt. v. 9. 6. 2011 – I ZR 17/10 = MDR 2012, 299 = GRUR 2012, 188 = WM 2012, 221; *Reich*, EuZW 1997, 581, 582.

618 Jauernig/*Stadler*, 16. Aufl. (2015), § 312c BGB Rdnr. 7; *Alexander*, Verbraucherschutzrecht, 2015, S. 88.

619 MünchKomm/*Wendehorst*, Bd. 2, 7. Aufl. (2016), § 312c BGB Rdnr. 14 f.; Erman/*Koch*, Bd. I, 14. Aufl. (2014), § 312c BGB Rdnr. 12; Staudinger/*Thüsing*, 2013, § 312b BGB Rdnr. 31; aber beim Einsatz eines sog. „stummen Boten (BGH 160, 398)", wenn dieser trotz persönlichen Kontaktes über Vertragsinhalt etc. keine näheren Auskünfte geben kann und soll, gilt es als ein Fernabsatz, Jauernig/*Stadler*, 16. Aufl. (2015), § 312c BGB Rdnr. 8.

620 Erman/*Koch*, Bd. I, 14. Aufl. (2014), § 312c BGB Rdnr. 12.

der Phase der Vertragsanbahnung in die Beurteilung mit einzubeziehen. Nach h. M.[621] versteht man unter dem Vertragsschluss das Kontinuum der Vertragsbeziehungen, daher macht die zusätzliche „Vertragsanbahnung“ in BGB[622] in der Tat gar keinen Unterschied.

Es ist aber fraglich, ob die Beschränkung des Anwendungsbereichs im CESL durch die bis zum Vertragsschluss ausschließliche Verwendung von Fernkommunikationsmitteln sinnvoll ist. Die Ausschließlichkeit der Verwendung bei Fernabsatzverträgen gem. § 312c Abs. 1 BGB (und auch Art. 2 Nr. 7 VerbraucherrechteRL) leitet sich daraus ab, dass der Verbraucher vor den spezifischen Gefahren von Verträgen zu schützen ist, bei denen der Verbraucher in der Regel die Leistung und die Person seines Vertragspartners bis zum Vertragsschluss nicht *in natura* sehen kann.[623] Bei dem Begriff des Fernabsatzes im CESL geht es nur um die Frage des Anwendungsbereichs, da das CESL ausschließlich auf grenzüberschreitende B2B- und B2C-Verträge Anwendung findet. Aus rechtspolitischer Sicht ist es vorzugswürdig, dass das CESL zur Anwendung kommt, wenn Parteien eines grenzüberschreitenden Kaufvertrags diesen unter – nicht ausschließlicher – Zuhilfenahme von Fernkommunikationsmitteln abgeschlossen haben. Es ist damit ohne nutzlose komplizierte Vorprüfung[624] einfach zu prüfen, ob das CESL anwendbar ist, und dessen Anwendungsbereich ebenfalls entsprechend zu erweitern. Beispielsweise fand ein deutscher Weltreisender vor Ort in einem kleinen österreichischen Laden ein schönes Kupferstandbild. Er fragte im Laden an,

621 MünchKomm/*Wendehorst*, Bd. 2, 7. Aufl. (2016), § 312c BGB Rdnr. 18; Staudinger/*Thüsing*, 2013, § 312b BGB Rdnr. 34; auch in der Fernabsatzrichtlinie 97/7/EG *Micklitz*, in: Reich/Micklitz (Hg.), Europäisches Verbraucherrecht, 4. Aufl., 2003, S. 577; *Micklitz/Reich*, Die Fernabsatzrichtlinie im deutschen Recht, 1. Aufl., 1998, S. 2; *Reich*, EuZW 1997, 581, 582.

622 Kritisch zur Formulierung des §312c Abs. 2 BGB, Staudinger/*Thüsing*, 2013, § 312b BGB Rdnr. 35.

623 MünchKomm/*Wendehorst*, Bd. 2, 7. Aufl. (2016), § 312c BGB Rdnr. 3 und 18; Erman/*Koch*, Bd. I, 14. Aufl. (2014), § 312c BGB Rdnr. 12; Staudinger/*Thüsing*, 2013, § 312b BGB Rdnr. 31.

624 Z. B. Abgrenzungsschwierigkeiten zwischen „Information“ und „Verhandlung“, MünchKomm/*Wendehorst*, Bd. 2, 7. Aufl. (2016), § 312c BGB Rdnr. 19; Erman/*Koch*, Bd. I, 14. Aufl. (2014), § 312c BGB Rdnr. 9; Staudinger/*Thüsing*, 2013, § 312b BGB Rdnr. 30; auch über persönlichen Kontakt, Staudinger/*Thüsing*, 2013, § 312b BGB Rdnr. 39; in den Fällen, in denen trotz der Vereinbarung unter ausschließlicher Verwendung von Fernkommunikationsmitteln der konkrete Inhalt der Leistung – wie über Reparatur- oder Wartungsarbeiten – vor Ort im persönlichen Kontakt geklärt wird, Erman/*Koch*, Bd. I, 14. Aufl. (2014), § 312c BGB Rdnr. 8.

ob es möglich ist, mangels baren Geldes den Preis später zu überweisen und das Kupferstandbild per Post zur deutschen Adresse zu schicken. Die Parteien haben einen Kaufvertrag damals nicht geschlossen. Der Deutsche hat die Statue später zum gleichen Preis mittels des Anklickens des „Blue Button" im Online-Shop des österreichischen Verkäufers bestellt. Der Verkäufer bemerkte die vorherige Inaugenscheinnahme der Ware im Laden nicht. In diesem Fall fehlt die Voraussetzung der ausschließlichen Anwendung des Fernkommunikationsmittels bis zum Vertragsabschluss, dennoch besteht kein Bedürfnis, die Anwendung des CESL auszuschließen. Darüber hinaus macht es beim CESL keinen Unterschied, wenn der Käufer eigentlich ein Händler ist.

b) Organisiertes Fernabsatzsystem

Die Anwendung des CESL ist wie auch bei § 312c BGB ausgeschlossen, wenn der Vertragsschluss nicht im Rahmen eines für den Fernabsatz organisierten Vertriebs- oder Dienstleistungssystems erfolgt ist. Gemäß Erwägungsgrund 20 der VerbraucherrechteRL kann das System sowohl vom Unternehmer als auch einem Dritten zur Verfügung gestellt werden. Nach überwiegender Ansicht ist das Tatbestandmerkmal des Fernabsatzsystems erfüllt, wenn der Unternehmer in seinem Betrieb die personellen, sachlichen und organisatorischen Voraussetzungen geschaffen hat, die notwendig sind, um regelmäßig Geschäfte im Fernabsatz zu bewältigen.[625] Der Begriff sollte jedoch die Fälle nicht erfassen, in denen Webseiten lediglich Informationen über den Unternehmer, seine Waren und/oder Dienstleistungen und seine Kontaktdaten bereitstellen. Bei zufälligem Einsatz von Fernkommunikationsmitteln greift der Schutzzweck der Regelungen ebenfalls nicht ein.[626]

c) Beweislast

Der Verbraucher trägt in § 312c BGB nach allgemeinen Grundsätzen die Beweislast für die ausschließliche Verwendung von Fernkommunikationsmitteln. Durch die Formulierung „es sei denn"[627] aber hat der deutsche Gesetzgeber eine

---

625 MünchKomm/*Wendehorst*, Bd. 2, 7. Aufl. (2016), § 312c BGB Rdnr. 21; Erman/*Koch*, Bd. I, 14. Aufl. (2014), § 312c BGB Rdnr. 8; BT-Drucks 14/2658; BGH, NJW 2004, 3699, 3770 f.; *Micklitz*, EuZW 2001, 133, 134.

626 MünchKomm/*Wendehorst*, Bd. 2, 7. Aufl. (2016), § 312c BGB Rdnr. 21; Staudinger/*Thüsing*, 2013, § 312b BGB Rdnr. 46.

627 Die Legaldefinition des Fernabsatzes in BGB beruht auf Art. 2 Nr. 7 VerbraucherrechtRL. Anders als in der Definition der VerbrRRL signalisiert § 312c BGB sowie § 312b BGB a. F. aber durch die negative Formulierung „es sei denn" die

widerlegliche Vermutung dafür aufgestellt, dass der Vertrag im Rahmen eines Fernabsatzsystems geschlossen wurde.[628]

Im Unterschied zum BGB folgt Art. 2 lit. p PR CESL Art. 2 Nr. 7 VerbraucherrechtRL (auch Art. 2 Nr. 1 Fernabsatzrichtlinie 97/7/EG[629]). Da keine besondere Regelung bezüglich der Beweislast vorgesehen ist, bleibt es bei der sog. negativen Grundregel.[630] Danach trägt jede Partei die Beweislast für das Vorhandensein aller Voraussetzungen der ihr günstigen Normen, d. h. wer die Anwendung des CESL behauptet, soll die Beweislast für alle obig erwogenen Voraussetzungen des Fernabsatzvertrags tragen.

C. *Maßgebender Zeitpunkt beim grenzüberstreitenden Vertrag*

Art. 4 Abs. 6 PR CESL bestimmt, dass für die Einstufung eines Vertrags als grenzüberstreitender Vertrag der Zeitpunkt maßgebend ist, zu welchem die Verwendung des Gemeinsamen Europäischen Kaufrechts vereinbart wurde. Der Zeitpunkt des Vertragsabschlusses im CESL folgt im Anschluss an Art. 2:205 PECL, Art. II.-4:205 DCFR, Art. 2.1.6 PICC[631] und Art. 18 Abs. 2 CISG[632] der Empfangstheorie.[633] Der Vertrag kommt zustande, sobald die Annahmeerklärung dem Anbietenden zugeht (Art. 35 Abs. 1 CESL). Bei einer Annahme durch konkludentes Verhalten stellt Art. 35 Abs. 2 CESL darauf ab, wann der Anbietende von dem Verhalten Kenntnis erlangt. Die englische Fassung verlangt demgegenüber, dass den Anbietenden eine Mitteilung über das Verhalten erreicht. Bei entsprechenden Gepflogenheiten oder Gebräuchen zwischen den Parteien kann ein Vertrag auch schon mit dem Beginn des den Gepflogenheiten oder Gebräuchen entsprechenden Verhaltens zustande

---

Beweislastumkehr vom Verbraucher an den Unternehmen, MünchKomm/*Wendehorst*, Bd. 2, 7. Aufl. (2016), Rdnr. 2; Staudinger/*Thüsing*, 2013, § 312b BGB Rdnr. 8.

628 MünchKomm/*Wendehorst*, Bd. 2, 7. Aufl. (2016), § 312c BGB Rdnr. 33; Jauernig/*Stadler*,16. Aufl. (2015), § 312c BGB Rdnr. 10; Erman/*Koch*, Bd. I, 14. Aufl. (2014), § 312c BGB Rdnr. 9; BT-Drucks 17/12637, S. 50.

629 Siehe die Beweislast in die Richtlinie *Micklitz*, in: Reich/Micklitz (Hg.), Europäisches Verbraucherrecht, 4. Aufl., 2003, S. 578.

630 *Rosenberg/Schwab/Gottwald*, Zivilprozessrecht, 17. Aufl. (2010), S. 645 f.

631 *Vogenauer/Anderson*, PICC, 2. Aufl. (2015), Art. 2.1.6 PICC Rdnr. 20.

632 Staudinger/*Magnus*, 2013, § 18 CISG Rdnr. 5.

633 Schmidt-Kessel/*Gebauer*, GEK-E, 2014, Art. 35 GEK-E Rdnr. 2; Schulze/*Terryn*, CESL, 2012, Art. 35 PR CESL Rdnr. 3. Vgl. „mailbox (oder postal) rule" im *Common Law*, *Vogenauer/Anderson*, PICC, 2. Aufl. (2015), Art. 2.1.6 PICC Rdnr. 21; *Adams v. Lindsell* (1818) 1 B & Ald 681; *Dunlop v. Higgins* (1848) 1 HL Cas 381, *Household Fire Insurance Company v. Grant* (1879) 4 Ex D 216; *Henthorn v. Fraser* (1892) 2 Ch 27.

kommen, ohne dass eine Mitteilung gegenüber dem Anbietenden erfolgen muss (Art. 35 Abs. 3 CESL).

2. Anwendungsmöglichkeit im Inlandsachverhalt

Die Kommission beschränkt die Anwendung des CESL nicht ausschließlich auf grenzüberschreitende Fernabsatzveträge. Art. 13 PR CESL stellt überraschend den mitgliedstaatlichen Gesetzgebern die Möglichkeit zur Verfügung,[634] die Verwendung des CESL auf rein nationale B2C-Verträge sowie auf den B2B-Bereich auszudehnen. Viele Gründe sprechen für eine Inanspruchnahme des Optionsrechts und der damit verbundenen Ausdehnung des Anwendungsbereichs des optionalen Instruments durch den Mitgliedsstaat.[635] Es wäre zweifellos vorteilhaft und attraktiv für Unternehmen, in ganz Europa unter einheitlichen Konditionen, z. B. gleichen AGB für grenzüberschreitende und rein innerstaatliche Kaufverträge, handeln zu können. Dabei erschließt sich das optionale zweite Vertragsrecht für die Interessengruppen, die im Inland tätig sind. Im Sinne der Kommission würde dies auch gleichzeitig eine Vollharmonisierung des Vertragsrechts durch die Hintertür bedeuten.[636]

Dies scheint jedoch das staatliche Vertragsrecht zu bedrohen.[637] Ganz anders als diese positive Prophezeiung kann die Optionsausübung des Mitgliedstaats zu rechtlicher Vielschichtigkeit führen:[638] der Anwendbarkeit des eigenen staatlichen Rechts, des vom CESL abgeänderten staatlichen Rechts und des originalen CESL. Erlässt ein Mitgliedstaat neben bestehendem eigenem Recht ein mit den Bestimmungen im CESL nicht identisches optionales Kaufrecht, so ergibt sich daraus ein zusätzliches neues Recht, dessen Verwendung nach Art. 8 Abs. 3

---

634 Kritisch *Schmidt-Kessel,* in: ders. (Hg.), Ein einheitliches europäisches Kaufrecht?, 2012, S. 35; *Eidenmüller/Jansen/Kieninger/Wagner/Zimmermann*, JZ 2012, 269, 274; Schulze/*Wendehorst*, CESL, 2012, Art. 13 PR CESL Rdnr. 9. Im Versicherungsvertragsrecht sollen die Principles of European Insurance Contract Law (PEICL) nach den Vorschlägen ihrer Verfasser auch für rein innerstaatliche Verträge vereinbart werden können, Art. 1:102 PEICL mit Comment C4, S. 33 f.

635 Auch *Herresthal*, ZIP 2011, 1347, 1348; *Stürner*, GPR 2011, 236, 241; *Doralt*, AcP 211 (2011), 1, 18 f.

636 *Docekal,* in: Wendehorst/Zöchling-Jud (Hg.), Am Vorabend eines Gemeinsamen Europäischen Kaufrechts, 2012, S. 310.

637 *Gebauer*, GPR 2011, 227, 229; *English Law Commission*, The Work of the Commission 2011–2015: Incorporating the Eleventh Programme, 2011, S. 16.

638 Auch *Peck*,, in: Wendehorst/Zöchling-Jud (Hg.), Am Vorabend eines Gemeinsamen Europäischen Kaufrechts, 2012, S. 296.

S. 1 PR CESL bei grenzüberschreitenden B2C-Verträgen verboten ist. Darüber hinaus hat Art. 13 lit. a PR CESL keine Rücksicht auf die Änderungen vom 26.4.2014 genommen.[639] Wegen des verminderten räumlichen Anwendungsbereichs nach Art. 4 Abs. 1 PR CESL n. F. ist es fraglich, ob ein Mitgliedstaat die Anwendungsmöglichkeit des CESL nur für den internen Fernabsatzkauf vorsehen darf oder darüber hinaus auf alle Inlandskaufverträge ausweiten kann. Das Letztere macht nichts aus, weil das anfängliche CESL, wie dessen Titel nahelegt, auf die Anwendung in den grenzüberschreitenden Kaufverträgen abzielte. Abgesehen von dieser Bestimmung steht es ausschließlich dem mitgliedstaatlichen Gesetzgeber zu, ob und wie er sein eigenes Recht festsetzt,[640] es sei denn, dass das neue Recht den EU-Regelwerken zuwiderläuft. Nach einer Auffassung entfällt dieses deklaratorische Optionsrecht dort, wo das CESL von den Standards des Acquis in einer Weise abweicht, die den mitgliedstaatlichen Rechtsordnungen nicht offen stünde.[641] Es ist aber unvorstellbar, dass in den Konfliktfällen Art. 13 PR CESL den Mitgliedstaaten die Befugnis einräumt, von den Regeln des sonstigen Acquis zugunsten des CESL abzuweichen. Denn das CESL soll selbst mit anderen EU-Regelwerken konform sein.[642] Sofern ein nationaler Gesetzgeber von der Verlängerungsoption Gebrauch macht und die dort ansässigen Parteien die Anwendung des CESL in einem rein nationalen Kaufvertrag vereinbaren, hat aber die Vereinbarung mit den unionsrechtlichen Garantien des CESL nichts zu tun. Als nur eine materiellrechtliche Verweisung unterliegt sie damit ihren nationalen zwingenden Bestimmungen.[643] Anders als bei B2C-Verträgen wird im Unternehmerbereich das CESL allerdings kaum mit zwingenden Regeln des mitgliedstaatlichen Kaufrechts brechen, so dass in der Praxis die materiellrechtliche einer kollisionsrechtlichen Rechtswahl fast immer gleichkommen dürfte.[644]

---

639 Art. 13 lit. b PR CESL soll gestrichen werden, denn Art. 7 Abs. 2 PR CESL entfällt in der letzten Fassung.

640 Auch Schulze/*Wendehorst*, CESL, 2012, Art. 13 PR CESL Rdnr. 2; *Schmidt-Kessel*, in: ders. (Hg.), Ein einheitliches europäisches Kaufrecht?, 2012, S. 21.

641 *Schmidt-Kessel*, in: ders. (Hg.), Ein einheitliches europäisches Kaufrecht?, 2012, S. 21.

642 Auch Schulze/*Wendehorst*, CESL, 2012, Art. 13 PR CESL Rdnr. 3 f.; *Mankowski*, RIW 2012, 97, 98 f.; dagegen Schmidt-Kessel/*ders.*, GEK-E, 2014, Einl. GEK-VO-E Rdnr. 51.

643 *Stürner*, GPR 2011, 236, 241; *Mankowski*, RIW 2012, 97, 99.

644 *Gebauer*, GPR 2011, 227, 230.

3. Drittstaatensachverhalte

Der Drittstaatensachverhalt steht eigentlich nicht im primären Fokus des europäischen Gesetzgebers,[645] weil es sich beim CESL um ein Sondersachrecht zur Förderung des EU-Binnenmarkts handelt.[646] Obwohl beide Parteien im EU-Ausland ansässig sind, können die Parteien die Anwendung des CESL auf ihren Kaufvertrag als eine neutrale Vertragsrechtsordnung vereinbaren.[647] Unter Drittlandsachverhalten werden hier solche verstanden, bei denen eine oder beide Kaufvertragsparteien keine Verbindung zu einem EU-Mitgliedstaat haben.[648] Das PR CESL öffnet den Anwendungsbereich für Drittstaatensachverhalte nur partiell.[649]

Die von der Kommission aufgenommene Vorschaltlösung hat zur Folge, dass das CESL nur zur Anwendung kommen kann, wenn die Verweisung der Beteiligten zu einem mitgliedstaatlichen Recht führt. Aus der Perspektive mitgliedstaatlicher Gerichte wird damit die Wahl des CESL innerhalb seines Anwendungsbereichs eine kollisionsrechtliche Rechtswahl,[650] durch die entgegenstehendes nationales Recht verdrängt wird, sein. Demgegenüber muss sie aus drittstaatlicher Perspektive keine kollisionsrechtliche Rechtswahl sein und es wird ohnehin darauf ankommen, ob deren Kollisionsrecht die Wahl nichtstaatlichen Rechts anerkennt oder das CESL zumindest staatlichem Recht gleichsteht.[651]

---

645 Kritisch zum rechtspolitischen Desinteresse an drittstaatlichen Konstellationen *Stadler*, AcP 212 (2012), 473, 483; *Gebauer*, GPR 2011, 227, 231.

646 Im Zweifel über die Reduktion des Anwendungsbereich des CESL auf Verträge mit EU-Bezug sind *Mankowski*, RIW 2012, 97, 98 f.; *Leible*, in: Gebauer (Hg.), Gemeinsames Europäisches Kaufrecht – Anwendungsbereich und kollisionsrechtliche Einbettung, 2013, S. 166 f.; *Gebauer*, GPR 2011, 227, 231. Für die Anwendung des CESL bei reinen Drittstaatensachverhalten sprechen sich zu Recht aus *Fornasier*, RabelsZ 76 (2012), 401, 422 f.; *Stürner*, GPR 2011, 236, 241; *MPI*, RabelsZ 75 (2011), 371, 411 f.

647 Auch *Leible*, in: Gebauer (Hg.), Gemeinsames Europäisches Kaufrecht – Anwendungsbereich und kollisionsrechtliche Einbettung, 2013, S. 166 f.; *Gebauer*, GPR 2011, 227, 231.

648 Auch *Mankowski*, RIW 2012, 97, 99. Vgl. den Ausschluss des reinen Drittstaatensachverhalts *Loacker*, EuZW 2014, 888, 891.

649 *Fornasier*, RabelsZ 76 (2012), 401, 422.

650 *Gebauer*, GPR 2011, 227, 233; dagegen ist richtigerweise die Wahl eigentlich bei der kollisionsrechtlichen Vorschaltlösung materiellrechtlich, aber kann trotzdem dieselben Wirkungen durch die Einordnung als EU-Verordnung genießen, auch *Stadler*, AcP 212 (2012), 473, 478; Schulze/*Wendehorst*, CESL, 2012, Art. 3 PR CESL Rdnr. 7.

651 *Stadler*, AcP 212 (2012), 473, 485; *Gebauer*, GPR 2011, 227, 233.

Aus Art. 4 Abs. 3 lit. b des PR CESL[652] ergibt sich, dass in den Anwendungsbereich des CESL ein Kaufvertag fällt, wenn der Verbraucher mindestens einen Wohnsitz mit Liefer- und Rechnungsanschrift in einem EU-Mitgliedstaat hat. Dies setzt voraus, dass der Unionsgesetzgeber das optionale Instrument auch für Verträge zur Verfügung stellt, an denen Parteien außerhalb der Union beteiligt sind.[653] Die Vorschaltlösung würde aber den gezielten Vorrang und die Durchsetzung des CESL im Internationalen Verbrauchervertragsrecht gerade nicht generell gewährleisten.

Würde beim Verbrauchervertrag zwischen einem Drittstaatenunternehmen und einem in der EU ansässigen Verbraucher die Anwendung des CESL vereinbart, gäbe es weder aus Sicht mitgliedstaatlicher noch aus der drittstaatlicher Gerichte Probleme.[654] Nach der kollisionsrechtlichen Vorschaltlösung ist das CESL ein Bestandteil des mitgliedstaatlichen Rechts seitens des Verbrauchers. Aufgrund der Wahl des Aufenthaltsrechts des Verbrauchers fehlt es damit in der Regel an der kollisionsrechtlichen Schutzbedürftigkeit des Konsumenten. Darüber hinaus dürfte, z. B. Artt. 15 f. LugÜ[655] mitgliedstaatlichen Gerichten die internationale Zuständigkeit in diesen Konstellationen eröffnen.

Anders ist die umgekehrte Konstellation innerhalb der Verbraucherverträge, d. h. bei einem Vertrag eines mitgliedstaatlichen Unternehmens mit einem Verbraucher aus einem Drittstaat.[656] Bei Verbraucherverträgen wirft das Schutzbedürfnis der unterlegenen Verbraucher das Problem auf, dass sein Heimatrecht in der Regel anzuwenden ist. Zu beachten ist jedoch, dass nach manchen Drittstaatsrechtsordnungen bei Verbraucherverträgen eine Rechtswahl nicht möglich

652 Noch deutlicher aus den Erwägungsgründen 13und 14 PR CESL.

653 Für die Anwendung des CESL bei reinen Drittstaatensachverhalten sprechen sich zu Recht aus *Fornasier*, RabelsZ 76 (2012), 401, 422 f.; *Stürner*, GPR 2011, 236, 241.

654 *Leible*, in: Gebauer (Hg.), Gemeinsames Europäisches Kaufrecht – Anwendungsbereich und kollisionsrechtliche Einbettung, 2013, S. 186; *Gebauer*, GPR 2011, 227, 231.

655 Übereinkommen über die gerichtliche Zuständigkeit und die Anerkennung und Vollstreckung von Entscheidungen in Zivil- und Handelssachen v. 30.10.2007 (ABl. EU 2009 Nr. L 147, S. 5)

656 In diesen Fällen sind Gerichte in der EU selten zuständig aus zuständigkeitsrechtlichen Gründen, z. B. gemäß Artt. 15 f. LugÜ, *Heiss*, in: FS für Martiny, 2014, S. 924; *Busch*, in: Gebauer (Hg.), Gemeinsames Europäisches Kaufrecht – Anwendungsbereich und kollisionsrechtliche Einbettung, 2013, S. 92; *Stadler*, AcP 212 (2012), 473, 482; *Gebauer*, GPR 2011, 227, 231.

ist.[657] Und selbst wenn diese Rechtswahl zulässig wäre, griffe in diesen Fällen die Rechtswahlschranke des Art. 6 Abs. 2 S. 2 Rom I-VO,[658] mit dem Ergebnis, dass z. B. der in Korea ansässige Verbraucher sich gegenüber dem CESL auf für ihn günstigere koreanische Verbraucherschutzvorschriften berufen könnte, d. h. den sog. Günstigkeitsvergleich des CESL mit den zwingenden Bestimmungen des koreanischen Rechts umsetzen könnte.[659] Folglich kann man sich aus der Sicht des Europäischen Kollisionsrechts auf die Durchsetzung des CESL nicht verlassen. Allerdings ist ebenfalls unklar, wie drittstaatliche Gerichte auf eine Wahl des CESL durch einen Verbraucher und einen Unternehmer reagieren würden. Dies mag zwar bedauerlich sein, ist aber letztlich konsequent, weil aus Sicht des drittstaatlichen Rechts die Rechtsordnung eines EU-Mitgliedstaates unter Einschaltung des CESL für den Verbraucher eines Drittstaates lediglich ein fremdes Recht ist.[660] Das CESL kommt nur dann zur vollen Anwendung, wenn das drittstaatliche Recht die Wahl des CESL anerkennt. Ansonsten entfalte das CESL innerhalb des drittstaatlichen Rechts nur als Inkorporation durch Verweisung Wirkung.

B. B2B-Verträge

Nach Art. 4 Abs. 2 und Erwägungsgrund 14 PR CESL sieht die Kommission die Anwendungsmöglichkeit für Verträge zwischen Unternehmern, die sowohl im Inland als auch im Ausland Geschäftsbeziehungen unterhalten, als gegeben an. Obwohl keine umfassende Geltung des CESL a. F.[661] bei B2B-Verträgen garantiert war, war die Situation weniger kritisch.[662] Anders als bei B2C-Verträgen liegt regelmäßig kein spezielles Schutzbedürfnis einer unterlegenen Partei vor. Es bleibt weiterhin fraglich, ob das IPR des potenziellen drittstaatlichen Forums die Vereinbarung des CESL als eine gültige Rechtswahl gestattet und ob die Vertragsstaaten des CISG sie als konkludente Abwahl des CISG behandeln. Die Ansicht

---

657 Z. B. Art. 120 Abs. 2 Schweizer IPRG. Vgl. §187 Second Restatement of Conflict of Laws (1971).

658 Ähnliche Bestimmungen in § 27 Abs. 1 KIPR, § 11 JIPR, § 4 und 42 CIPR.

659 Auch *Leible*, in: Gebauer (Hg.), Gemeinsames Europäisches Kaufrecht – Anwendungsbereich und kollisionsrechtliche Einbettung, 2013, S. 186; *Stadler*, AcP 212 (2012), 473, 483; *Fornasier*, RabelsZ 76 (2012), 401, 424.

660 Auch *Mankowski*, RIW 2012, 97, 99.

661 Art. 7 Abs. 1 PR CESL a.F.

662 *Leible*, in: Gebauer (Hg.), Gemeinsames Europäisches Kaufrecht – Anwendungsbereich und kollisionsrechtliche Einbettung, 2013, S. 178.

ist auf Skepsis gestoßen. Vor allem kommt das CESL nach h. M[663] sogar in den Mitgliedstaaten für die kollisionsrechtliche Rechtswahl gemäß Art. 3 Abs. 1 S. 1 Rom I-VO nicht in Betracht, weil es nicht mit einem staatlichen Recht gleichgesetzt werden kann. Die Frage des „Opt-Out" gemäß Art. 6 CISG beurteilt sich nach eigenen Regeln des CISG und nicht nach dem von den Parteien bestimmten oder aufgrund IPR berufenen Recht.[664] Darüber hinaus kann der europäische Gesetzgeber natürlich nicht gegenüber Drittstaaten verbindlich festlegen, welches Normenwerk kollisionsrechtlich wählbar ist oder wie ein solches auszulegen sein soll. Abgesehen davon bleibt noch zu erwähnen, dass das europäische Vertragsrecht immerhin kraft materiellrechtlicher Rechtswahl im Rahmen des kollisionsrechtlich berufenen staatlichen Rechts in Betracht kommt.[665] Anders als bei B2C-Verträgen herrscht Privatautonomie im B2B-Bereich, damit fällt der Unterschied zwischen kollisionsrechtlicher und materiellrechtlicher Rechtwahl nicht sofort ins Auge.

---

663 *Wojcik*, in: Gebauer (Hg.), Gemeinsames Europäisches Kaufrecht – Anwendungsbereich und kollisionsrechtliche Einbettung, 2013, S. 52 f.; *Lehmann*, in: Gebauer (Hg.), Gemeinsames Europäisches Kaufrecht – Anwendungsbereich und kollisionsrechtliche Einbettung, 2013, S. 74 ff.; *Corneloup*, ZEuP 2012, 705, 713; *Flessner*, ZEuP 2012, 727, 730 ff.; *Stabentheiner*, in: Wendehorst/Zöchling-Jud (Hg.), Am Vorabend eines Gemeinsamen Europäischen Kaufrechts, 2012, S. 9 ff.; *Mansel*, WM 2012, 1253, 1261; *MPI*, RabelsZ 75 (2011), 371, 385; *Basedow*, in: FS für von Hoffmann, 2011, S. 55; dagegen unter Verweis darauf, dass ein in Verordnungsform erlassenes europäisches Vertragsrecht zur innerstaatlichen Rechtsordnung der Mitgliedstaaten gehören und damit staatliches Recht darstellen würde, *Stürner*, GPR 2011, 236, 238; *Herresthal*, ZIP 2011, 1347, 1349; auch *Busch*, in: Gebauer (Hg.), Gemeinsames Europäisches Kaufrecht – Anwendungsbereich und kollisionsrechtliche Einbettung, 2013, S. 92.

664 *Schlechtriem/Schroeter*, Internationales UN-Kaufrecht, 5. Aufl. (2013), Rdnr. 47; Ferrari u.a./*Saegner*, Internationales Vertragsrecht, 2. Aufl. (2012), Art. 6 CISG Rdnr. 2; Schlechtriem/Schwenzer/*Ferrari*, CISG, 6. Aufl. (2013), Art. 6 CISG Rdnr. 13; *Schmidt-Kessel*, in: ders. (Hg.), Ein einheitliches europäisches Kaufrecht?, 2012, S. 22; dagegen nach Art. 4 S. 2 CISG obliegt die inhaltliche Überprüfung der Ausschlussvereinbarung dem vom IPR des Forums bestimmten nationalen Recht, MünchKomm/*Huber*, Bd. 3, 7. Aufl. (2016), Art. 6 CISG Rdnr. 5.

665 *Gebauer*, GPR 2011, 227, 234.

II. Vergleich mit anderen Regelwerken

1. Vergleich mit CISG

A. Räumliche Anwendungsvoraussetzungen im CISG

Art. 1 CISG stellt die wichtigste Vorschrift für die Frage nach der Anwendbarkeit des CISG dar. Danach beansprucht das CISG nur in grenzüberschreitenden, d. h. internationalen Sachverhalten Geltung: Die Parteien haben ihre Niederlassung in verschiedenen Staaten, Art. 1 Abs. 1 CISG. Diese Internationalität des Kaufvertrags soll nach Art. 1 Abs. 2 CISG für die Parteien erkennbar sein. Haben beide Parteien ihre Niederlassung im selben Staat oder ist die auswärtige Niederlassung einer Partei nicht erkennbar, dann scheidet die Anwendung des CISG aus.

1) Niederlassung in verschiedenen Vertragsstaaten

Einziges Kriterium zur Begründung der Internationalität des Kaufvertrags ist, dass die Vertragsparteien ihre Niederlassungen in verschiedenen Staaten besitzen.[666] Damit wird zusätzlich ein objektives Erfordernis – zwischenstaatliche Warenbeförderung oder grenzüberstreitender Vertragsabschluss oder Auseinanderfallen der Staaten des Vertragsabschlusses und der Lieferung – nicht verlangt.[667] Wenn eine oder beide Parteien mehrere Niederlassungen haben, soll

---

666 Das CESL regelt nicht das für die Anwendbarkeit maßgebliche Anknüpfungsmerkmal der Niederlassung und auch nicht, wer Vertragspartei ist, Staudinger/*Magnus*, 2013, Art. 1 CISG Rdnr. 62; Schlechtriem/Schwenzer/*Ferrari*, CISG, 6. Aufl. (2013), Art. 1 CISG Rdnr. 45; Ferrari u.a./*Saenger*, Internationales Vertragsrecht, 2. Aufl. (2012), Art. 1 CISG Rdnr. 9; MünchKomm/*Westermann*, Bd. 3, 6. Aufl. (2012), Art. 1 CISG Rdnr. 9. Nach der Definition der Niederlassung in der Rechtsprechung (OGH Wien CISG-online Nr. 117; OLG Stuttgart IHR 2011, 65, 65 f.; Staudinger/*Magnus*, 2013, Art. 1 CISG Rdnr. 63; Schlechtriem/Schwenzer/*Ferrari*, CISG, 6. Aufl. (2013), Art. 1 CISG Rdnr. 46; MünchKomm/*Westermann*, Bd. 3, 6. Aufl. (2012), Art. 1 CISG Rdnr. 9; kritisch MünchKomm/*Huber*, Bd. 3, 7. Aufl. (2016), Art. 1 CISG Rdnr. 26) handelt es sich um ein Element der geschäftlichen Tätigkeit, nicht nur um den Mittelpunkt der geschäftlichen Aktivität, sondern darüber hinaus um einen Ort, von dem aus die betreffende Person in gewisser Selbstständigkeit, in nach außen gerichteter Weise und mit einiger Dauerhaftigkeit am Wirtschaftsverkehr teilnimmt.

667 MünchKomm/*Huber*, Bd. 3, 7. Aufl. (2016), Art. 1 CISG Rdnr. 25; Schlechtriem/Schwenzer/*Ferrari*, CISG, 6. Aufl. (2013), Art. 1 CISG Rdnr. 40; Ferrari u.a./*Saenger*, Internationales Vertragsrecht, 2. Aufl. (2012), Art. 1 CISG Rdnr. 9; Honsell/*Siehr*, Kommentar zum UN-Kaufrecht, 2. Aufl. (2010), Art. 1 CISG Rdnr. 7.

nach Art. 10 lit. a CISG die Niederlassung maßgebend sein, die die engste Beziehung zum Vertrag und seiner Erfüllung hat. Hat eine Partei keine Niederlassung, soll ersatzweise ihr gewöhnlicher Aufenthalt maßgebend sein, Art. 10 lit. b CISG. Bei elektronischer Kommunikation ist der Standort der technischen Ausrüstung für die Bestimmung der entscheidenden Niederlassung nicht ausschlaggebend.[668] Maßgeblicher Zeitpunkt für die Bestimmung der Internationalität ist derjenige des Vertragsschlusses.[669]

2) *Erkennbarkeit der Internationalität des Kaufvertrags*

Nach Art. 1 Abs. 2 CISG muss der Auslandsbezug erkennbar sein. Die Verschiedenheit der Niederlassung muss entweder aus dem Vertrag, aus den Verhandlungen zwischen den Parteien oder aus von ihnen gegebenen Informationen ersichtlich sein.[670] Zweck der Vorschrift ist der Schutz einer Vertragspartei, die von einem reinen Inlandsgeschäft und der Anwendung innerstaatlichen Rechts ausging. Erweckt eine Partei fälschlich den Schein eines internationalen Geschäfts, muss sie sich nach dem Gutglaubensgebot des Art. 7 Abs. 1 CISG hieran auch festhalten lassen.[671]

3) *Bezug zu einem Vertragsstaat*

Das CISG verlangt neben der Internationalität des Kaufgeschäfts dessen weitere Verknüpfung mit einem Vertragsstaat. Gemäß Art. 1 Abs. 1 lit. a CISG gilt das, wenn die beiden Niederlassungsstaaten der Vertragsparteien Vertragsstaaten sind. Gemäß Art. 1 Abs. 1 lit. b CISG[672] gilt das, wenn die Regeln des IPR zur Anwendung des Rechts eines Vertragsstaats führen. Damit ist das CISG in entsprechenden Fällen sowohl in Nichtvertragsstaaten als auch gegenüber Nichtvertragsstaaten zu beachten.

---

668 *Schlechtriem/Schroeter*, Internationales UN-Kaufrecht, 5. Aufl. (2013), Rdnr. 26.

669 MünchKomm/*Huber*, Bd. 3, 7. Aufl. (2016), Art. 1 CISG Rdnr. 25; Staudinger/*Magnus*, 2013, Art. 1 CISG Rdnr. 69; Schlechtriem/Schwenzer/*Ferrari*, CISG, 6. Aufl. (2013), Art. 1 CISG Rdnr. 40; Honsell/*Siehr*, Kommentar zum UN-Kaufrecht, 2. Aufl. (2010), Art. 1 CISG Rdnr. 7; OLG Dresden, Urt. v. 30.10.2010, Rs. 10 U 0269/10 = CISG-online 2183; Tribunale di Forlì v. 11.12.2008, Rs. n. 2280/2007, CISG-online 1729; Tribunale di Padova, 25.2.004, CISG-online 819.

670 Staudinger/*Magnus*, 2013, Art. 1 CISG Rdnr. 76 ff.; *Schlechtriem/Schroeter*, Internationales UN-Kaufrecht, 5. Aufl. (2013), Rdnr. 27.

671 Staudinger/*Magnus*, 2013, Art. 1 CISG Rdnr. 79.

672 Angesichts der Vorschaltlösung zweifelnd MünchKomm/*Westermann*, Bd. 3, 6. Aufl. (2012), Art. 1 CISG Rdnr. 15 ff.

B. *Unterschiede des räumlichen Anwendungsbereichs zwischen dem CESL und dem CISG*

Beide Regelwerke kommen in der Regel bei grenzüberschreitenden Verträgen zur Anwendung. Wenn ein Mitgliedstaat die Option nach Art. 13 CESL ausübt, kann das CESL bei reinen Inlandsverhältnissen anwendbar sein. Darüber hinaus bezieht sich Art. 3 Abs. 2 CESL auf drei mögliche Anschriften – die Anschrift, die Lieferanschrift und Rechnungsanschrift seitens des Verbrauchers, damit kann bei tatsächlich rein internen Kaufverträgen seine Anwendung in Betracht kommen. Anders als das CISG fordert das CESL keine Erkennbarkeit der Internationalität des Kaufvertrags. Diese zusätzliche Voraussetzung im CISG verbindet sich mit dem Schutzbedürfnis der Parteien vor seiner autonomen Anwendung als ein „Opt-out" Instrument. Im Gegensatz zum CISG hat das CESL mit der Erkennbarkeit des grenzüberschreitenden Sachverhalts nichts zu tun. Es ist beim CESL lediglich fraglich, ob trotz des Mangels an objektiven räumlichen Anwendungsvoraussetzungen – abgesehen von diesem subjektiven Element – die Parteien seine Anwendung vereinbaren. Dies ist beispielsweise der Fall, wenn die Vertragsparteien irrtümlicherweise glauben, dass eine direkte Wahl des CESL ausreiche und sich nicht um das anwendbare Recht gekümmert haben. Mangels der Internationalität des Vertrags ist das staatliche Recht der Parteien anwendbar.[673]

Aus europäischer gesetzgeberischer Sicht ist es wünschenswert, dass das CESL durch Ausweitung seines Anwendungsbereichs nicht nur auf grenzüberschreitenden Kaufverträgen innerhalb der EU, sondern auch auf rein inländische als auch drittstaatliche Sachverhalte Anwendung findet. In Bezug auf Drittstaatensachverhalte ist es nicht möglich, sie nach eigenen Regeln in den Anwendungsbereich des CESL einzubeziehen. Denn jedes drittstaatliche Gericht wendet bloß diejenigen IPR-Regeln an, die für es maßgeblich sind, und die Bestimmungen des CESL sind nicht verbindlich. Haben die Parteien eine Rechtwahl getroffen, so obliegt es zunächst allein dem betreffenden IPR zu prüfen, ob die Rechtswahl zulässig und wirksam ist und welche Folgen diese hat.[674] Richtigerweise soll aber der Ansatz des Art. 1 Abs. 1 lit. b CISG über die Anwendung des Drittstaatensachverhalts nachzubilden sein.

673 Auch mangels der Rechtswahl ist nicht das CESL, sondern das Recht eines Drittstaates anwendbar, wenn der Verkäufer seinen gewöhnlichen Aufenthalt nicht in einem Mitgliedstaat hat, *Corneloup*, ZEuP 2012, 705, 713.

674 MünchKomm/*Huber*, Bd. 3, 7. Aufl. (2016), Art. 1 CISG Rdnr. 50.

2. Vergleich mit den PACL

Nach Art. I.-1:101 Abs. 1 PACL zielt das PACL darauf ab, als allgemeine Regeln des Vertragsrechts in den Staaten Asiens angewendet zu werden. Bezüglich seines räumlichen Anwendungsbereichs ist der Begriff „Staaten Asiens" überhaupt nicht klar.[675] Die dazu gehörenden Staaten werden nach geographischem, ethnischem, kulturellem, politischem oder geschichtlichem Maßstab anders bewertet.[676] Zum Beispiel befindet sich der größte Teil Russlands in Asien, aber es wird als ein Staat in Europa angesiedelt. Dagegen liegt Ägypten eigentlich in Afrika und Asien und wird meistens als ein afrikanischer, aber auch als ein asiatischer Staat angesehen.[677] Darüber hinaus befindet sich Zypern in Asien,[678] das schon seit 1.5.2004 ein Mitgliedstaat der EU ist. Aus diesen Gründen kann die geographische Lage des einzelnen Staats kein maßgebender Maßstab für die Definition der Staaten Asiens sein.

Es kann eine alternative Möglichkeit sein, den Anwendungsbereich der an dem PACL-Projekt teilnehmenden Staaten zu beschränken. Es ist einfach und deutlich, aber stößt unmittelbar auf die Vorhaben der Verfasser, die darauf abgezielt haben, das PACL als gemeinsame vertragsrechtliche Regeln in ganz Asien zu etablieren.[679] Als ein wissenschaftliches Privatregelwerk kann das PACL keine bindende Wirkung entfalten. Die Vorschrift des räumlichen Anwendungsbereichs ist daher vielmehr eigentlich deklaratorisch.[680] Es geht ausschließlich darum, ob ein Gericht des Forums nach dem betreffenden IPR die Auswahl des PACL als eine wirksame Rechtswahl des anwendbaren Regelwerks gelten lässt. Im Hinblick auf die Rechtsnatur des PACL sollen die Eigenschaft „Staaten Asiens" möglichst weit ausgelegt werden. Denn die Anwendungsmöglichkeit soll nicht begrenzt werden, wenn die Parteien es auf seinen Vertrag anwenden wollen. Im Gegensatz

---

675 Vgl. Art. 1:101 Abs. 1 PECL, die ausdrücklich darstellt, die PECL in der Europäischen Union angewendet zu werden, Leible/Lehmann/*Leible*, European Contract Law and German Law, 2014, S. 1 f.; *v. Bar/Zimmermann*, PECL, 2002, S. 87 f.

676 Vgl. *Voss*, in: Görresgesellschaft (Hg.), Staatslexikon, 7. Bd., 7. Aufl., 1993, S. 652 ff.; die Liste der Staaten Asien in der Webseite Wikipedia (Abrufbar darunter https://de.wikipedia.org/wiki/Liste_der_Staaten_Asiens)

677 Siehe auch oben die Liste der Staaten Asien in Wikipedia.

678 *Voss*, in: Görresgesellschaft (Hg.), Staatslexikon, 7. Bd., 7. Aufl., 1993, S. 709 ff.

679 *Ga*, NZACL 17 spec. iss. (2014), 55, 56; *Han*, Vill. L. Rev. 58 (2013), 589, 591; *Young-June Lee*, Asia Private L. Rev. 4 spec. iss. (2012), 3, 3.

680 Vgl. *Leible*, in: ders./Lehmann (Hg.), EM 86 – European Contract Law and German Law, 2014, S. 8 f.

zum CESL und CISG lädt Art. I.-1:101 Abs. 1 PACL all diejenigen zum Gebrauch ein, die mit der Anwendung von Rechtsregeln auf Verträge zu tun haben, sei es für internationale oder innerstaatliche[681] Verträge.[682]

III. Zwischenergebnis

Aus gesetzgeberischer Sicht erscheint es in Europa wegen des starken Gegenwinds[683] sinnvoll, den Anwendungsbereich zuerst auf den Fernabsatz sektoral zu begrenzen und damit herauszufinden, ob ein solches Instrument tatsächlich genutzt wird und ob es wirklich den Binnenmarkt beleben kann. Würde das CESL in diesem Sektor ausreichenden Anklang finden, wäre es sinnvoll, den Anwendungsbereich im Rahmen des fakultativen Instruments zu erweitern beziehungsweise die vom Europäischen Parlament eingebrachte Beschränkung auf Fernabsatzverträge sogar gänzlich aufzuheben.

Dennoch ist sicher, dass ein Einheitsrecht als Instrument der Transaktionskostenersparnis nur dann an Attraktivität gewinnt, wenn Unternehmer das CESL für alle Verträge einsetzen können.[684] Um den räumlich geschrumpften – grundsätzlich lediglich für die grenzüberschreitenden Fernabsatzverträge anwendbaren – Anwendungsbereich auszuweiten, sieht das CESL als Option für einen Mitgliedstaat vor, seine Anwendung auf innerstaatliche Sachverhalte nach Art. 13 PR CESL auszudehnen. Andererseits versucht die Europäische Kommission, den Begriff des grenzüberschreitenden Vertrags mit Art. 4 Abs. 2 und 3 PR CESL weit auszulegen. In Bezug auf die internationale Zuständigkeit der grenzüberschreitenden B2C-Verträge müsste das CESL richtigerweise als maßgebliches Kriterium den Wohnsitz des Verbrauchers in einem Mitgliedstaat miteinbeziehen.[685]

Nach Art. 1 Abs. 1 CISG findet das CISG auf internationale Sachverhalte Anwendung. Die Parteien sollen dafür ihre Niederlassung in verschiedenen Staaten haben und diese Internationalität des Kaufvertrags erkennen. Anders als im CESL scheidet die Anwendung des CISG aus, falls die auswärtige Niederlassung

681 Um die PACL anzuwenden, wird die Internationalität des Vertrags in Art. I.-1:101 Abs. 1 PACL nicht vorausgesetzt.

682 Vgl. *v. Bar/Zimmermann*, PECL, 2002, S. 87.

683 Siehe oben S. 35 f.

684 *Eidenmüller/Jansen/Kieninger/Wagner/Zimmermann*, JZ 2012, 269, 276; *Balthasar*, RIW 2012, 361, 365.

685 Siehe oben S. 149 f.

einer Partei nicht erkennbar ist. Wenn das CESL wegen Mangels an Internationalität, obwohl die Parteien beim Warenkauf das CESL als Vertragsstatut vereinbaren, nicht anwendbar ist, ist der Verweisungsvertrag unwirksam. Nach Art. 4 Abs. 1 lit. a Rom I-VO bestimmt sich das auf den Vertrag anzuwendende Recht.

§ 8 Sachlicher Anwendungsbereich

I. Sachlicher Anwendungsbereich im CESL

Vor allem umfasst der sachliche Anwendungsbereich des CESL Kaufverträge über bewegliche körperliche Gegenstände. Darüber hinaus werden digitale Produkte sowie damit verbundene Dienstleistungen miteinbezogen. Demgegenüber sollte das Sachenrecht einschließlich der Eigentumsübertragung vom Anwendungsbereich explizit auch im Regelungstext ausgenommen sein, Erwägungsgrund 27 PR CESL. Getrennt werden somit schuldrechtliche und sachenrechtliche Gesichtspunkte des Kaufrechts, wobei sich nur Ersteres im CESL befindet und behandelt wird.[686]

1. Kaufverträge von Waren

Das Merkmal des Kaufs ist im CESL legaldefiniert. Ein Kaufvertrag i. S. d. Art. 5 lit. a PR CESL[687] ist nach Art. 2 lit. k PR CESL in Verbindung mit lit. h PR CESL ein Vertrag über den Erwerb eines beweglichen körperlichen Gegenstandes. Es handelt sich um einen Austausch von Waren gegen Geld. Hierbei spielt es keine Rolle, ob die Parteien den Kaufvertrag fälschlich als anderen Vertragstypus, z. B. als „leasing contract", bezeichnet haben.[688] Mit der klassischen Definition des Kaufvertrags ist der Begriff im CESL aber nicht gleichzustellen, denn Art. 2 lit. k PR CESL schließt Werklieferungsverträge grundsätzlich ein.[689]

A. Waren als Gegenstände des Kaufvertrags

Gegenstände des Kaufvertrags im CESL sind Waren. Gemäß Art. Art. 2 lit. h PR CESL stellen „Waren (Goods)" bewegliche körperliche Gegenstände dar.[690] Damit betreffen sie Tiere[691] und Pflanzen, Getreide, die im Zug der Lieferung selbständige

---

686 Erwägungsgrund 27 und Art. 11a Abs. 2 lit. h PR CESL. Das CESL kennt kein „*consideration*-Erfordernis" im Common-Law-System und vertritt keine allgemeine „*causa*-Lehre", Schmidt-Kessel/*ders.*, GEK-E, 2014, Art. 2 GEK-VO-E Rdnr. 10.

687 Vgl. die Definition des Kaufvertrags in Art. 2 Nr. 5 VerbraucherrechteRL. In Bezug auf die Definition des Kaufvertrags im CESL unterscheiden sich B2C- und B2B-Verträge nicht, Schmidt-Kessel/*ders.*, GEK-E, 2014, Art. 2 GEK-VO-E Rdnr. 58.

688 Vgl. Staudinger/*Magnus*, 2013, Art. 1 CISG Rdnr. 14; *Piltz*, NJW 2009, 2258, 2260.

689 Vgl. § 651 BGB.

690 Vgl. die Gegenstände des Vertrags nach Art. IV.A.-I:101 DCFR.

691 Vgl. § 90a BGB.

Sachen werden, einschließlich von Sachgesamtheiten. Dagegen sind die Verträge über unkörperliche Gegenstände, der Erwerb von Liegenschaften[692] und Rechten, Strom und Erdgas sowie Wasser und andere Formen von Gas ausgeschlossen, die in einem begrenzten Volumen oder in einer bestimmten Menge zum Verkauf angeboten werden. Wie die Rechtsobjekte „Sachen" im Sinne des § 90 BGB, sind für die Qualifikation von Waren als Gegenstände des CESL sowohl die räumliche Ausdehnung wie auch Beherrschbarkeit erforderlich.[693] Der Begriff der Sache in § 90 BGB ist aber im Wesentlichen für das Sachenrecht (§§ 854 ff. BGB) konzipiert.[694] Inwieweit der Sachbegriff von § 90 BGB auf Vorschriften außerhalb des dritten Buches des BGB anzuwenden ist, ist jeweils nach dem Sinn und Zweck der einzelnen Vorschriften zu entscheiden.[695] Über die körperliche Sache i. S. d. § 90 BGB hinaus werden bei Kaufverträgen nach §§ 433 und 435 BGB alle verkehrsfähigen und somit auch unkörperlichen Vermögensgegenstände und Sachgesamtheiten hinzugerechnet. Das CESL führt ebenfalls die Waren als Gegenstände der Kaufverträge ein. Im Folgenden bedarf es einer Prüfung des Einzelfalles.

1) Wertpapiere oder sonstige Urkunden

Es ist fraglich, ob Wertpapiere oder sonstige Urkunden in den Anwendungsbereich des Kaufs im CESL fallen. Nach deutschem Recht fallen sie trotz vieler

---

692 Die Unbeweglichkeit als Grenze zwischen beweglicher und unbeweglicher Sache ist gemäß Art. 2 lit. h PR CESL autonom und unabhängig von dem anwendbaren Sachenrecht zu ziehen, auch Schmidt-Kessel/*ders.*, GEK-E, 2014, Art. 2 GEK-VO-E Rdnr. 42.

693 Erforderlich sind ebenfalls in § 90 BGB die durch ein Behältnis räumliche Abgrenzung und Bewertbarkeit in Bezug auf die Flüssigkeit und das Gas, MünchKomm/*Stresemann*, Bd. 1, 7. Aufl. (2015), § 90 BGB Rdnr. 8; Erman/*Schmidt*, Bd. 1, 14. Aufl. (2014), § 90 BGB Rdnr. 1; Staudinger/*Jickeli/Stieper*, 2012, § 90 BGB Rdnr. 1 ff.; Rüthers/Stadler, AT BGB, 18. Aufl., 2014, S. 85; *Wolf/Neuner*, AT BGB, 10. Aufl., 2012, S. 284; *Bork*, AT BGB, 3. Aufl., 2011, Rdnr. 234; *Larenz*, AT BGB, 7. Aufl., 1989, S. 283.

694 Staudinger/*Jickeli/Stieper*, 2012, § 90 BGB Rdnr. 5; Jauernig/*Mansel*, 15. Aufl. (2014), § 90 BGB Rdnr. 2; Palandt/*Ellenberger*, 74. Aufl., 2015, § 90 BGB Rdnr. 4; *Bauer/Stürner*, Sachenrecht, 18. Aufl., 2009, S. 11; *Bork*, AT BGB, 3. Aufl., 2011, Rdnr. 234.

695 BGH, Urt. v. 26.11.2007 – II ZR 167/06 = NJW 2008, 1084 = ZIP 2008, 417 = MDR 2008, 387 = WM 2008, 291.

Sonderregelungen[696] unter die beweglichen Sachen.[697] Es kommen bei ihrem Erwerb Elemente des Sach- und Rechtskaufs zusammen.[698] Aus dem in Art. 40 Abs. 2 lit. c CESL verankerten Widerrufrecht bei Kaufverträgen über Waren, deren Preis von Schwankungen auf dem Finanzmarkt abhängt, lässt sich indirekt ableiten, dass Verträge über Wertpapiere oder sonstige Urkunden erfasst sein sollen.[699] Abgesehen davon zählen Wertpapiere oder sonstige Urkunden nach h. M[700] zu den beweglichen körperlichen Gegenständen[701] und sind daher vom Anwendungsbereich des CESL erfasst.

2) Digitale Inhalte

Es ist unklar, ob digitale Inhalte zu den Waren, also beweglichen körperlichen Gegenständen, gerechnet werden. Nach deutscher Rechtsprechung sind elektronische Daten und Computerprogramme als solche keine Sachen, da ihnen die für den Sachbegriff kennzeichnende abgrenzbare Körperlichkeit fehlt[702] und sie lediglich das Ergebnis von Denkprozessen und somit ein immaterielles Gut sind.[703] Der Begriff der „Sache" ist im Gesetz eindeutig definiert. Eine erweiternde Auslegung ist nicht möglich.[704] Die überwiegende Auffassung nimmt zu Recht

---

696 Beispielsweise sind die Sonderregelungen für die Wertpapiere §§ 232 ff., 234, 372, 700 Abs. 2, 783, 1081 ff., 1292 ff., 1362 Abs. 1 S. 3, 1807 Abs. 1 Nr. 8, 1814 f., 1853, 2116 Abs. 1 BGB und für die sonstige Urkunde §§ 952, 126, 495, 810 BGB und §§ 415 ff. ZPO.

697 MünchKomm/*Stresemann*, Bd. 1, 7. Aufl. (2015), § 90 BGB Rdnr. 22 f.; Staudinger/*Jickeli/Stieper*, 2012, § 90 BGB Rdnr. 54 ff.

698 MünchKomm/*Westermann*, Bd. 3, 7. Aufl. (2016), Art. 433 BGB Rdnr. 12 und Art. 453 BGB Rdnr. 5; *Stadler*, AcP 212 (2012), 473, 492.

699 Auch *Lehmann*, GPR 2011, 218, 222; a.A. *Magnus*, in: ders. (Hg.), CISG vs. Regional Sales Law Unification, 2012, S. 109; *Pfeiffer*, in: Remien/Herrler/Limmer (Hg.), Gemeinsames Europäisches Kaufrecht für die EU?, 2012, S. 40; Schulze/*Wendehorst*, CESL, 2012, Art. 5 PR CESL Rdnr. 6; *Stadler*, AcP 212 (2012), 473, 492 legt den Grund dafür vor, dass die europäische Richtlinie (in Art. 2 Richtlinie 2002/65/EG) zwischen Kauf und Finanzdienstleistung, zu denen der Kauf von Finanzinstrumenten gehört, deutlich unterscheidet.

700 Vgl. Art. 2 lit. d CISG. Danach findet das CISG ausdrücklich keine Anwendung auf den Kauf von Wertpapieren oder Zahlungsmitteln.

701 MünchKomm/*Stresemann*, Bd. 1, 7. Aufl. (2015), § 90 BGB Rdnr. 22 f.; Staudinger/*Jickeli/Stieper*, 2012, § 90 BGB Rdnr. 54 ff.

702 LG Konstanz, Urt. v. 10.5.1996 – 1 S 292/95 = NJW 1996, 2662.

703 BGH, Urt. v. 4.11.1987 – VIII ZR 314/86 = BGHZ 102, 135 = NJW 1988, 406.

704 Um auch Computerdaten dem Sachbegriff zu unterstellen, bedürfe es demnach einer Entscheidung des Gesetzgebers, LG Konstanz, Urt. v. 10.5.1996 – 1 S 292/95 = NJW

an, dass nur der Datenträger eine Sache im Sinne vom § 90 BGB ist,[705] während die darin verkörperte geistige Leistung ein durch das Urheberrecht geschütztes Immaterialgut bleibt.[706] Nach der rechtlichen Form des Überlassungsvertrags können diese einen Kauf, Leasing, Miete oder Werkvertrag[707] darstellen.[708] Wird die Software auf einem Datenträger verkauft, handelt es sich um einen Sachverkauf nach §§ 433 BGB. Für den Kauf von Software ohne Datenträger, z. B. beim Herunterladen direkt aus dem Internet oder einer App (Application software = Anwendungssoftware, z. B. iTunes, Google Store etc.), gilt § 453 Abs. 1 Alt. 2 BGB.[709] Unstreitig ist, dass digitale Inhalte darunter Spiel-, Textverarbeitungsprogramme, Betriebssysteme, Musik, digitale Dateien usw. Gegenstände von Kaufverträgen darstellen.[710]

1996, 2662. Zur Diskussion über die digitalen Inhalte und den Sachbegriff des altehrwürdigen BGB in der heutigen digitalen Welt *Faust*, NJW Beilage 2/2016, 29, 29 ff.

705 Nach § 312f Abs. 3 BGB sind digitale Inhalte „Daten, die in digitaler Form hergestellt und bereitgestellt werden". Damit hängen sie nicht davon ab, ob ihre Bereitstellung auf einem körperlichen Datenträger geschieht oder nicht, MünchKomm/*Wendehorst*, Bd. 2, 7. Aufl. (2016), § 312f BGB Rdnr. 21.

706 MünchKomm/*Stresemann*, Bd. 1, 7. Aufl. (2015), § 90 BGB Rdnr. 25; Erman/*Schmidt*, Bd. 1, 14. Aufl. (2014), § 90 BGB Rdnr. 1; Staudinger/*Jickeli/Stieper*, 2012, § 90 BGB Rdnr. 54 ff.; *Bauer/Stürner*, Sachenrecht, 18. Aufl., 2009, S. 11; *Redeker* NJW 1992, 1739, 1739 f.; dagegen Soergel/*Marly*, Bd. 1, 13. Aufl., 2000, § 90 BGB Rdnr. 3; *Bydlinski*, AcP 198 (1998), 287, 287 ff.; *König*, NJW 1993, 3121, 3123 f.

707 Nach der Rechtsprechung werden Verträge über die Entwicklung von Individualsoftware überwiegend dem Werkvertragsrecht nach §§ 631 ff. BGB zugeordnet, BGH, Urt. v. 30.1.1986 – I ZR 242/83 = NJW 1987, 1259 = MDR 1986, 910 = GRUR 1986, 610 = WM 1986, 1002 = BB 1986, 1319; Palandt/*Weidenkaff*, 75. Aufl., 2016, § 433 BGB Rdnr. 9; *Looschelders*, BT Schuldrecht, 10. Aufl. (2015), S. 86; *Schneider*, Handbuch des EDV-Rechts, 4. Aufl., 2009, S. 775; anders ist § 651 BGB, *Killian*, in: Killian/Heussen (Hg.), Computerrechtshandbuch, 2012, 1. Abs. Teil 2 VI Rdnr. 49; *Hasssemer*, ZGS 2002, 95, 102.

708 Palandt/*Weidenkaff*, 75. Aufl., 2016, § 433 BGB Rdnr. 9; *König*, NJW 1993, 3121, 3124.

709 *Looschelders*, BT Schuldrecht, 10. Aufl. (2015), S. 86; dagegen wird das Vertrag schlicht als Sachverkauf angesehen, denn die Software wird im Zuge des Downloads als Datei im Arbeitsspeicher auch verkörpert, Staudinger/*Beckmann*, 2012, § 90 BGB Rdnr. 73; *Hoenike/Hülsdunk*, MMR 2004, 59, 65.

710 LG Konstanz, Urt. v. 10.5.1996, Rs. 1 S 292/95 = NJW 1996, 2662; MünchKomm/*Westermann*, Bd. 3, 7. Aufl. (2016), Art. 433 BGB Rdnr. 10 und 14; Palandt/*Weidenkaff*, 75. Aufl., 2016, Rdnr. 9.

Im Verhältnis zwischen Art. 5 lit. a und lit. b PR CESL ist die Frage zu entscheiden, ob digitale Inhalte ausschließlich durch Verträge über die Bereitstellung digitaler Inhalte geregelt werden sollen oder auch durch Kaufverträge.[711] Es handelt sich um die Eigenschaft der Verträge über die Bereitstellung digitaler Inhalte, also ob sie als ein besonderer Vertragstyp oder nur als ein auf den digitalen Inhalt in Kaufsache beschränkten Kauf angenommen werden. Vergleichbar sind die digitalen Inhalte nach Verbraucherrechte-RL. Nach deren Erwägungsgrund 19 stellen digitale Inhalte, die auf einem körperlichen Datenträger wie einer CD oder einer DVD bereitgestellt werden, Waren im Sinne dieser Richtlinie dar. Dagegen sollten Verträge über digitale Inhalte, die nicht auf einem körperlichen Datenträger bereitgestellt werden, für die Zwecke dieser Richtlinie weder als Kauf noch als Dienstleistungsverträge betrachtet werden. Wie Erwägungsgrund 17 PR CESL zeigt,[712] sollte dagegen nicht Art. 5 lit. a PR CESL, sondern nur lit. b für die Bereitstellung digitaler Inhalte gelten, unabhängig davon, ob die digitalen Inhalte auf einem materiellen Datenträger bereitgestellt werden. Verträge über Bereitstellung digitaler Inhalte im CESL sind als ein gegenüber Kaufverträgen spezieller Vertragstyp anzusehen, deren Gegenstände sich auf die digitalen Inhalte beschränken.[713]

3) Noch nicht existierende Sache

Die Kaufsache muss in der Regel bei Vertragsschluss noch nicht existieren.[714] Nach dem Erwägungsgrund 16 und Art. 2 lit. k PR CESL werden auch Verträge über die Lieferung von noch herzustellenden bzw. zu erzeugenden Waren, d. h. Werklieferungsverträge, erfasst.[715] Sie sind der wirtschaftlich wichtigste Vertragstyp, der im

---

711 Vgl. die Verengerung, die Waren von den digitalen Inhalten abzugrenzen, Schmidt-Kessel/*ders.*, GEK-E, 2014, Art. 2 GEK-VO-E Rdnr. 43.

712 Auch siehe Art. 123 Abs. 2 lit. b CESL.

713 Siehe unten S. 178 ff.; a.A. *Magnus*, in: ders. (Hg.), CISG vs. Regional Sales Law Unification, 2012, S. 109.

714 MünchKomm/*Westermann*, Bd. 3, 7. Aufl. (2016), Art. 433 BGB Rdnr. 8 und 13; Palandt/*Weidenkaff*, 75. Aufl., 2016, Rdnr. 6; Jauernig/*Mansel*, 16. Aufl. (2015), § 651 BGB Rdnr. 1; Erman/Grunewald, Bd. 1, 14. Aufl. (2014), § 433 BGB Rdnr. 12; Staudinger/*Beckmann*, 2004, § 433 BGB Rdnr. 11; auch in Rechtsprechung, BGH, Urt. v. 23.7.2009 - VII ZR 151/08 = BGHZ 182, 140 = NJW 2009, 2877; BGH, Urt. v. 20.11.2001 - VI ZR 77/00 = NJW 200, 504 = MDR 2002, 215 = VersR 2002, 200; BGH, Urt. v. 1.12.1993 - VIII ZR 259/92 = NJW 1994, 515 = ZIP 1994, 136.

715 *Stadler*, AcP 212 (2012), 473, 492; *Lorenz*, AcP 212 (2012), 702, 714; *Pfeiffer*, in: Remien/Herrler/Limmer (Hg.), Gemeinsames Europäisches Kaufrecht für die EU?, 2012, S. 40. Vgl. § 651 BGB, der bei B2C-Verhältnisse als ein vom Kaufvertrag abweichende

grenzüberschreitenden Handel und vor allem im elektronischen Geschäftsverkehr ein besonderes Wachstumspotenzial bietet.[716]

Die Einbeziehung des Werklieferungsvertrags in den Anwendungsbereich des CESL wirft aber die komplizierte Frage auf, wie das Herstellungsrisiko[717] und Sachmängel des Kaufgegenstands behandelt werden, und wer und wann bei der Verarbeitung von bestellereigenem Material Eigentümer der neuen Sache wird. Sachenrechtliche Rechtsfragen werden bewusst nicht vom CESL erfasst,[718] sondern bleiben dem aufgrund des IPR der *lex fori* einschlägigen Sachenrechtsstatut überlassen,[719] z. B. sind die anwendbaren Vorschriften vor deutschen Gerichten nach Art. 43 ff. EGBGB zu bestimmen. Gemäß § 950 BGB erwirbt der Hersteller Eigentum an der neuen Sache ohne Rücksicht auf seinen guten oder bösen Glauben.[720] Beim Werkvertrag (§ 631) wird aber nach der herkömmlichen Ansicht der als Hersteller anzusehende Besteller originärer Eigentümer der neuen Sache.[721] Würde der Käufer als Besteller, der eigene Stoffe bereitstellt, von Anfang an Eigentümer der neuen Sache, wäre der Hersteller nicht zur Übereignung der Waren verpflichtet, sondern nur zur Lieferung herzustellender oder zu erzeugender Sachen. Aus diesem Grund wären diese Verträge nicht von Art. 2 lit. k PR CESL erfasst. Die neue Fassung[722] ist richtigerweise bei § 950 BGB anzusetzen. Danach sieht man den Unternehmer – unabhängig davon, ob er eigene oder vom

---

Vertragstyp über bewegliche Sache angesehen wird, obwohl bei diesem Vertrag die Vorschriften über den Kauf Anwendung finden.

716 Erwägungsgrund 16 PR CESL.

717 Jede Partei trägt in der Regel selbst ihr Risiko, falls Menge oder Qualität der später gewonnenen Produkte von der Erwartung der Parteien abweichen, ohne dass es eine spezielle Vereinbarung darüber gibt, Staudinger/*Beckmann*, 2014, § 433 BGB Rdnr. 14.

718 Siehe Erwägungsgrund 27 und Art. 11a Abs. 2 lit. h PR CESL.

719 Schulze/*Wendehorst*, CESL, 2012, Art. 5 PR CESL Rdnr. 11; *Lorenz*, AcP 212 (2012), 702, 714.

720 MünchKomm/*Füller*, Bd. 6, 6. Aufl. (2013), Art. 950 BGB Rdnr. 14; BGH, Urt. v. 11.1.1971 – VIII ZR 261/69 = BGHZ 55, 176 = NJW 1971, 612; BGH, Urt. v. 6.5.1971 – VII ZR 232/69 = BGHZ 56, 131; OLG Köln, Urt. v. 23.8.1996 – 11 U 39/96 = NJW 1997, 2187.

721 MünchKomm/*Füller*, Bd. 6, 6. Aufl. (2013), Art. 950 BGB Rdnr. 21; *Röthel*, NJW 2005, 625, 626.

722 MünchKomm/*Busche*, Bd. 4, 6. Aufl. (2012), Art. 651 BGB Rdnr. 4; Staudinger/*Peters/Jacoby*, 2014, § 651 BGB Rdnr. 12 f. und 19; Palandt/*Sprau*, 75. Aufl., 2016, § 651 BGB Rdnr. 2.

Besteller gelieferte Stoffe verarbeitet – als Hersteller an, es sei denn, der Verarbeitungswert ist erheblich geringer als der Stoffwert (§ 950 Abs. 1 S. 1 BGB). Nach dieser Ansicht ist die Einbeziehung des Werklieferungsvertrags in Deutschland grundsätzlich unproblematisch, soweit der Verarbeitungswert nicht geringer als der Stoffwert ist. Darüber hinaus ist die Anwendung des CESL für folgende Mitgliedstaaten nach der alten deutschen Fassung ausgeschlossen.[723]

B. Übertragung des Eigentums an einer Ware und Zahlung des Preises

Maßgebende Elemente sind nach der Definition des Kaufvertrags gemäß Art. 2 lit. k PR CESL wie gemäß § 433 BGB die Übergabe und die Kaufpreiszahlung in Geld.[724] Der Verkäufer hat dem Käufer die Kaufsache zu übergeben und das Eigentum an der Sache zu verschaffen, Art. 91 CESL. Es ist unabhängig von den im CESL nicht mitgeregelten sachenrechtlichen Wirkungen des Kaufvertrags (Erwägungsgrund 27 und Art. 11a lit. f PR CESL). Der Käufer ist zur Zahlung des Kaufpreises verpflichtet, Art. 123 Abs. 1 CESL. Als eine im Austausch erbrachte Leistung beschränkt sich der in Art. 2 lit. i PR CESL definierte Preis ausschließlich auf „Geld“ und wird im CESL nicht – auch nicht in BGB und anderen Gesetzen – näher dargestellt.

Es ist streitig, ob sich der Begriff des Geldes von der wirtschaftlichen Funktion her ableiten soll[725] oder nur als Rechtsphänomen zu fassen ist. Nach h. M. ist die staatliche Anerkennung sowie die Definition durch Rechtsnormen entscheidend.[726] Das Geld betrifft in der Regel sämtliche gesetzlichen Zahlungsmittel (Bargeld), insbesondere den Euro in Sinne vom Art. 128 AEUV, aber auch das

---

723 Auch Schulze/*Wendehorst*, CESL, 2012, Art. 5 PR CESL Rdnr. 11 f.

724 Kritik zur Voraussetzung der Kaufpreiszahlung (in Geld) beim Warenkauf siehe Schulze/*Wendehorst*, CESL, 2012, Art. 5 PR CESL Rdnr. 39.

725 *Borchert*, Sparkasse 1996, 41, 41 f.; *Thywissen* BB 1971, 1347, 1348. Von dem an seiner Funktion im Wirtschaftsleben ausgerichteten Begriff des Geldes ist der gegenstandsbezogene Geldbegriff zu unterscheiden, *Larenz*, AT Schuldrecht, 14. Aufl., 1987, S. 162.

726 MünchKomm/*Grundmann*, Bd. 2, 7. Aufl. (2016), Art. 244, 245 BGB Rdnr. 10; Jauernig/*Berger*, 16. Aufl. (2015), §§ 244, 245 BGB Rdnr. 2; *Eingelhardt/Klein*, MMR 2014, 355, 356; Staudinger/*Schmidt*, 2012, Vorbem. § 244 ff. BGB Rdnr. A 1; *Samm*, in: FS für Hahn, 1997, S. 232 ff.; Kritisch zur Notwendigkeit einer staatlichen Geldcharakterisierung, *Beck/König*, JZ 2015, 130, 135 f.; *Beck*, NJW 2014, 580, 581f.; auch *Herrmann*, Währungshoheit, Währungsverfassung und subjektive Rechte, 2010, S. 70 f.

Buchgeld[727] bei Vorliegen einer entsprechenden Vereinbarung.[728] Der Euro stellt nicht die einzige Währung und das einzige Zahlungsmittel dar. Auch Währungen anderer Mitgliedstaaten oder beliebiger Drittstaaten sind hierzu geeignet, denn es kommt nicht auf die rechtliche Anerkennung in der EU an, sondern auf die von den Parteien akzeptierte Verkehrsfähigkeit.[729] Man muss berücksichtigen, dass das CESL auf Fernabsatzverträge abzielt, insbesondere auf Online-Verträge. Hieraus kann möglicherweise geschlossen werden, wie elektronisches Geld (E-Geld = E-Cash oder Cybergeld) und andere Zahlungsmittel, z. B. Bitcoins, Paypal-Guthaben und andere Treupunkte, die im *E-commerce* üblich sind, behandelt werden.

Nach der Legaldefinition des § 1a Abs. 3 ZAG fallen unter elektronisches Geld auch magnetisch gespeicherte monetäre Werte. Maßgeblich hierfür ist, dass eine Forderung gegenüber dem Emittenten besteht, die gegen Zahlung eines Geldbetrags ausgestellt wird, um damit Zahlungsvorgänge (§ 675f Abs. 3 S. 1 BGB) durchzuführen. Diese kann auch von anderen natürlichen oder juristischen Personen als dem Emittenten angenommen werden.[730] Der Drittbezug des E-Geldes ist entscheidend. Damit sind nur solche elektronisch gespeicherten Werteinheiten als E-Geld anzusehen, die von einem anderen als dem Emittenten als monetäre Werte akzeptiert werden.[731] Daher gelten Zahlungsmittel nicht als E-Geld, wenn – wie bei selbstgeschaffenen monetären Einheiten,[732] z. B. bei Bitcoins, LiteCoins oder PP

---

727 Unter Buchgeld versteht man Geldforderungen gegenüber Kreditinstituten, regelmäßig Forderungen aus einem Girokonto, MünchKomm/*Grundmann*, Bd. 2, 7. Aufl. (2016), Art. 244, 245 BGB Rdnr. 6.

728 MünchKomm/*Grundmann*, Bd. 2, 7. Aufl. (2016), Art. 244, 245 BGB Rdnr. 6 f. u. 110; Jauernig/*Berger*, 16. Aufl. (2015), §§ 244, 245 BGB Rdnr. 2; *Larenz*, AT Schuldrecht, 14. Aufl., 1987, S. 164; *Thywissen* BB 1971, 1347, 1349 f.

729 Schmidt-Kessel/*ders.*, GEK-E, 2014, Art. 2 GEK-VO-E Rdnr. 56.

730 Vgl. Art. 2 Nr. 2 E-Geld-Richtlinie (Richtlinie 2009/110/EG des Europäischen Parlaments und des Rates vom 16. September 2009 über die Aufnahme, Ausübung und Beaufsichtigung der Tätigkeit von E-Geld-Instituten, zur Änderung der Richtlinien 2005/60/EG und 2006/48/EG sowie zur Aufhebung der Richtlinie 2000/46/EG, ABl. Nr. L 267 v. 10.10.2009).

731 Beck'scher/*Schmalenbach*, 37. Ed. (Stand: 01.11.2015), § 675c BGB Rdnr. 9.

732 In jüngster Zeit hat das alternative, auf Kryptographie basierende Geld, dessen bekanntester Vertreter Bitcoins sind, vermehrte Aufmerksamkeit verschiedener Fachkreise auf sich gezogen, *Beck/König*, JZ 2015, 130, 130; *Eingelhardt/Klein*, MMR 2014, 355, 355.

Coins – der Wert keine Forderung gegen den Emittenten begründet.[733] Es macht keinen Unterschied, ob die Bitcoins später einfach in Bargeld gewechselt werden oder dass der Inhaber diese durch beliebige Güter oder Leistungen ersetzen kann. Anders verhält sich dies beim sog. Netzgeld[734] (z. B. PayPal) und Mobile-Payment-Verfahren (z. B. Apple Pay, Google Pay, Samsung Pay usw.).[735] Denn der Begriff des E-Geldes ist offen für neue technologische Entwickelungen.[736] Richtigerweise handelt es sich hier nicht um den Begriff des Geldes, sondern nur um ein neues Bezahlsystem,[737] das den bargeldlosen Geschäftsverkehr ermöglicht. Obwohl der Zahlungsdienstvertrag – dessen ungeachtet, ob der Begriff des Geldes das Netzgeld und das durch Mobil-Payment-Verfahren bezahlte Guthaben umfasst oder nicht – zwischen Käufer und dem Emittenten nicht vom Anwendungsbereich des CESL erfasst wird,[738] findet das CESL bei einem Kaufvertrag mittels dieses neuen Bezahlsystems Anwendung.[739]

---

733 MünchKomm/*Westermann*, Bd. 3, 7. Aufl. (2016), Art. 433 BGB Rdnr. 12; Palandt/*Grüneberg*, 75. Aufl., 2016, § 245 BGB Rdnr. 5 und § 675f BGB Rdnr. 54; *Eingelhardt/Klein*, MMR 2014, 355, 355 f.; Beck'scher/*Schmalenbach*, 37. Ed. (Stand: 01.11.2015), § 675c BGB Rdnr. 9; auch m.w.N. sieht nur als Rechnungseinheit an, *Spindler/Bille* WM 2014, 1357, 1360 ff.; a.A. *Beck*, NJW 2014, 580, 581 ff.; *Beck/König*, JZ 2015, 130, 135 ff.; Vgl. EuGH, Urt. v. 22.10.2015, Rs. C-264/14 (Befreiung von Mehrwertsteuer bei der virtuellen Währung „Bitcoin" sowie bei gesetzlichen (oder konventionellen) Zahlungsmitteln) = K&R 2015, 786. Es ist allerdings überwiegend, dass die Bitcoins ein sonstiges Recht i.S.d. § 823 Abs. 1 BGB darstellen und zu schützen sind, *Spindler/Bille*, WM 2014, 1357, 1363.

734 Ein Bezahlsystem insbesondere für Internet-Transaktionen unter Nutzung von E-Mail-Adresse mit Passwort und unter Einbindung in das Kreditkarten- bzw. Gironetzwerk der Banken, Palandt/*Sprau*, 75. Aufl., 2016, § 675f BGB Rdnr. 54; *Hoenike/Szodruch*, MMR 2006, 519, 520 f.; *Meder/Grabe*, BKR 2005, 467, 467 f.

735 Palandt/*Sprau*, 75. Aufl., 2016, § 675f BGB Rdnr. 54; Staudinger/*Omlor*, 2012, § 675c BGB Rdnr. 4.

736 BT-Drucks 17/3023, S. 40.

737 Auch *Hoenike/Szodruch*, MMR 2006, 519, 520 f.

738 Das Netzgeld gilt währungsrechtlich aber nicht als gesetzliches Zahlungsmittel i.S.v. § 14 Abs. 1 BBankG und steht nicht dem Notenmonopol der Deutschen Bundesbank entgegen, *Hoeren*, Internet und Kommunikationsrecht, 2. Aufl. (2012), S. 319.

739 Gegen den weiteren Begriff des Geldes im CESL darf das Geld nicht in weiterem Sinne auszulegen sein und umfasst nicht einen wirtschaftlichen Vorteil, Schulze/*Wendehorst*, CESL, 2012, Art. 5 PR CESL Rdnr. 14.

C. *Ausgenommene Kaufverträge*

Nach Art. 5 lit. a PR CESL findet das CESL grundsätzlich auf Kaufverträge Anwendung. Von der Definition des Kaufvertrags nach Art. 2 lit. k PR CESL sind aber Verträge ausgeschlossen, die den Kauf zwangsversteigerter Waren betreffen oder auf sonstige Weise mit der Ausübung öffentlicher Gewalt verbunden sind.

Zunächst entfallen bei der Zwangsversteigerung die Anwendung des CESL sowie die Inhaltskontrolle der Versteigerungsbedingungen. Vom Kaufvertrag i.S.v. Art. 2 lit. k PR CESL wird hingegen sowohl die privat veranlasste Versteigerung erfasst als auch die öffentliche Versteigerung[740] i.S.v. Art. 2 lit. u PR CESL.[741] Das CESL gilt nicht für Verkäufe in Ausübung öffentlicher Gewalt. Trotz der Teilnahme von Amtsträgern werden Kaufverträge vom Anwendungsbereich nicht ausgenommen, die nicht dem öffentlichen Interesse dienen, sondern der privaten Interessenwahrnehmung.[742]

2. Verträge über Bereitstellung digitaler Inhalte

A. *Digitale Inhalte*

Um den Anforderungen der neuen Kategorie von Vertragsgegenständen im digitalen Alter zu entsprechen,[743] werden „digitale Inhalte" in Art. 2 lit. j PR CESL ausführlich definiert.[744] Danach werden sie aus dem Warenbegriff ausgegliedert[745] und sind unabhängig davon, ob sie auf einem materiellen Datenträger bereitstellt werden. Es geht bei digitalen Inhalten um Daten, die – gegebenenfalls auch nach Kundenspezifikation – in digitaler Form hergestellt und bereitgestellt werden. Maßgebend ist die äußere *digitalisierte* Form, nicht der in den Daten

---

740 Anders als „öffentliche Versteigerung" nach § 814 ZPO bedeutet sie in Art. 2 lit. u PR CESL, nur dass die Versteigerung für die Allgemeinheit offen ist, Schulze/*Wendehorst*, CESL, 2012, Art. 5 PR CESL Rdnr. 55.

741 Schulze/*Wendehorst*, CESL, 2012, Art. 5 PR CESL Rdnr. 55; Schmidt-Kessel/*ders.*, GEK-E, 2014, Art. 2 GEK-VO-E Rdnr. 62.

742 Schmidt-Kessel/*ders.*, GEK-E, 2014, Art. 2 GEK-VO-E Rdnr. 62.

743 Schmidt-Kessel/*ders.*, GEK-E, 2014, Art. 2 GEK-VO-E Rdnr. 44.

744 Vgl. mit der Definition in Erwägungsgrund 19 und Art. 2 Nr. 11 VerbraucherrechteRL 2011/83/EU. Zur dringenden Notwendigkeit, digitale Inhalte in das CESL einzubeziehen, *Loos*, Amsterdam Law School Legal Studies Research Paper No. 2011–14, S. 5 ff.

745 Die Abgrenzung der digitalen Inhalte zur Dienstleistung im CESL ist jedoch unvollständig, Schmidt-Kessel/*ders.*, GEK-E, 2014, Art. 2 GEK-VO-E Rdnr. 44.

enthaltene Inhalt.[746] Aus technologischer Sicht sollen damit analoge Tonbänder und ähnliche Aufnahmen ausgeschlossen sein.[747] Beispielhaft nennt Art. 2 lit. j PR CESL „Video-, Audio-, Bild- oder schriftliche Inhalte, digitale Spiele, Software und digitale Inhalte, die eine Personalisierung bestehender Hardware oder Software ermöglichen." Ausdrücklich davon ausgenommen sind i) elektronische Finanzdienstleistungen, einschließlich Online-Banking, ii) Rechts- oder Finanzberatungsleistungen, die in elektronischer Form erbracht werden, iii) elektronische Gesundheitsdienstleistungen, iv) elektronische Kommunikationsdienste und -netze mit den dazugehörigen Einrichtungen und Diensten, v) Glücksspiele, vi) die Erstellung neuer digitaler Inhalte oder die Veränderung vorhandener digitaler Inhalte durch den Verbraucher oder jede sonstige Interaktion mit den Schöpfungen anderer Nutzer.[748]

Nach der Zurücknahme des CESL hat die EU-Kommission eine Digitalgüterrichtlinie[749] vorgelegt, die Verbrauchern mit einem System aufeinander abgestimmter Abhilfen einen umfassenden Rechtsrahmen für das Leistungsstörungsrecht beim Erwerb digitaler Inhalte zur Verfügung stellt.[750]

B. Bereitstellung von digitalen Inhalten

Nach Art. 5 lit. b PR CESL[751] gilt das CESL für Verträge über digitale Inhalte, um der zunehmenden Bedeutung der digitalen Wirtschaft Rechnung zu tragen.[752] Inzwischen lässt sich dessen Anwendungsbereich über das klassische Kaufrecht hinaus erweitern.[753] Verträge über die Bereitstellung digitaler Inhalte umfassen

---

746 Schmidt-Kessel/*ders.*, GEK-E, 2014, Art. 2 GEK-VO-E Rdnr. 45.

747 Aus der Sicht eines durchschnittlichen Verbrauchers sind die Unterschiede zwischen digitalen und analogen Inhalten nicht immer deutlich und der Grund einer unterschiedlichen Behandlung nicht überzeugend, auch kritisch Schulze/*Wendehorst*, CESL, 2012, Art. 5 PR CESL Rdnr. 18.

748 Diese Ausnahmen – ausgenommen vi) Co-Kreation – sind überflüssig, weil die betreffenden Dienstleistungen ohnehin nicht von der Definition erfasst sind, soweit sie lediglich unter Nutzung digitaler Inhalte erbraucht werden, Schmidt-Kessel/*ders.*, GEK-E, 2014, Art. 2 GEK-VO-E Rdnr. 48.

749 Ein Vorschlag über bestimmte vertragsrechtliche Aspekte der Bereitstellung digitaler Inhalte, COM(2015) 634 final. V. 9.12.2015.

750 Siehe ausführlich *Wendland*, EuZW 2016, 126, 126 ff.

751 Richtigerweise sollte die Definition der Verträge über digitale Inhalte nicht in Art. 5 lit. b PR CESL eingeordnet sein, sondern in Art. 2 PR CESL wie andere Begriffsbestimmungen, Schmidt-Kessel/*ders.*, GEK-E, 2014, Art. 5 GEK-VO-E Rdnr. 5.

752 Siehe Erwägungsgrund 17 PR CESL.

753 *Stadler*, AcP 212 (2012), 473, 492 f.

sowohl Schenkung[754] als auch den Tausch[755] sowie den klassischen Kaufvertrag. Die betreffenden Geschäfte beschränken sich nicht auf dauerhafte Übertragungen und Rechteeinräumungen, so dass das CESL auch bei Gebrauchsüberlassungen Anwendung findet.[756] In Bezug auf Verträge über die Bereitstellung digitaler Inhalte geht das CESL dem Streit über die klassische Vertragstypologie aus dem Weg.[757] Damit werden sie keinem von den im BGB geregelten Vertragstypen zugeordnet, sondern vielmehr einem neu geschaffenen Vertragstyp. Das CESL ist besonders für Verträge im Bereich des Cloud-Computings geeignet, wenn digitale Inhalte oder damit verbundene Dienstleistungen unter Verwendung der Cloud-Technologie bereitgestellt werden, insbesondere wenn digitale Inhalte von der Cloud des Verkäufers heruntergeladen oder vorübergehend in der Cloud des Dienstleisters gespeichert werden können.[758]

Unabhängig von geldwerten Gegenleistungen oder dem Bestehen irgendeiner Gegenleistung stellt die Bereitstellung digitaler Inhalte die Übertragung von zur Speicherung, Verarbeitung, Bereitstellung oder wiederholten Nutzung bestimmten digitalen Inhalten dar und kann im Rahmen einer Marketingstrategie erfolgen, die auf der Erwartung basiert, dass der Verbraucher später zusätzliche oder anspruchsvollere digitale Inhalte erwerben wird. Falls der Käufer nicht bezahlt, aber eine andere Gegenleistung erbringt, kann er auf alle Abhilfen außer Minderung des Preises zurückgreifen.[759]

---

754 Z. B. ohne gesonderten Preis für die digitalen Daten kann ebenfalls die Überlassung von Software im Rahmen eines Hardwarekaufs unter das CESL fallen, *Mansel*, WM 2012, 1253, 1257.

755 Art. 5 lit. b PR CESL: Verträge über die Bereitstellung digitaler Inhalte gleich … unabhängig davon, ob die Bereitstellung gegen Zahlung eines Preises oder gegen eine Gegenleistung, die keine Zahlung eines Preises darstellt, erfolgt oder ohne jede andere Gegenleistung geliefert wird. Anders als bei Kaufverträgen nach Art. 5 lit. a PR CESL ist es daher möglich, dass der Käufer bei Verträgen über die Bereitstellung digitaler Inhalte die Gegenleistung nicht nur in Geld erfüllen soll, sondern kann diese auch mit Bitcoins bezahlt. Die Einordnung der Tauschverträge und unentgeltlichen Lockverträge in dem Art. 5 lit. b PR CESL ist allerdings fraglich, *Perner*, in: Wendehorst/Zöchling-Jud (Hg.), Am Vorabend eines Gemeinsamen Europäischen Kaufrechts, 2012, S. 27.

756 Schmidt-Kessel/*ders.*, GEK-E, 2014, Art. 5 GEK-VO-E Rdnr. 5; *Mansel*, WM 2012, 1253, 1257; *Stadler*, AcP 212 (2012), 473, 493.

757 Auch *Mansel*, WM 2012, 1253, 1257.

758 Erwägungsgrund 17a PR CESL.

759 Erwägungsgrund 18 PR CESL.

3. Verträge über verbundene Dienstleistungen

A. *Verbundene Dienstleistungen*

Dienstleistungsverträge fallen grundsätzlich nicht in den sachlichen Anwendungsbereich des CESL. Ausnahmsweise kann das CESL nach Art. 5 lit. 3 PR CESL für die Verträge über *verbundene* Dienstleistungen verwendet werden, unabhängig davon, ob hierfür ein gesonderter Preis vereinbart wurde oder nicht. Art. 2 lit. m PR CESL definiert den Begriff „verbundene Dienstleistung".[760] Inzwischen normiert dieser – neben dem Festlegen eines Ausnahmekatalogs – als maßgebende Voraussetzung, dass die Dienstleistung i. S. d. CESL hinreichend mit den Kaufverträgen oder den Verträgen über Bereitstellung digitaler Inhalte zeitlich und sachlich verbunden ist.[761]

Das Erfordernis des zeitgleichen Vertragsschlusses relativiert sich gemäß Art. 2 lit. m PR CESL n. F.[762] Es ist möglich, dass eine Dienstleistung im Kaufvertrag oder einem Vertrag zur Bereitstellung digitaler Inhalte enthalten ist. Es spielt keine Rolle, ob die Verpflichtung zur Dienstleistung als Nebenpflicht aus dem Kauf- bzw. Verschaffungsvertrag folgt oder ob sie auf Grundlage eines gesonderten eigenständigen Vertrags erbracht wird. Es ist aber fraglich, ob es sich bei Dienstleistungsverträgen um gegenüber der Hauptleistung untergeordnete Elemente handeln muss. Aus den in Art. 2 lit. m PR CESL beispielhaft genannten Tätigkeitsinhalten „Speicherung oder sonstige Handreichungen, einschließlich Installierung, Instandhaltung, Reparatur"[763] ergibt sich, dass Dienstleistungen auch sachlich oder inhaltlich

---

760 Hingegen definiert das CESL nicht, was eine Dienstleistung selbst ist. Vgl. Definition in Art. 150 *feasibility study* von der Kommission eingesetzten Expert Group (http://ec.europa.eu/justice/contract/files/feasibility_study_final.pdf) und auch „Service" in IV.C.-2:104 DCFR, den sich das CESL zum Vorbild genommen hat.

761 *Stadler*, AcP 212 (2012), 473, 493; *Faber*, in: Wendehorst/Zöchling-Jud (Hg.), Am Vorabend eines Gemeinsamen Europäischen Kaufrechts, 2012, S. 162 f; *Mansel*, WM 2012, 1253, 1257; *Schmidt-Kessel*, in: ders. (Hg.), Ein einheitliches europäisches Kaufrecht?, 2012, S. 31.

762 Zur Kritik über den Art. 2 lit. m PR CESL a. F. siehe *Faber*, in: Wendehorst/Zöchling-Jud (Hg.), Am Vorabend eines Gemeinsamen Europäischen Kaufrechts, 2012, S. 163.

763 Diese Definition der verbundenen Dienstleistung ist anders als die in Art. 2 lit. m PR CESL a. F. ((KOM (2011) 635 endg.). Zuerst wurde „Speicherung" in die Liste eingefügt und dagegen „Montage", die sich von Anfang an nicht in der englischen Fassung befand, gestrichen, Abänderung 44 T7-0159/2014. Bezüglich der Speicherung vgl. Erwägungsgrund 17a PR CESL. Danach umfasst das CESL Verträge im Bereich des Cloud Computings, die Kaufverträgen ähneln, wenn digitale Inhalte von der Cloud des Verkäufers heruntergeladen oder vorübergehend in der Cloud

mit Verträgen des Warenkaufs bzw. digitalen Inhalte verbunden sein können. Die genaue Abgrenzung der verbundenen Dienstleistung bleibt jedoch offen.[764] Explizit ausgenommen sind jedenfalls Transportleistungen, Unterstützungsleistungen im Telekommunikationsbereich und Finanzdienstleistungen, einschließlich Zahlungsdiensten und der Ausgabe von elektronischem Geld sowie Versicherungen jeder Art, sei es in Bezug auf Waren und digitale Inhalte oder Sonstiges.[765] Die ausgenommenen Transportleistungen betreffen nicht die Beförderung der Waren oder digitaler Inhalte, weil diese in Art. 96 CESL ausdrücklich geregelt sind.[766] Es handelt sich dabei nur um die Personenbeförderung.[767]

B. Dienstleister und Kunde

Aus der Definition des Begriffs „Dienstleister" in Art. 2 lit. fa PR CESL ergibt sich, dass als Dienstleister i. S. d. CESL nur Unternehmer in Betracht kommen,[768] obwohl sich eine ausdrückliche Beschränkung auf Unternehmer im Entwurfstext nicht findet. Der Verpflichtete verbundener Dienstleistung beschränkt sich darüber hinaus auf einen Verkäufer von Waren oder Lieferanten digitaler Inhalte. Daher kann kein Dienstleister Dritter sein, z. B. Hersteller, Importeur, Kundendienst-Firma, es sei denn, er ist eine Partei des Kaufvertrages über Waren oder des Vertrages über die Bereitstellung digitaler Inhalte.[769] Im Einklang mit Art. 78 CESL ist auch ein Dienstleistungsvertrag zugunsten Dritter anzuerkennen. Damit kann ein Kunde einer verbundenen Dienstleistung nicht nur der Vertragspartner aus dem Kaufvertrag bzw. Vertrag über Bereitstellung digitaler

---

des Dienstleisters gespeichert werden können. Abgesehen davon, dass Montage bei den aufgezählten Beispielen nicht erwähnt wird, gilt sie ebenfalls für Dienstleistung i. S. d. CESL, denn sie befindet sich in Sonderregeln, Artt. 101 Abs. 1, 105 Abs. 3, 148 Abs. 4 und 155 Abs. 3 CESL.

764 Auch Schmidt-Kessel/*ders.*, GEK-E, 2014, Art. 2 GEK-VO-E Rdnr. 54; *Stadler*, AcP 212 (2012), 473, 493.

765 „Schulung (training service)", die als eine Ausnahme in Art. 2 lit. m Nr. 2 PR CESL geregelt war, entfällt, Abänderung 45 T7-0159/2014. Die Ausnahme der Schulung von Dienstleistungen stand unter Kritik, *Faber*, in: Wendehorst/Zöchling-Jud (Hg.), Am Vorabend eines Gemeinsamen Europäischen Kaufrechts, 2012, S. 164 f.; Schulze/*Wendehorst*, CESL, 2012, Art. 5 PR CESL Rdnr. 29; *Stadler*, AcP 212 (2012), 473, 493.

766 Schmidt-Kessel/*ders.*, GEK-E, 2014, Art. 2 GEK-VO-E Rdnr. 55; Schulze/*Wendehorst*, CESL, 2012, Art. 5 PR CESL Rdnr. 28; *Stadler*, AcP 212 (2012), 473, 493.

767 Schulze/*Wendehorst*, CESL, 2012, Art. 5 PR CESL Rdnr. 28.

768 Siehe oben S. 137.

769 Kritisch *Faber*, in: Wendehorst/Zöchling-Jud (Hg.), Am Vorabend eines Gemeinsamen Europäischen Kaufrechts, 2012, S. 160.

Inhalte sein, sondern auch dritte, von den Parteien des Hauptvertrags begünstigte Personen.[770]

4. Verbundene Verträge und gemischte Verträge

Art. 6 PR CESL eröffnet Anwendungsmöglichkeiten in den Fällen des verbundenen Vertrags und des gemischten Vertrags. Beide Verträge unterscheiden sich grundsätzlich nach der Zahl der Verträge. Bei gemischten Verträgen liegt nur ein einheitlicher Vertrag mit CESL-fremden Elementen vor.[771] Dagegen gibt es in den Fällen des verbundenen Verträgen mindestens zwei getrennte Verträge: Der eine gemäß Art. 5 PR CESL und der andere, der kein Kaufvertrag, kein Vertrag über die Bereitstellung digitaler Inhalte und kein Vertrag über verbundene Dienstleistungen ist. Die komplizierte Formulierung des Art. 6 PR CESL beruht auf der Harmonisierung mit anderen bestehenden europäischen Regelwerken und der tatsächlichen Unmöglichkeit, mit begrenzten Artikeln[772] alle CESL-fremden Elemente zu regeln. Stünden sämtliche verbundene und gemischte Verträge, insbesondere Verträge mit Ratenzahlung,[773] außerhalb des CESL, würde dessen sachlicher Anwendungsbereich in der Praxis leerlaufen.

A. Verbundene Verträge

Die verbundenen Verträge nach Art. 6 Abs. 1 lit. a PR CESL[774] sind mit einem Vertrag, bei dem das CESL anwendbar ist, verbunden. Auf diese verbundenen Verträge findet nicht das CESL Anwendung, sondern das objektiv anwendbare Recht. Abgesehen davon kann das CESL gemäß Art. 6 Abs. 1a PR CESL für den

---

770 *Faber*, in: Wendehorst/Zöchling-Jud (Hg.), Am Vorabend eines Gemeinsamen Europäischen Kaufrechts, 2012, S. 159; *Schmidt-Kessel*, in: ders. (Hg.), Ein einheitliches europäisches Kaufrecht?, 2012, S. 48.

771 *Reitmann/Martiny*, Internationales Vertragsrecht, 8. Aufl. (2015), S. 153 f.

772 Die Kommission hatte sich offenbar zu Beginn der Arbeiten der Expertengruppe darauf festgelegt, dass der Umfang des CESL ca. 150 Artikel nicht wesentlich überstreiten dürfe, *Stadler*, AcP 212 (2012), 473, 494.

773 Ratenkaufverträge zwischen einem Unternehmer und einem Verbraucher fallen in den Anwendungsbereich der VerbraucherkreditRL 2008/48/EG, *Staudenmayer*, NJW 2011, 3491, 3494; Schmidt-Kessel/*ders.*, GEK-E, 2014, Art. 6 GEK-VO-E Rdnr. 8.

774 Vgl. § 358 Abs. 3 S. 1 BGB, nach dem verbundene Verträge voraussetzen, dass das Darlehen ganz oder teilweise der Finanzierung des anderen Vertrags dient und beide Verträge eine wirtschaftliche Einheit bilden.

mit dem verbundenen Vertrag gekoppelten Vertrag weiter verwendet werden,[775] wenn dieser ein Kaufvertrag, ein Vertrag über die Bereitstellung digitaler Inhalte oder ein Vertrag über verbundene Dienstleistung ist. Wenn im Zusammenhang mit dem vom CESL geregelten Vertrag keine der Parteien ein Recht, eine Abhilfe oder eine Verteidigung wahrnimmt, oder wenn dieser Vertrag ungültig oder nicht bindend ist, werden die Wirkungen des verbundenen Vertrags durch das einzelstaatliche Recht, das ansonsten auf den verbundenen Vertrag Anwendung findet, festgelegt.[776] Allerdings gilt umgekehrt: Die Verpflichtungen der Parteien bleiben nach CESL unberührt, falls im Zusammenhang mit dem verbundenen Vertrag keine der Parteien ein Recht, eine Abhilfe oder eine Verteidigung wahrnimmt, oder wenn dieser Vertrag nach dem einzelstaatlichen Recht, das auf diesen Vertrag Anwendung findet, ungültig oder nicht bindend ist, es sei denn, eine Partei hätte diesen vom CESL geregelten Vertrag nur wegen des verbundenen Vertrags abgeschlossen oder diesen Abschluss nur mit wesentlich anderen Vertragsbedingungen vorgenommen.[777] In diesem Fall hat die Partei Anspruch darauf, den vom CESL geregelten Vertrag zu beenden.

B. Gemischte Verträge

Gemeint sind die gemischten Verträge im CESL, die neben dem Kauf von Waren, der Bereitstellung digitaler Inhalte und Erbringung von damit verbundenen Dienstleistungen noch eigenständige Elemente eines anderen Vertragstypus beinhalten.[778] Der Begriff des anderen Elements in Sinne des Art. 6 Abs. 1 lit. b PR CESL ist als ausreichendes anderes Pflichtenelement anzusehen, das prägend für

775 Nach dem Art. 6 Abs. 2 PR CESL a. F. waren B2C-Verträge, die mit einem Verbraucherkredit verbunden sind, von der Anwendung des CESL völlig ausgeschlossen. Damit scheiden viele Verträge als potentielle Kandidaten für das CESL aus, kritisch dazu Schmidt-Kessel/*ders.*, GEK-E, 2014, Art. 6 PR CESL Rdnr. 8 f.; *Stadler*, AcP 212 (2012), 473, 493 f.; *Eidenmüller/Jansen/Kieninger/Wagner/Zimmermann*, JZ 2012, 269, 275; Schulze/*Wendehorst*, CESL, 2012, Art. 6 PR CESL Rdnr. 13; *Stabentheiner*, in: Wendehorst/Zöchling-Jud (Hg.), Am Vorabend eines Gemeinsamen Europäischen Kaufrechts, 2012, S. 9; *Balthasar*, RIW 2012, 361, 364; *Staudenmayer*, NJW 2011, 3491, 3494.

776 Art. 6 Abs. 1b lit. a PR CESL.

777 Art. 6 Abs. 1b lit. b PR CESL.

778 Trotz häufiger Nutzungen des „gemischten Vertrags" liegt noch kein eindeutiger Begriff vor, *Martiny*, in: FS für von Hoffmann, 2011, S. 285 f. Vgl. Art. II.-1:107 Abs. 1 DCFR.

einen CESL-fremden Vertragstypus ist.[779] Nach Art. 6 PR CESL a. F. durfte das CESL für die gemischte Verträge wie Ratenkaufverträge nicht verwendet werden. Auch wenn nur geringere andere Elemente enthalten waren und überwiegende Inhalte in den Anwendungsbereich fallen, war die Anwendung des CESL a. F. ausgeschlossen.[780] Gemäß Art. 6 Abs. 1 lit. b PR CESL n. F. fallen gemischte Verträge grundsätzlich in den Anwendungsbereich des CESL, anderes gilt aber für die anderen Vertragselemente der gemischten Verträge.[781] Das CESL folgt der Kombinationsmethode, die im Sachrecht verbreitet ist.[782] Es ist voraussetzt, dass diese Elemente teilbar sind oder diesen Elementen ein Preis zugeordnet werden kann, z. B. bei Verträgen, bei denen Waren, digitale Inhalte oder verbundenen Dienstleistungen gleicher Art regelmäßig geliefert, bereitgestellt oder erbracht und vom Käufer für die Dauer der Leistungen in Raten bezahlt werden.[783] Insbesondere wird für die Teilbarkeit durch gesondert ausgewiesene Vergütungen sowie Regelungen darüber angenommen, dass beide Vertragsteile unabhängig voneinander bestehen sollen.[784]

II. Vergleich mit anderen Regelwerken

1. Vergleich mit CISG

A. Sachlicher Anwendungsbereich im CISG

Art. 1 Abs. 1 CISG enthält die Grundregel über den sachlichen Anwendungsbereich. Danach beschränkt sich seine Anwendung lediglich auf Kaufverträge über Waren. Darüber hinaus befinden sich weitere Regeln zum sachlichen Anwendungsbereich in den Artt. 2–4 CISG. Anders als im CESL[785] werden die Begriffe

779 *Mansel*, WM 2012, 1253, 1258.

780 Kritisch auch Schmidt-Kessel/*ders.*, GEK-E, 2014, Art. 6 PR CESL Rdnr. 5; Schulze/*Wendehorst*, CESL, 2012, Art. 6 PR CESL Rdnr. 12.

781 Art. 6 Abs. 1 lit. b und Abs. 1c PR CESL: In den Fällen des Absatzes 1 Buchstabe b (gemischten Verträgen) werden die anderen Vertragselemente als in einem verbundenen Vertrag vereinbarte Elemente betrachtet.

782 Zu zwei Methoden, nämlich Kombinations- und Absorptionsmethode, und zur Entscheidung, welche Regeln auf gemischte Verträge anzuwenden sind, siehe *Martiny*, in: FS für von Hoffmann, 2011, S. 286.

783 Siehe Art. 6 Abs. 2 S. 2 PR CESL a. F.

784 Schmidt-Kessel/*ders.*, GEK-E, 2014, Art. 6 PR CESL Rdnr. 7.

785 Siehe oben S. 169.

von Kauf und Waren im CISG nicht ausdrücklich definiert. Sie können aus anderen Bestimmungen erschlossen werden, aber sind grundsätzlich vertragsautonom nach Sinn und Zweck des CISG ausgelegt werden, Art. 7 Abs. 1 CISG.[786] Nach Artt. 30 und 53 CISG geht es bei Kaufverträgen um Verträge, durch die sich die eine Partei zur Lieferung von Ware und Verschaffung des Eigentums verpflichtet, während die andere den Preis zu zahlen hat.[787] Waren betreffen grundsätzlich bewegliche körperliche Gegenstände[788] und umfassen keine Rechte oder Immobilien.

B. Unterschiede des sachlichen Anwendungsbereichs zwischen dem CESL und dem CISG

1) Kauf von Waren

Auf den ersten Blick hat das CESL einen weiteren sachlichen Anwendungsbereich als das CISG, denn Ersteres kann nicht nur für den Kauf von Waren verwendet werden, sondern auch für Verträge digitaler Inhalte und für verbundene Dienstleistung. Damit gilt der Kauf von Waren als ein gemeinsamer sachlicher Anwendungsbereich der beiden Regelwerke, obwohl der Abschluss des Kaufvertrages und die aus ihm erwachsenden Rechte und Pflichten der Parteien nach Art. 4 S. 1 CISG geregelt werden.

---

786 MünchKomm/*Huber*, Bd. 3, 7. Aufl. (2016), Art. 1 CISG Rdnr. 3; Staudinger/*Magnus*, 2013, Art. 1 CISG Rdnr. 4; Schlechtriem/Schwenzer/*Ferrari*, CISG, 6. Aufl. (2013), Art. 1 CISG Rdnr. 13; MünchKomm/*Westermann*, Bd. 3, 6. Aufl. (2012), Art. 1 CISG Rdnr. 6; Ferrari u.a./*Saenger*, Internationales Vertragsrecht, 2. Aufl. (2012), Art. 1 CISG Rdnr. 2; *Fogt*, IPRax 2003, 364, 366 f.; *Piltz*, NJW 2009, 2258, 2259; *Reinhart*, UN-Kaufrecht, 1991, Art. 1 CISG Rdnr. 1.

787 Staudinger/*Magnus*, 2013, Art. 1 CISG Rdnr. 13 f.; Schlechtriem/Schwenzer/*Ferrari*, CISG, 6. Aufl. (2013), Art. 1 CISG Rdnr. 13; MünchKomm/*Westermann*, Bd. 3, 6. Aufl. (2012), Art. 1 CISG Rdnr. 6; Ferrari u.a./*Saenger*, Internationales Vertragsrecht, 2. Aufl. (2012), Art. 1 CISG Rdnr. 3.

788 MünchKomm/*Huber*, Bd. 3, 7. Aufl. (2016), Art. 1 CISG Rdnr. 13; jurisPK-BGB/*Münch*, 7. Aufl. (2014), Art. 1 CISG Rdnr. 40; Staudinger/*Magnus*, 2013, Art. 1 CISG Rdnr. 43; Schlechtriem/Schwenzer/*Ferrari*, CISG, 6. Aufl. (2013), Art. 1 CISG Rdnr. 34; Ferrari u.a./*Saenger*, Internationales Vertragsrecht, 2. Aufl. (2012), Art. 1 CISG Rdnr. 6. Vgl. OLG Köln, Urt. v. 26.8.1994 – 19 U 282/93 = CISG-Online Nr. 132; (österr.) OGH, Urt. v. 10.11.1994 – 2 Ob 547/93 = CISG-Online Nr. 117.

a) Kaufvertrag als ein gemeinsamer Anwendungsbereich

Zu beachten ist allerdings, dass sich der sachliche Anwendungsbereich „Kauf von Waren" im CISG aus dispositiven Bestimmungen (Artt. 30 und 53 CISG) herleitet, während das CESL diesen ausdrücklich selbst bestimmt. Das den Kauf kennzeichnende Merkmal ist die endgültige Übertragung eines Gegenstandes gegen Geld.[789] Ausgenommen sind dagegen andere Vertragstypen, wie Schenkung,[790] Tausch-,[791] Miet-[792] und Leasingvertrag.[793] Abweichungen von dem im Text erwähnten dispositiven Pflichtenprogramm ändern grundsätzlich nichts an der Einordnung des Vertrags als Kauf.[794] Es spielt jedoch keine

---

789 jurisPK-BGB/*Münch*, 7. Aufl. (2014), Art. 1 CISG Rdnr. 3; Staudinger/*Magnus*, 2013, Art. 1 CISG Rdnr. 14; Schlechtriem/Schwenzer/*Ferrari*, CISG, 6. Aufl. (2013), Art. 1 CISG Rdnr. 14; Honsell/*Siehr*, Kommentar zum UN-Kaufrecht, 2. Aufl. (2010), Art. 2 CISG Rdnr. 2.

790 MünchKomm/*Huber*, Bd. 3, 7. Aufl. (2016), Art. 1 CISG Rdnr. 8; Schlechtriem/Schwenzer/*Ferrari*, CISG, 6. Aufl. (2013), Art. 1 CISG Rdnr. 33; Staudinger/*Magnus*, 2013, Art. 1 CISG Rdnr. 32; Ferrari u.a./*Saenger*, Internationales Vertragsrecht, 2. Aufl. (2012), Art. 1 CISG Rdnr. 4.

791 MünchKomm/*Huber*, Bd. 3, 7. Aufl. (2016), Art. 1 CISG Rdnr. 9; jurisPK-BGB/*Münch*, 7. Aufl. (2014), Art. 1 CISG Rdnr. 40; Staudinger/*Magnus*, 2013, Art. 1 CISG Rdnr. 29; Schlechtriem/Schwenzer/*Ferrari*, CISG, 6. Aufl. (2013), Art. 1 CISG Rdnr. 30; *Schlechtriem/Schroeter*, Internationales UN-Kaufrecht, 5. Aufl. (2013), Rdnr. 64; Ferrari u.a./*Saenger*, Internationales Vertragsrecht, 2. Aufl. (2012), Art. 1 CISG Rdnr. 4; Honsell/*Siehr*, Kommentar zum UN-Kaufrecht, 2. Aufl. (2010), Art. 2 CISG Rdnr. 5; a.A. *Schwenzer/Kee*, IHR 2009, 229, 231 f. Tauschverträgen sollen sich von einem einheitlichen Geschäft oder wechselseitigen Verträgen unterscheiden, die lediglich in engem Zusammenhang miteinander stehen, Staudinger/*Magnus*, 2013, Art. 1 CISG Rdnr. 30; *Piltz*, NJW 2003, 2056, 2058; Bamberger/Roth/*Saenger*, Bd. 3, 2003, Art. 1 CISG Rdnr. 4.

792 Ferrari u.a./*Saenger*, Internationales Vertragsrecht, 2. Aufl. (2012), Art. 1 CISG Rdnr. 4.

793 Staudinger/*Magnus*, 2013, Art. 1 CISG Rdnr. 34; Honsell/*Siehr*, Kommentar zum UN-Kaufrecht, 2. Aufl. (2010), Art. 2 CISG Rdnr. 7; *Piltz*, Internationales Kaufrecht, 1993, Rdnr. 40; a.A. *Schlechtriem/Schroeter*, Internationales UN-Kaufrecht, 5. Aufl. (2013), Rdnr. 64; Ferrari u.a./*Saenger*, Internationales Vertragsrecht, 2. Aufl. (2012), Art. 1 CISG Rdnr. 4; in diesem Fall wie in Mietkauf gilt auch der aus Art. 3 Abs. 2 CISG ableitbare allgemeine Grundsatz, MünchKomm/*Huber*, Bd. 3, 7. Aufl. (2016), Art. 1 CISG Rdnr. 9.

794 MünchKomm/*Huber*, Bd. 3, 7. Aufl. (2016), Art. 1 CISG Rdnr. 5; *Schlechtriem/Schroeter*, Internationales UN-Kaufrecht, 5. Aufl. (2013), Rdnr. 64; Schlechtriem/Schwenzer/*Ferrari*, CISG, 6. Aufl. (2013), Art. 1 CISG Rdnr. 13.

Rolle, ob der Eigentumsübergang schon durch den Kauf selbst oder erst durch spätere Erfüllungsakte erreicht wird oder ob die Transaktion sofort oder erst zu einem späteren Zeitpunkt angestrebt wird. Folglich ist es möglich, dass die Definition des Kaufs durch autonome Auslegung erarbeitet wird und sich ausweiten kann. Ausnahmsweise können damit Mietkauf[795] und Kaufoptionen[796] als Kauf von Waren in den Anwendungsbereich des CISG fallen.[797]

b) Waren

Als Waren gelten alle Gegenstände des Kaufvertrags im CESL sowie im CISG. Der Begriff von Waren wird wie auch der des Kaufvertrages nicht vom CISG definiert und ist durch autonome Auslegung zu ermitteln.[798] Obwohl das Haager Kaufrecht nicht vom Begriff der Ware spricht, sondern von dem der Sache, kann die Definition der Sache nach dem Haager Kaufrecht als Auslegungshilfe herangezogen werden.[799] Unter Waren sind grundsätzlich körperliche Gegenstände zu verstehen, die zum Zeitpunkt der Lieferung beweglich sind.[800] Waren im Sinne

795 *Schlechtriem/Schroeter*, Internationales UN-Kaufrecht, 5. Aufl. (2013), Rdnr. 64; Staudinger/*Magnus*, 2013, Art. 1 CISG Rdnr. 33; Ferrari u.a./*Saenger*, Internationales Vertragsrecht, 2. Aufl. (2012), Art. 1 CISG Rdnr. 4; Honsell/*Siehr*, Kommentar zum UN-Kaufrecht, 2. Aufl. (2010), Art. 2 CISG Rdnr. 6; a.A. Schlechtriem/Schwenzer/*Ferrari*, CISG, 6. Aufl. (2013), Art. 1 CISG Rdnr. 27.

796 Staudinger/*Magnus*, 2013, Art. 1 CISG Rdnr. 41; Ferrari u.a./*Saenger*, Internationales Vertragsrecht, 2. Aufl. (2012), Art. 1 CISG Rdnr. 4

797 Dagegen geht es beim Mietkauf und Leasingvertrag nur um gemischte Verträge nach Art. 3 CISG, MünchKomm/*Huber*, Bd. 3, 7. Aufl. (2016), Art. 1 CISG Rdnr. 9.

798 MünchKomm/*Huber*, Bd. 3, 7. Aufl. (2016), Art. 1 CISG Rdnr. 13; jurisPK-BGB/*Münch*, 7. Aufl. (2014), Art. 1 CISG Rdnr. 47.

799 jurisPK-BGB/*Münch*, 7. Aufl. (2014), Art. 1 CISG Rdnr. 47; Schlechtriem/Schwenzer/*Ferrari*, CISG, 6. Aufl. (2013), Art. 1 CISG Rdnr. 34; *Schlechtriem/Schroeter*, Internationales UN-Kaufrecht, 5. Aufl. (2013), Rdnr. 77; Staudinger/*Magnus*, 2013, Art. 1 CISG Rdnr. 43.

800 MünchKomm/*Huber*, Bd. 3, 7. Aufl. (2016), Art. 1 CISG Rdnr. 13; jurisPK-BGB/*Münch*, 7. Aufl. (2014), Art. 1 CISG Rdnr. 47; Staudinger/*Magnus*, 2013, Art. 1 CISG Rdnr. 43; Ferrari u.a./*Saenger*, Internationales Vertragsrecht, 2. Aufl. (2012), Art. 1 CISG Rdnr. 6.

des CISG sind auch lebende Tiere[801] oder Sachgesamtheiten.[802] Gleiches gilt für den Begriff im CESL.[803]

Im Gegensatz zum CISG bestimmt das CESL in Art. 5 lit. b PR CESL, dass digitale Inhalte unter den Anwendungsbereich des CESL als Gegenstände der Verträge über Bereitstellung digitaler Inhalte fallen, unabhängig davon, ob die digitalen Inhalte auf einem materiellen Datenträger bereitstellt werden[804] oder nach Kundenspezifikationen hergestellt oder bereitgestellt werden.[805] Umstritten ist, ob das CISG auf die entgeltliche Lieferung von Software Anwendung findet. Software kann überwiegend als Ware gesehen werden, wenn es sich auf einem Datenträger gespeicherte Standardsoftware[806] handelt.[807] Wird Software direkt über das Internet übermittelt und auf die eigene Hardware heruntergeladen, dürfte die Anwendung des CISG aber möglich sein.[808] Die Online-Überlassung

---

801 OLG Jena, Urt. v. 26.5.1998, Rs. 8 U 1667/97 = BeckRS 1998, 16288 = CISG-Online Nr. 513 für Fische; OLG Schleswig, Urt. v. 29.10.2002, Rs. 3 U 54/01 = IHR 2003, 67 = CISG-Online Nr. 717 für Pferd; Cour d'Appel Paris v. 14.1.1998, Nr. 97/17127 = IHR 2001, 128 für zwei Zirkuselefanten; MünchKomm/*Huber*, Bd. 3, 7. Aufl. (2016), Art. 1 CISG Rdnr. 13; jurisPK-BGB/*Münch*, 7. Aufl. (2014), Art. 1 CISG Rdnr. 47; Staudinger/*Magnus*, 2013, Art. 1 CISG Rdnr. 48; Honsell/*Siehr*, Kommentar zum UN-Kaufrecht, 2. Aufl. (2010), Art. 2 CISG Rdnr. 5.

802 MünchKomm/*Huber*, Bd. 3, 7. Aufl. (2016), Art. 1 CISG Rdnr. 17; jurisPK-BGB/*Münch*, 7. Aufl. (2014), Art. 1 CISG Rdnr. 47; Staudinger/*Magnus*, 2013, Art. 1 CISG Rdnr. 50.

803 Siehe oben S. 169 ff.

804 Art. 5 lit. b PR CESL.

805 Art. 2 lit. j PR CESL.

806 Bei einem Vertrag über die Ausarbeitung eines Computerprogramms (Individualsoftware) führt nach Art. 3 Abs. 2 CISG zum Ausschluss vom Anwendungsbereich des CISG, Schlechtriem/Schwenzer/*Ferrari*, CISG, 6. Aufl. (2013), Art. 1 CISG Rdnr. 38; Staudinger/*Magnus*, 2013, Art. 1 CISG Rdnr. 44.

807 (österr) OGH, Urt. v. 21.6.2005, Rs. 5Ob45/05m = IHR 2005, 195 = CISG-Online Nr. 1047; OLG Köln, Urt. v. 26.08.1994, Rs. 19 U 282/93 = BB 1994, 970 = RIW 1994, 970 = CISG-Online Nr. 132; Schlechtriem/Schwenzer/*Ferrari*, CISG, 6. Aufl. (2013), Art. 1 CISG Rdnr. 38; Honsell/*Siehr*, Kommentar zum UN-Kaufrecht, 2. Aufl. (2010), Art. 2 CISG Rdnr. 4; a. A. MünchKomm/*Huber*, Bd. 3, 7. Aufl. (2016), Art. 1 CISG Rdnr. 20, der Software als eine Ware i.S.d. Art. 1CISG ansieht, unabhängig davon, ob es sich um Standard- und Individualsoftware handelt, und unabhängig davon, ob sie auf einem Datenträger verkörpert ist oder nicht.

808 Beck'scher/*Saenger*, 37. Ed. (Stand: 01.11.2015), Art. 1 CISG Rdnr. 7; Staudinger/*Magnus*, 2013, Art. 1 CISG Rdnr. 44; MünchKomm/*Westermann*, Bd. 3, 6. Aufl. (2012), Art. 1 CISG Rdnr. 6; Ferrari u.a./*Saenger*, Internationales Vertragsrecht, 2. Aufl. (2012), Art. 1 CISG Rdnr. 7; *Schlechtriem/Schroeter*, Internationales UN-Kaufrecht,

von Audio-, Bild-, Text- und Videoinhalten ist ebenfalls ein dem CISG unterliegender Kaufvertrag.[809] Denn das CISG unterscheidet für den Begriff der Ware nicht danach, auf welchem Weg die Ware den Käufer erreicht.[810] Zu beachten ist, dass das CISG keine Anwendung auf den Softwarenutzungs-[811] oder Softwarelizenzvertrag[812] findet, bei dem die Software nur für eine begrenzte Zeit nutzbar ist.[813] Es kommt nicht selten vor, dass nur die Lizenz zur Nutzung der Software überlassen wird und das dem Eigentum an Sachen vergleichbare Urheberrecht nicht übertragen wird.[814] Eine derartige Auslegung des Begriffs der Waren scheint befremdlich. Zum Teil werden entgegen der Definition der „beweglichen körperlichen Sache" die bestimmten unkörperlichen Gegenstände, insbesondere digitale Inhalte und Immaterialgüter, als Waren angesehen.[815]

Nach Art. 2 CISG findet das CISG keine Anwendung auf den Kauf für den persönlichen Gebrauch (lit. a), bei Versteigerung (lit. b), aufgrund von Zwangsvollstreckung- oder anderen gerichtlichen Maßnahmen (lit. c). Der Kauf von Wertpapieren und Zahlungsmitteln (lit. d), Wasser- und Luftzeugen (lit. e), elektronischer Energie (lit. f)[816] fällt in jedem Fall aus dem Anwendungsbereich des CISG heraus. Anders als das CISG schließt das CESL gemäß Art. 2 lit. k PR CESL nur die Verträge aus, die den Kauf zwangsversteigerten Waren betreffen oder in

---

5. Aufl. (2013), Rdnr. 86; *Reithmann/Martiny*, Internationales Vertragsrecht, 7. Aufl. (2010), Rdnr. 86; *Schneider*, Handbuch des EDV-Rechts, 4. Aufl., 2009, S. 1519.

809 *Schmitt*, CR 2001, 145, 154 f.

810 Staudinger/*Magnus*, 2013, Art. 1 CISG Rdnr. 4.

811 BGH, Urt. v. 17.11.2005, Rs. IX ZR 162/04 = NJW 2006, 915 = ZIP 2006, 87 = WM 2006, 144; BGH, Urt. v. 15.11.2006, Rs. XII ZR 120/04 (für den ASP (Application Service Providing/Bereitstellung von Softwareanwendungen und damit verbundener Dienstleistungen)-Vertrag) = NJW 2007, 2394 = MDR 2007, 257 = NZM 2007, 379 = WM 2007, 467.

812 BGH, Urt. v. 24.10.2002, Rs. I ZR 3/00 = BGHZ 152, 233 = NJW 2003, 2014.

813 Schlechtriem/Schwenzer/*Ferrari*, CISG, 6. Aufl. (2013), Art. 1 CISG Rdnr. 38; *Schlechtriem/Schroeter*, Internationales UN-Kaufrecht, 5. Aufl. (2013), Rdnr. 87; *Schneider*, Handbuch des EDV-Rechts, 4. Aufl., 2009, S. 767; auch zur Abgrenzung zwischen Softwarekauf und -mietvertrag oder -lizenzvertrag MünchKomm/*Westermann*, Bd. 3, 7. Aufl. (2016), § 433 BGB Rdnr. 10.

814 Vgl. § 29 Abs. 1 und 2 UrhG.

815 MünchKomm/*Huber*, Bd. 3, 7. Aufl. (2016), Art. 1 CISG Rdnr. 19 ff.; Beck'scher/*Saenger*, 37. Ed. (Stand: 1.11.2015), Art. 1 CISG Rdnr. 6.

816 Das CISG kann auf die Lieferung von Gas und Wasser angewendet werden, MünchKomm/*Westermann*, Bd. 3, 6. Aufl. (2012), Art. 1 CISG Rdnr. 8; *Piltz*, Internationales Kaufrecht, 1993, Rdnr. 54.

sonstiger Weise mit der Ausübung öffentlicher Gewalt verbunden sind.[817] Das CESL findet bei B2C-Verträgen, bei der privat veranlassten Versteigerung sowie beim Kauf von Wertpapieren,[818] Wasser- und Luftzeugen,[819] in begrenztem Volumen angebotener elektronischer Energie Anwendung.[820] Fraglich ist, ob Waren i. S. d. CESL Geld als Gegenstand des Kaufvertrags umfassen. Zahlungsmittel (money, monnaies), unter diesen versteht das CISG alle in- und ausländlichen Zahlungsmittel in geltender Währung,[821] werden nach Art. 2 lit. b CISG von dem Anwendungsbereich ausdrücklich ausgenommen. Damit ist grundsätzlich der Tausch eines Zahlungsmittels gegen ein anderes kein Kauf,[822] es sei denn, dass die Zahlungsmittel, lediglich aufgrund ihrer künstlerischen oder historischen Bedeutung, verkauft werden.[823] Gleiches gilt für das CESL ohne ausdrücklichen Ausschluss.[824]

2) Werklieferungsverträge und Verträge mit einem Dienstleistungselement

a) Werklieferungsverträge

Werklieferungsverträge über herzustellende oder zu erzeugende Waren unterfallen dem CISG nach Art. 3 Abs. 1 CISG und dem CESL nach Art. 2 lit. k PR

---

817 Siehe oben S. 178.

818 Siehe oben S. 170 f.

819 *Magnus*, in: ders. (Hg.), CISG vs. Regional Sales Law Unification, 2012, S. 109; *Pfeiffer*, in: Remien/Herrler/Limmer (Hg.), Gemeinsames Europäisches Kaufrecht für die EU?, 2012, S. 40.

820 Siehe oben S. 170.

821 MünchKomm/*Huber*, Bd. 3, 7. Aufl. (2016), Art. 2 CISG Rdnr. 18; Beck'scher/*Saenger*, 37. Ed. (Stand: 1.11.2015), Art. 2 CISG Rdnr. 9; Staudinger/*Magnus*, 2013, Art. 2 CISG Rdnr. 41; Schlechtriem/Schwenzer/*Ferrari*, CISG, 6. Aufl. (2013), Art. 2 CISG Rdnr. 37; Ferrari u.a./*Saenger*, Internationales Vertragsrecht, 2. Aufl. (2012), Art. 1 CISG Rdnr. 10.

822 Beck'scher/*Saenger*, 37. Ed. (Stand: 1.11.2015), Art. 2 CISG Rdnr. 9; Staudinger/*Magnus*, 2013, Art. 2 CISG Rdnr. 41; Schlechtriem/Schwenzer/*Ferrari*, CISG, 6. Aufl. (2013), Art. 2 CISG Rdnr. 37; *Magnus*, in: ders. (Hg.), CISG vs. Regional Sales Law Unification, 2012, S. 109; Ferrari u.a./*Saenger*, Internationales Vertragsrecht, 2. Aufl. (2012), Art. 2 CISG Rdnr. 10; *Reithmann/Martiny*, Internationales Vertragsrecht, 7. Aufl. (2010), Rdnr. 897.

823 Schlechtriem/Schwenzer/*Ferrari*, CISG, 6. Aufl. (2013), Art. 2 CISG Rdnr. 37; Staudinger/*Magnus*, 2013, Art. 2 CISG Rdnr. 41; Ferrari u.a./*Saenger*, Internationales Vertragsrecht, 2. Aufl. (2012), Art. 2 CISG Rdnr. 10.

824 *Magnus*, in: ders. (Hg.), CISG vs. Regional Sales Law Unification, 2012, S. 109.

CESL.[825] Anders als das CESL findet das CISG keine Anwendung, wenn der Käufer einen wesentlichen Teil der notwendigen Stoffe für die Herstellung oder Erzeugung zur Verfügung stellt. In diesen Fällen steht der abgeschlossene Vertrag einem Dienst- oder Werkvertrag näher als einem Kaufvertrag. Es ist umstritten, ab welchem Umfang ein wesentlicher Teil vorliegt, obwohl dies grundsätzlich anhand des Einzelfalls zu beurteilen ist.[826] Nach der Rechtsprechung liegt bei Zulieferungen des Käufers unter 20% des Gesamtwertes keine Ausnahme i. S. d. Art. 3 Abs. 1 CISG vor. Damit ist das CISG anwendbar.[827] Aus dem Fall des Gegenschlusses zum überwiegenden Teil in Art. 3 Abs. 2 CISG kann man ableiten, dass die Wesentlichkeitsgrenze in der Nähe der 50% einzuordnen ist.[828]

Dagegen kommt es beim CESL nicht auf das Wertverhältnis zwischen von den Vertragsparteien beizutragenden Stoffen an. Diese Tatsache beseitigt Unsicherheiten bei der Anwendung des CESL.[829]

b) Verträge mit einem Dienstleistungselement

Nach Art. 3 Abs. 2 CISG bestimmt sich die Anwendbarkeit des UN-Kaufrechts bei gemischten Kauf- und Dienstverträgen nach dem Schwerpunkt der Leistung. Im Vergleich zu Art. 2 lit. m PR CESL unterscheidet sich das CISG von diesem. Zuerst geht es bei Art. 3 Abs. 2 CISG nicht um mehrere selbständige Verträge, sondern um einen einheitlichen Vertrag, bei dem die Verpflichtungen zur

---

825 Vgl. § 651 S. 1 BGB.

826 MünchKomm/*Huber*, Bd. 3, 7. Aufl. (2016), Art. 3 CISG Rdnr. 7; Schlechtriem/Schwenzer/*Ferrari*, CISG, 6. Aufl. (2013), Art. 3 CISG Rdnr. 6; Ferrari u.a./*Saenger*, Internationales Vertragsrecht, 2. Aufl. (2012), Art. 3 CISG Rdnr. 4.

827 Schiedsgericht (Ungarische Industrie- und Handelskammer), Schiedsspruch v. 5.12.1995, Schiedssache Nr. VB/94131 = CISG-Online Nr. 163 = NJW-RR 1996, 1145.

828 Staudinger/*Magnus*, 2013, Art. 3 CISG Rdnr. 16; Ferrari u.a./*Saenger*, Internationales Vertragsrecht, 2. Aufl. (2012), Art. 3 CISG Rdnr. 4; a. A *Honnold/Flechtner*, CISG, 4. Aufl., 2009, Art. 3 CISG Rdnr. 59, nach dem auch 15% einen wesentlichen Teil ausmachen; nach MünchKomm/*Huber*, Bd. 3, 7. Aufl. (2016), Art. 3 CISG Rdnr. 7 können mit Rücksicht auf qualitative Elemente neben den quantitativen die Beiträge, die zwar wertmäßig weniger bedeutend, dafür aber von erheblicher Bedeutung für die Herstellung der Ware sind, als wesentlich eingestuft werden; a. E. Schlechtriem/Schwenzer/*Ferrari*, CISG, 6. Aufl. (2013), Art. 3 CISG Rdnr. 8, der zugunsten einer Einzelfallanalyse das aprioristische Abstellen auf bestimmte Prozentsätze ablehnt.

829 *Magnus*, in: ders. (Hg.), CISG vs. Regional Sales Law Unification, 2012, S. 108.

Lieferung von Waren mit solchen zu Dienstleistungen zusammengefasst sind.[830] Dagegen findet das CESL auf verbundene Dienstverträgen Anwendung, auch wenn die Verpflichtung zu Dienstleistungen auf der Grundlage des Kaufvertrags (bzw. des Vertrags über die Bereitstellung digitaler Inhalte) oder aufgrund eines gesonderten Vertrags über verbundene Dienstleistungen erbracht wird.[831] Darüber hinaus spielt es keine Rolle, dass der kauffremde Anteil den typisch kaufrechtlichen überwiegt. Dagegen erfasst das CISG nur solche Verträge, bei welchen die Arbeits- oder sonstige Dienstleistungen nicht überwiegen. Unter „überwiegendem Teil" ist ein Anteil von mehr als der Hälfte zu verstehen.[832] Für die Beurteilung ist der Zeitpunkt des Vertragsschlusses maßgeblich.[833]

3) Gemischte Verträge

Abgesehen von der Sonderregelung in Art. 3 CISG enthält das CISG keine allgemein gehaltene Vorschrift für gemischttypische Verträge. Hieraus darf und soll jedoch der Schluss gezogen werden, dass Verträge mit kauffremden Elementen, die nicht von Art. 3 CISG erfasst werden, nicht dem Übereinkommen unterfallen.[834] Der Grundgedanke des Art. 3 Abs. 2 CISG ist auf gemischte Verträge mit anderen als arbeits- oder dienstvertraglichen Elementen zu übertragen.[835] Damit

---

830 MünchKomm/*Huber*, Bd. 3, 7. Aufl. (2016), Art. 3 CISG Rdnr. 11; Schlechtriem/Schwenzer/*Ferrari*, CISG, 6. Aufl. (2013), Art. 3 CISG Rdnr. 12; *Schlechtriem/Schroeter*, Internationales UN-Kaufrecht, 5. Aufl. (2013), Rdnr. 71. Obwohl formal zwei Verträge vorliegen, wenn ein enger zeitlicher Zusammenhang zwischen den Vertragsabschlüssen oder ein enger wirtschaftlicher Zusammenhang vorliegt, kann es sich um ein einheitliches Geschäft handeln, das insgesamt unter Art. 3 Abs. 2 fällt, MünchKomm/*Huber*, Bd. 3, 7. Aufl. (2016), Art. 3 CISG Rdnr. 11.

831 Siehe oben S. 178 ff.

832 Schlechtriem/Schwenzer/*Ferrari*, CISG, 6. Aufl. (2013), Art. 3 CISG Rdnr. 15; Staudinger/*Magnus*, 2013, Art. 3 CISG Rdnr. 21; Ferrari u.a./*Saenger*, Internationales Vertragsrecht, 2. Aufl. (2012), Art. 3 CISG Rdnr. 6; *Reithmann/Martiny*, Internationales Vertragsrecht, 7. Aufl. (2010), Rdnr. 905; *Piltz*, NJW 2009, 2258, 2259; a.A. MünchKomm/*Huber*, Bd. 3, 7. Aufl. (2016), Art. 3 CISG Rdnr. 15.

833 MünchKomm/*Huber*, Bd. 3, 7. Aufl. (2016), Art. 3 CISG Rdnr. 12; Schlechtriem/Schwenzer/*Ferrari*, CISG, 6. Aufl. (2013), Art. 3 CISG Rdnr. 13; Staudinger/*Magnus*, 2013, Art. 3 CISG Rdnr. 25; Ferrari u.a./*Saenger*, Internationales Vertragsrecht, 2. Aufl. (2012), Art. 3 CISG Rdnr. 6.

834 Staudinger/*Magnus*, 2013, Art. 3 CISG Rdnr. 4; *Czerwenka*, Rechtsanwendungsprobleme im internationalen Kaufrecht, 1988, S. 146.

835 MünchKomm/*Huber*, Bd. 3, 7. Aufl. (2016), Art. 3 CISG Rdnr. 3; Schlechtriem/Schwenzer/*Ferrari*, CISG, 6. Aufl. (2013), Art. 3 CISG Rdnr. 19; Staudinger/*Magnus*, 2013, Art. 3 CISG Rdnr. 4.

sollten gemischte Verträge dem Übereinkommen unterstellt werden, es sei denn, die kaufvertragsfremden Elemente sind nicht überwiegend. Grundsätzlich unterstehen diese Verträge als Ganzes dem CISG oder nicht.[836] Ausnahmsweise kann der kaufrechtliche Teil des gemischten Vertrags dem CISG unterfallen, wobei die kauffremden Komponenten nach den nationalen Vorschriften beurteilt werden.[837] Angesichts des Beurteilungsspielraums ist bei der Anwendung des Art. 3 CISG eine vertragliche Klarstellung zu empfehlen, ob das CISG für den gesamten Vertrag oder nur für den kaufrechtlichen Teil gilt.[838]

Dagegen führt bei gemischten Verträgen das CESL gemäß Art. 6 PR CESL grundsätzlich zur Anwendung unterschiedlicher Rechtsordnungen. In den Fällen, in denen ein in Art. 5 PR CESL genannter Vertrag – Kaufvertrag, Vertrag über Bereitstellung digitaler Inhalte und Vertrag über verbundenen Dienstleistungen – mit einem Vertrag, der nicht unter Art. 5 PR CESL fällt, verbunden ist, kann das CESL nur auf den ersteren Teil angewendet werden, wobei auf den letzteren Teil nicht das CESL, sondern das ansonsten anwendbare Recht Anwendung findet. Bei gemischten Verträgen gilt das CESL nicht für ein Element, das nicht in den Anwendungsbereich des CESL fällt und dem abgetrennt ein Preis zugeordnet werden kann. Das CESL gilt hierbei lediglich für den anderen Teil des Vertrags. Daraus kann der Schluss gezogen werden, dass auf gemischte Verträge teils das CESL, teils nationale Vorschriften anzuwenden sind. Mit dieser Aufspaltung des Vertrags wird die Erweiterung des Anwendungsbereichs des CESL durch die Anwendung auf den kaufrechtlichen Teil erreicht. Anders als das CISG erzielt das CESL somit dieselben Ergebnisse, ungeachtet davon, ob ein von den Vertragsparteien konzipierter Vertrag einheitlich zu beurteilen ist oder dieser in Teilverträge aufgrund einer unterschiedlichen Rechtsnatur aufzuspalten ist. Man wird von der schwierigen Beurteilung der Voraussetzung

---

836 MünchKomm/*Huber*, Bd. 3, 7. Aufl. (2016), Art. 3 CISG Rdnr. 16; Schlechtriem/Schwenzer/*Ferrari*, CISG, 6. Aufl. (2013), Art. 3 CISG Rdnr. 16; Staudinger/*Magnus*, 2013, Art. 3 CISG Rdnr. 11; Honsell/*Siehr*, Kommentar zum UN-Kaufrecht, 2. Aufl. (2010), Art. 3 CISG Rdnr. 2; *Czerwenka*, Rechtsanwendungsprobleme im internationalen Kaufrecht, 1988, S. 146.

837 Staudinger/*Magnus*, 2013, Art. 3 CISG Rdnr. 11; Honsell/*Siehr*, Kommentar zum UN-Kaufrecht, 2. Aufl. (2010), Art. 3 CISG Rdnr. 2; a.A. MünchKomm/*Westermann*, Bd. 3, 6. Aufl. (2012), Art. 3 CISG Rdnr. 6; a.A. *Reinhart*, UN-Kaufrecht, 1991, Art. 3 CISG Rdnr. 4; zu Vor- und Nachteilen einer Aufteilung bei einem Mietkauf siehe *Fogt*, IPRax 2003, 364, 366 ff.

838 Staudinger/*Magnus*, 2013, Art. 3 CISG Rdnr. 12; MünchKomm/*Westermann*, Bd. 3, 6. Aufl. (2012), Art. 3 CISG Rdnr. 1 und 6; Ferrari u.a./*Saenger*, Internationales Vertragsrecht, 2. Aufl. (2012), Art. 3 CISG Rdnr. 1; *Fogt*, IPRax 2003, 364, 369.

„überwiegend" befreit. Stattdessen könnte der Anwender des CESL jedoch unter der Prüfung der Teilbarkeit des gemischten Vertrages leiden, um einen kaufrechtlichen Teil nach dem CESL und den anderen Teil nach dem nationalen Vertragsrecht getrennt zu beurteilen. Darüber hinaus droht eine Zersplitterung des Vertrages im Hinblick auf die Gerichtszuständigkeit und die materiellrechtliche Beurteilung.[839]

2. Vergleich mit den PACL

Wie es der Begriff de PACL nahelegt, haben seine Urheber vor, dass die PACL als allgemeine Regeln des Vertragsrechts dienen.[840] Der zentrale Begriff „Vertrag" wird in den PACL nicht definiert,[841] obwohl er nach den einzelnen nationalen Rechten anders auszulegen sein kann.[842] Von anderen Bestimmungen[843] kann man darauf schließen, dass der Vertragsbegriff auf den klassischen Elementen[844] von Konsens und der wechselseitigen Bindung der Vertragsschließenden basiert.[845] Ein zweiseitiges Rechtsverhältnis, in dem sich die Parteien freiwillig rechtsgeschäftlich verpflichten, gegenseitige Leistungen auszutauschen, ist ohne Schwierigkeiten als Vertrag einzuordnen. Der Vertrag i. S. d. PACL ist nicht auf gegenseitige Verträge beschränkt. Die PACL sind ebenfalls für einseitige verpflichtende Verträge wie eine Schenkung anwendbar. Fraglich ist die Anwendbarkeit bei einseitigen Rechtsgeschäften (z. B. Auslobung), vorvertraglichen Schuldverhältnissen und Verpflichtungen mit familienrechtlichen Wirkungen. Unter die PACL fallen grundsätzlich verschiedene Verträge, darunter Kaufverträge von Waren, Verträge

839 Ferrari u.a./*Saenger*, Internationales Vertragsrecht, 2. Aufl. (2012), Art. 3 CISG Rdnr. 1; auch kritisch *Martiny*, in: FS für von Hoffmann, 2011, S. 285 ff.; *Reitmann/Martiny*, Internationales Vertragsrecht, 8. Aufl. (2015), S. 154

840 Auch siehe Art. I.-1:101 Abs. 1 PACL.

841 Die Bestimmungen der Begriffsdefinition in den PACL wurden bisher nicht ausgearbeitet, damit ist es möglich, dass der Begriff des Vertrags später eingeführt wurde. Die PECL, dem die PACL folgen, haben nur einen Artikel 1:301 mit den 6 Definitionen, darunter kein Vertrag.

842 *Tenenbaum*, in: Fauvarque-Cosson/Mazeaud (Hg.), European Contract Law, 2008, S. 3 f.

843 Siehe Artt. II.-2:204 (Zustandekommen eines Vertrags) und II.-2:205 (Angebot und Annahme) PACL.

844 *Tenenbaum*, in: Fauvarque-Cosson/Mazeaud (Hg.), European Contract Law, 2008, S. 3; *Larenz/Wolf*, AT BGB, 9. Aufl. (2004), S. 551 f.

845 Vgl. die Vertragsdefinition, die auf das Vertrauen der Vertragspartei statt rechtlicher Bindung basiert, *Tenenbaum*, in: Fauvarque-Cosson/Mazeaud (Hg.), European Contract Law, 2008, S. 4 f.

über die Bereitstellung digitaler Inhalte und Verträge über verbundene Dienstleistungen.

Der erste Teil (Book I) des PACL-Entwurfs besteht lediglich aus einem den Anwendungsbereich regelnden Artikel mit 4 Absätzen. Daher mangelt es nicht nur an Regelungen zur Auslegung, Lückenfüllung[846] und Ergänzung, sondern an einer Regelung über das Verhältnis zum nationalen, supernationalen und internationalen Recht, vor allem den zwingenden Bestimmungen.[847] Der Allgemeine Teil sowie das Zustandekommen des Vertrags wurden von japanischen Wissenschaftlern verfasst. Beide Teile haben zu wenige und oberflächliche Bestimmungen, und sollten daher unbedingt ergänzt und verbessert werden.[848] Es ist unklar, ob die PACL Vorrang vor anderen Grundregeln oder Gebräuchen und Gepflogenheiten haben oder nicht. Wenn die in Asien tätigen Parteien bei einem B2B-Kaufvertrag vereinbart haben, dass ihr Vertrag den allgemeinen Rechtsgrundsätzen (oder der lex mercatoria bzw. dergleichen) unterliegt, könnten die PACL gemäß Art. I.-1:101 Abs. 3 lit. a PACL Anwendung finden? Die PICC nach der Präambel S. 2 sowie die PACL nach Art. I.-1:101 Abs. 3 lit. a PACL[849] sind gleichfalls anwendbar. Eine Alternative ist, dass die PACL nur angewendet werden, wenn die Parteien sich auf Anwendung der PACL geeinigt haben, also auf das Ausstreichen des Art. I.-1:101 Abs. 3 PACL. Um die Reichweite der PACL zu erweitern, sollten die Verhältnisse der PACL zu anderen Grundregeln oder Regelwerken, insbesondere ähnlichen privaten Regelwerken, geklärt werden.

III. Zwischenergebnis

Das CESL kann auf Kaufverträge einschließlich Werklieferungsverträge, Verträge über Bereitstellung digitaler Inhalte und Verträge über verbundenden Verträgen angewendet werden. Im Zusammenhang mit Artt. 2 und 5 PR CESL kann der sachliche Anwendungsbereich bestimmt werden, dies führt zu unnötigen

846 Vgl. Artt. 1:104 – 1:107 PECL, Art. I.-1:102 DCFR, Art. 1.6 PICC (2010) und Artt. 7–9 CISG.

847 Vgl. Art. 1:103 PECL, Art. 1.4 PICC(2010) und Art. 90 CISG. Der DCFR enthält dagegen keine Bestimmungen, denn er ist als Modell-Law für den europäischen Gesetzgeber ausgerichtet, nicht auf ein durch Auswahl von den Parteien anwendbares Regelwerk, Leible/Lehmann/*Leible*, European Contract Law and German Law, 2014, S. 13.

848 Auch kritisch *Han*, Vill. L. Rev. 58 (2013), 589, 596.

849 Auch Art. 1:103 Abs. 3 lit. a PECL

Schwierigkeiten und Verwirrung.[850] Die Abgrenzungen der Begriffe, z. B. Sache und digitale Inhalte, Kaufvertrag und Verträge über die Bereitstellung digitaler Inhalte, sind ebenfalls unklar.[851] Darüber hinaus verschlimmert sich die Situation wegen neuer Begriffe – z. B. Verträgen über die Bereitstellung digitaler Inhalte, Verträge über verbundene Dienstleitungen – und Nutzungen[852] im Gegensatz zu den Definitionen bestehender Regelwerke.[853] Insbesondere die Aufspaltung der Verträge in den Fällen verbundender Verträge und gemischter Verträge kann zur Zersplitterung im Hinblick auf die materiellrechtliche Beurteilung führen.

Im Vergleich mit dem CESL und CISG haben die für alle Verträge geltenden PACL einen weiteren Anwendungsbereich. Obwohl die Reichweite des CISG durch die Auslegung des Begriffes „Kauf von Waren" in der Praxis erweitert wird, können die Vertragsparteien das CESL nicht nur auf Kaufverträge von Waren im Umfang das CESL anwenden, sondern auch bei Verträgen über die Bereitstellung der digitalen Inhalte und bei Verträgen über verbundene Dienstleistungen. Bezüglich gemischter Verträge kann das CISG auf die kauffremden Elemente Anwendung finden, wenn diese nicht überwiegen. Dagegen stehen die CESL-fremden Elemente bei gemischten Verträgen immer außerhalb des sachlichen Anwendungsbereichs des CESL.

Auch wenn das CESL und die PACL zukünftig Verwendung fänden, gilt aus praktischer Sicht das Gegenteil der Reichweite des jeweiligen Anwendungsbereichs, d. h., dass das CISG als das beliebteste Regelwerk trotz engen Anwendungsbereichs überwiegend benutzt werden würde[854] und die anderen Regelungswerke

---

850 Schmidt-Kessel/*ders.*, GEK-E, 2014, Art. 5 PR CESL Rdnr. 3, 4 und 6; Schulze/*Wendehorst*, CESL, 2012, Art. 5 PR CESL Rdnr. 37.

851 Schulze/*Wendehorst*, CESL, 2012, Art. 5 PR CESL Rdnr. 38.

852 Bezüglich der Waren-Definition im CESL schließt der sowohl gegenüber dem CISG als auch gegenüber der KlauselRL oder der VerbrauchsgüterkaufRL engere Warenbegriff insgesamt unkörperliche Gegenstände aus, Schmidt-Kessel/*ders.*, GEK-E, 2014, Art. 2 PR CESL Rdnr. 43.

853 Auch kritisch weiter zur ausgenommenen Dienstleistungen bei Verträgen über verbundene Dienstleistungen siehe Schmidt-Kessel/*ders.*, GEK-E, 2014, Art. 2 PR CESL Rdnr. 43; *Stadler*, AcP 212 (2012), 473, 493.

854 Das CISG kann theoretisch auf 80% des Welthandels von Waren Anwendung finden, Schlechtriem/Schwenzer/*ders.*, CISG, 6. Aufl. (2013), Einl. S. 1. Trotzdem wird in der Praxis das CISG ebenfalls häufig abgewählt, denn die beteiligten Unternehmen können ohne die Anwendung des Einheitsrechts ihre Ziele erreichen, *Balthasar*, RIW 2012, 361, 365; *Gsell*, in: Remien/Herrler/Limmer (Hg.), Gemeinsames Europäisches Kaufrecht für die EU?, 2012, S. 155; Nach einer empirischen Studie wurde die Anwendung des CISG durchschnittlich insgesamt 64,8% in der ganzen Welt

eine subsidiäre Rolle außerhalb des Anwendungsbereichs des CISG einnehmen würden. Trostvoll ist für die beiden, dass das CISG nur für den Kauf von Waren, einschließlich Werklieferungsverträge und gemischter Verträge, gilt und darüber hinaus nur sektoral auf den Vertragsabschuss, die Gefahrübertragung sowie das materielle Kaufrecht, also insbesondere die Regelung der Pflichten von Verkäufer und Käufer bzw. die Behelfe bei Vertragsverletzungen, Anwendung findet.

---

ausgeschlossen, insbesondere 70,8% in USA, 72,7% in Deutschland und 44,4% in China, *Koehler/Yujun*, 20 Pace Int'l L. Rev. 45 (2008), 45, 48.

§ 9 Maßstäbe der Lückenfüllung

I. Interne und externe Lücken im CESL

1. Bedeutung der Ausschließung von Lücken im CESL

Wie oben erläutert, ist die sachliche Regelungsmaterie im CESL unvermeidbar beschränkt und alle Einheitsrechte gelten bis heute nur für den begrenzten Anwendungsbereich. Darüber hinaus regelt das CESL nicht alle privatrechtlichen Fragen, die mit dem Warenkauf, den Verträgen der Bereitstellung digitaler Inhalte und Verträgen über verbundene Dienstleistungen einhergehen können. Wie bei jedem (Einheits-)Rechtsakt stellt sich beim CESL das Problem der Lückenfüllung,[855] weil eine lückenlose Regelung tatsächlich unmöglich,[856] und gegebenenfalls auch nicht gewünscht ist.[857] Könnte das als Vertragsstatut festgestellte CESL die Rechtsfragen,

---

855 *Solomon*, in: Gebauer (Hg.), Gemeinsames Europäisches Kaufrecht – Anwendungsbereich und kollisionsrechtliche Einbettung, 2013, S. 129; *Paal*, ZVglRWiss 110 (2011), 64, 64, 67. Zur Abgrenzung zwischen der Auslegung und der zu (richterlicher) Rechtsfortbildung gehörenden Lückenfüllung, *Kramer*, Juristische Methodenlehre, 4. Aufl. (2013), S. 183; *Gruber*, Methoden des internationalen Einheitsrechts, 2004, S. 275 f.; *Kropholler*, Internationales Einheitsrecht, 1975, S. 293 ff.; *Larenz*, Methodenlehre der Rechtswissenschaft, 6. Aufl. (1991), S. 366 f.; *Canaris*, Die Feststellung von Lücken im Gesetz, 1964, S. 19 ff.; *Merz*, AcP 163 (1964), 305, 332 ff. Auslegung und Lückenfüllung sind nach Art. 7 („Auslegung des Übereinkommens und Lückenfüllung") Abs. 1 und 2 im CISG klar getrennt geregelt. Dagegen setzt sich die Europäische Kommission mit ihrer Abgrenzung im CESL nicht strikt auseinander. Nach Erwägungsgrund 29 S. 2 PR CESL werden die im CESL bestehenden Lücken auf dem Weg der Auslegung geklärt und auch unter der Überschrift „Auslegung" des Art. 4 CESL behandelt. Diese unscharfe Begriffstrennung steht im Einklang mit der EuGH-Rechtsprechung, weshalb mit der französischen Rechtstradition pauschal von „interprétation" zu sprechen ist. *Kropholler* sieht die Lückenfüllung als nur eine Fortsetzung der Auslegung auf einer anderen Stufe an. Daher kann dort keine scharfe Grenze gezogen werden, *ders.*, Internationales Einheitsrecht, 1975, S. 292. Jedoch hat die Auslegung der bestehenden Vorschriften immer Vorrang vor der Lückenfüllung, *Schmid*, Das Zusammenspiel von Einheitlichem UN-Kaufrecht und Nationalem Recht, 1996, S. 60.

856 *Larenz*, Methodenlehre der Rechtswissenschaft, 6. Aufl. (1991), S. 366.

857 Die offengelassene Gesetzgebung des § 311 Abs. 3 BGB begründet der deutsche Gesetzgeber: „Gerade in diesem Bereich der Haftung aus culpa in contrahendo ist die Entwicklung derzeit noch nicht abgeschlossen. Deshalb gilt auch für Absatz 3, dass im Gesetz zwar die Möglichkeit einer Haftung auch von Dritten angesprochen, aber

die aus einem einzelnen Fall erwachsen, nicht abdecken, würden die Beteiligten unter Rechtsunsicherheit leiden. Das CESL wäre für sie nicht attraktiv. Des Weiteren bietet sich dem Rechtsanwender eine schwierige Aufgabe zur Ausfüllung von Rechtslücken, bei der sog. „richterlichen Rechtsfortbildung". Denn eine Rechtsverweigerung ist trotz der Unfertigkeit, Widersprüchlichkeit oder Lückenhaftigkeit des Rechts verboten.[858] Damit soll ein klarer Maßstab für die Lückenfüllung zur Verfügung stehen.

Nach allgemeinem Sprachgebrauch versteht man unter einer Lücke im Bereich des nationalen Rechts eine „(gesetzgeberisch-)planwidrige Unvollständigkeit".[859] Insbesondere in der Rechtswissenschaft ist sie zusätzlich Voraussetzung der Rechtsfindung *praeter legem.*[860] In europäischen Regelwerken oder internationalen Einheitsrechten wird dagegen überwiegend der Begriff der bewussten planmäßigen Lücke angenommen.[861] Wie Erwägungsgrund 27 PR CESL zeigt, hat die Europäische Kommission das CESL von Anfang an „lückenhaft" konzipiert.[862] Im Vergleich zur Lückenfüllung im staatlichen Recht besitzt sie beim internationalen Einheitsrecht einen besonderen Stellenwert wegen der Vielzahl von Lücken und der bewussten Unvollständigkeit,[863] weil Letztere von Anfang an und grundsätzlich auf kein abschließendes oder erschöpfendes Rechtssystem abzielt. Um bestehende Lücken auszuschließen, stellt sich ferner die Neukodifikation

---

in einer Weise geregelt werden soll, die eine Weiterentwicklung dieses Rechtsinstituts durch Praxis und Wissenschaft erlaubt.", BT-Drucks. Nr. 14/6040, S. 163.

858 *Rüthers/Fischer/Birk*, Rechtstheorie mit Juristischer Methodenlehre, 8. Aufl. (2015), Rdnr. 823; *Larenz*, Methodenlehre der Rechtswissenschaft, 6. Aufl. (1991), S. 367; *Schumann*, ZZP 81 (1968), 79, 80.

859 *Canaris*, Die Feststellung von Lücken im Gesetz, 1964, S. 16 f.; a. A. *Rüthers/Fischer/Birk*, Rechtstheorie mit Juristischer Methodenlehre, 8. Aufl. (2015), Rdnr. 835 ff. und 855; *Paal*, ZVglRWiss 110 (2011), 64, 68, 71 f.

860 *Englisch*, Einführung in das juristische Denken, 11. Aufl. (2010), S. 235; *Ferrari*, JZ 1998, 9, 10; *Canaris*, Die Feststellung von Lücken im Gesetz, 1964, S. 17 f.

861 *Gsell*, in: Remien/Herrler/Limmer (Hg.), Gemeinsames Europäisches Kaufrecht für die EU?, 2012, S. 158; *Gruber*, Methoden des internationalen Einheitsrechts, 2004, S. 281 ff.

862 KOM (2011) 635 endg., S. 7; *Jansen*, ZEW Nr. 196 (2012), S. 16.

863 *Paal*, ZVglRWiss 110 (2011), 64, 66; *Gruber*, Methoden des internationalen Einheitsrechts, 2004, S. 275.

des staatsvertraglichen Einheitsrechts als schwierig dar.[864] Gleiches gilt für das CESL als eine europäische Verordnung. Darüber hinaus bereiten Fragen der Lückenschließung im CESL aufgrund konkurrierender Zuständigkeiten und der Pluralität der Normgeber besondere Schwierigkeiten.[865]

2. Einführung der zweispurigen Lückenfüllung im CESL wie bereits im CISG

Im internationalen Einheitsrecht unterscheidet man in der Regel zwischen internen (oder versteckten) und externen Lücken.[866] Eine interne Lücke stellt zuerst die planwidrige Unvollständigkeit der Regelungen dar, die sich innerhalb des vorgesehenen Regelungsbereichs befindet. Unter dem Begriff der „externen Lücken" versteht man dagegen Rechtsfragen, die sich aus der Anwendung des Einheitsrechts ergeben, aber außerhalb seines Regelungsbereichs stehen. Das CISG basiert ebenfalls auf dieser Abgrenzung. Nach Art. 7 Abs. 2 CISG[867] handelt es sich bei internen Lücken um „Gegenstände", die im Übereinkommen „nicht ausdrücklich entschieden werden". Diese Bestimmung bezieht sich nur auf Regelungsfragen, die vom sachlichen Anwendungsbereich des CISG erfasst sind, also nach Art. 4 S. 1 CISG auf dem Abschluss des Kaufvertrages basieren und die daraus erwachsenden Rechte und Pflichten des Beteiligten regeln. Nur interne Lücken dürfen nach Art. 7 Abs. 2 CISG autonom, also durch den Rückgriff auf allgemeine Grundsätze, auf denen das Abkommen beruht, geschlossen werden. Für externe Lücken ist das CISG dagegen nicht ausgelegt, es bleibt nur der Rückgriff auf nationales Recht. Das CESL folgt großenteils sowohl der Abgrenzung zwischen internen und externen Lücken im CISG als auch dessen Methode zur

---

864 *Paal*, ZVglRWiss 110 (2011), 64, 65; *Gruber*, Methoden des internationalen Einheitsrechts, 2004, S. 275.

865 *Fleischer*, RabelsZ 75 (2011), 700, 713.

866 MünchKomm/*Gruber*, Bd. 3, 7. Aufl. (2016), Art. 7 CISG Rdnr. 34 ff.; Schlechtriem/Schwenzer/*Ferrari*, CISG, 6. Aufl. (2013), Art. 7 CISG Rdnr. 43; Ferrari u.a./*Saenger*, Internationales Vertragsrecht, 2. Aufl. (2012), Art. 7 CISG Rdnr. 7 f.; *Stadler*, AcP 212 (2012), 473, 498 ff.; *Paal*, ZVglRWiss 110 (2011), 64, 80; *Teichert*, Lückenfüllung im CISG mittels UNIDROIT-Prinzipien, 2007, S. 13 ff.; *Gruber*, Methoden des internationalen Einheitsrechts, 2004, S. 281 ff.; *Schmid*, Das Zusammenspiel von Einheitlichem UN-Kaufrecht und Nationalem Recht, 1996, S. 26 ff.

867 Vgl. Art. 17 EKG.

Lückenschließung.[868] Dennoch darf man nicht unbesehen auf die Lösungen im CISG zurückgreifen.[869] Neben den Maßstäben zur Lückenfüllung soll die konkrete Abgrenzung zwischen internen und externen Lücken im CESL noch näher beleuchtet werden.

II. Interne Lückenfüllung im CESL

1. Interne Lücken

Art. 2 Abs. 2 CESL erklärt den Begriff der internen Lücke: „Frage, die in den Anwendungsbereich des Gemeinsamen Europäischen Kaufrechts fallen, jedoch darin nicht ausdrücklich geregelt sind, ...“[870] Aus Art. 11a Abs. 1 PR CESL[871] erklärt sich, welche konkreten Sachverhalte vom CESL erfasst werden: a) vorvertragliche Informationspflichten, b) Abschluss des Vertrags, einschließlich der Formerfordernisse, c) Widerrufsrecht und seine Folgen, d) Anfechtung des Vertrags wegen Irrtums, arglistiger Täuschung, Drohung oder unfairer Ausnutzung und ihre Folgen, e) Auslegung, f) Inhalt und Wirkungen, einschließlich derer des betroffenen Vertrags, g) Beurteilung der Unfairness einer Vertragsbestimmung und ihre Folgen, h) Rechte und Pflichten der Parteien, i) Abhilfen bei Nichterfüllung, Rückabwicklung nach Anfechtung und Beendigung des Vertrags sowie im Fall eines nicht bindenden Vertrags, k) Verjährung und Ausschluss von Rechten, l) Sanktionen im Fall einer Verletzung von Leistungs- und sonstigen Pflichten während seiner Anwendung. Die Europäische Kommission unterscheidet von den externen Lücken diese Rechtfragen, die in seinen sachlichen Anwendungsbereich fallen und während des Lebenszyklus'

868 *Solomon*, in: Gebauer (Hg.), Gemeinsames Europäisches Kaufrecht – Anwendungsbereich und kollisionsrechtliche Einbettung, 2013, S. 129 ff.; *Gsell*, in: Remien/Herrler/Limmer (Hg.), Gemeinsames Europäisches Kaufrecht für die EU?, 2012, S. 146 ff.; *Fornasier*, RabelsZ 76 (2012), 401, 438; *MPI*, RabelsZ 75 (2011), 371, 410.

869 *Gsell*, in: Remien/Herrler/Limmer (Hg.), Gemeinsames Europäisches Kaufrecht für die EU?, 2012, S. 146; *Mansel*, WM 2012, 1253, 1265.

870 Auch in Erwägungsgrund 29 PR CESL.

871 In der alten Fassung des CESL regelte dies nur Erwägungsgrund 26 PR CESL. Der Inhalt dieses Erwägungsgrunds wurde in den Art. 11a Abs. 1 PR CESL n. F. überführt. Obwohl fast keine inhaltlichen Unterschiede zwischen beiden bestehen, schafft dies zweifellos Klarheit bezüglich der Abgrenzung zwischen internen von externen Lücken im CESL.

der Verträge von praktischer Bedeutung sind.[872] Folglich betreffen die internen Lücken im CESL die Unvollständigkeiten, die sich auf die genannten Rechtsfragen beziehen. Trotz dieser Abgrenzungsbestimmung ist die Differenzierung zwischen internen und externen Lücken *in concreto* nicht immer leicht.[873]

In Bezug auf die vorvertraglichen Informationspflichten stellt Art. 11 Abs. 1a PR CESL klar, dass das CESL ab dem Zeitpunkt der vorvertraglichen Phase gelten sollte, in dem die Parteien sich während der Verhandlungen auf das CESL beziehen. Es gilt nur, wenn ein Vertrag tatsächlich abgeschlossen wird.[874]

2. Schließung interner Lücken

Nach Art. 7 Abs. 2 CISG[875] sind interne Lücken im CISG zuerst nach den allgemeinen Grundsätzen zu schließen, die dem CISG zugrunde liegen. In Ermangelung solcher Grundsätze ist das nach dem IPR anwendbare Recht als *ultima ratio* maßgebend.[876] Diesbezüglich folgt das UN-Kaufrecht der „gemischten" Methode.[877] Als allgemeine Grundsätzen im CISG kommen in Rechtsprechung und Literatur der Vorrang der Privatautonomie (Art. 6), Treu und Glauben (Art. 7 Abs. 1), die Formfreiheit (Art. 11), der Maßstab des Vernünftigen (Artt. 8, 16

872 Siehe Erwägungsgrund 26 PR CESL.

873 MünchKomm/*Gruber*, Bd. 3, 7. Aufl. (2016), Art. 7 CISG Rdnr. 36; Schulze/*Wendehorst*, CESL, 2012, Art. 11 PR CESL Rdnr. 6; *Mansel*, WM 2012, 1253, 1266; *Jansen*, ZEW Nr. 196 (2012), S. 18 f.; *Gruber*, Methoden des internationalen Einheitsrechts vor, 2004, S. 283. Der Entwurf der Expertengruppe sah in den ersten Artikeln diese autonome Lückenfüllung vor, Feasibility Study (Fn. 3), S. 16

874 Begründung des Änderungsantrags 74 des Rechtsausschlusses (A7-0301/2013 v. 25.9.2013); kritisch Schulze/*Wendehorst*, CESL, 2012, Art. 11 PR CESL Rdnr. 15.

875 Als übereinstimmende Regelungen siehe auch Art. 4 Abs. 2 der Factoring-Konvention (UNIDROIT Convention on international factoring, Ottawa, 28 May 1988) und Art. 6 Abs. 2 der Leasing-Konvention (UNIDROIT Convention on international financial leasing, Ottawa, 28 May 1988).

876 MünchKomm/*Gruber*, Bd. 3, 7. Aufl. (2016), Art. 7 CISG Rdnr. 40; *Paal*, ZVglRWiss 110 (2011), 64, 78; *Gruber*, Methoden des internationalen Einheitsrechts, 2004, S. 306 ff.

877 *Ferrari*, JZ 1998, 9, 11. Staatliche Richter sowie Schiedsrichter erliegen in der Praxis den Verlockungen, die Lösung der Rechtsfragen von einem Rückgriff auf nationales – vorzugsweise eigenes – Recht abzuleiten, *Paal*, ZVglRWiss 110 (2011), 64, 79 f.

Abs. 2, 25), der Vertrauensschutz (Artt. 16 Abs. 2, 29 Abs. 2) usw. in Betracht.[878] Dazu gehören jedoch nicht die UNIDROIT-Grundsätze[879] wie die PECL.[880]

Im Gegensatz zum CISG sieht das CESL in Art. 11 PR CESL, Art. 4 Abs. 2 CESL und seinem Erwägungsgrund 29 ausschließlich eine rein autonome interne Lückenfüllung, anhand der ihm zugrunde liegenden Grundsätze und Zielen vorkommen. Damit ist der subsidiäre Rückgriff auf nationales Recht blockiert.[881] Die autonome Auslegung und Rechtsfortbildung sind beim einheitlichen Recht vorrangig und vorteilhaft,[882] da die Gefahr der unterschiedlichen Beurteilung durch Rückgriff auf nationale Sachnormen dadurch vermieden wird und das Ziel der angestrebten Rechtseinheit verwirklicht wird. Darüber hinaus steht dies im Einklang mit der ständigen EuGH-Rechtsprechung, nach der ohne Rückgriff auf einzelstaatliche Auslegungen das Unionsrecht grundsätzlich europäisch autonom

---

878 MünchKomm/*Gruber*, Bd. 3, 7. Aufl. (2016), Art. 7 CISG Rdnr. 39; Staudinger/*Magnus*, 2013, Art. 3 CISG Rdnr. 40 ff.; Schlechtriem/Schwenzer/*Ferrari*, CISG, 6. Aufl. (2013), Art. 7 CISG Rdnr. 48 ff.; Ferrari u.a./*Saenger*, Internationales Vertragsrecht, 2. Aufl. (2012), Art. 7 CISG Rdnr. 7; Honsell/*Melis*, Kommentar zum UN-Kaufrecht, 2. Aufl. (2010), Art. 7 CISG Rdnr. 13; *Ferrari*, JZ 1998, 9, 11 f.

879 MünchKomm/*Gruber*, Bd. 3, 7. Aufl. (2016), Art. 7 CISG Rdnr. 39; Schlechtriem/Schwenzer/*Ferrari*, CISG, 6. Aufl. (2013), Art. 7 CISG Rdnr. 55, 62; *Schlechtriem/Schroeter*, Internationales UN-Kaufrecht, 5. Aufl. (2013), Rdnr. 150; *Paal*, ZVglRWiss 110 (2011), 64, 82 f.; *Teichert*, Lückenfüllung im CISG mittels UNIDROIT-Prinzipien, 2007, S. 127 ff.; *Gruber*, Methoden des internationalen Einheitsrechts, 2004, S. 302 ff.; *Ferrari*, JZ 1998, 9, 15; a.A. Staudinger/*Magnus*, 2013, Art. 3 CISG Rdnr. 14; Ferrari u.a./*Saenger*, Internationales Vertragsrecht, 2. Aufl. (2012), Art. 7 CISG Rdnr. 7; *Schmid*, Das Zusammenspiel von Einheitlichem UN-Kaufrecht und Nationalem Recht, 1996, S. 69 f.

880 MünchKomm/*Gruber*, Bd. 3, 7. Aufl. (2016), Art. 7 CISG Rdnr. 39; *Schlechtriem/Schroeter*, Internationales UN-Kaufrecht, 5. Aufl. (2013), Rdnr. 150.

881 Schmidt-Kessel/*ders.*, GEK-E, 2014, Art. 11 PR CESL Rdnr. 1 ff.; *Solomon*, in: Gebauer (Hg.), Gemeinsames Europäisches Kaufrecht – Anwendungsbereich und kollisionsrechtliche Einbettung, 2013, S. 130; *Gsell*, in: Remien/Herrler/Limmer (Hg.), Gemeinsames Europäisches Kaufrecht für die EU?, 2012, S. 150; *Stadler*, AcP 212 (2012), 473, 499; *Mansel*, WM 2012, 1253, 1266 f. Aber *MPI* schlug früher vor, dem Methode der Lückenfüllung im CISG zu folgen, *dies.*, RabelsZ 75 (2011), 371, 411.

882 *Gsell*, in: Remien/Herrler/Limmer (Hg.), Gemeinsames Europäisches Kaufrecht für die EU?, 2012, S. 150; *Gruber*, Methoden des internationalen Einheitsrechts, 2004, S. 286 ff.

auszulegen ist.[883] Dementsprechend soll einerseits das CESL als ein in das nationale Rechtssystem nicht integriertes heteronomes Element weiter bestehen, obwohl es nach dem Ansatz der Europäischen Kommission als Teil des staatlichen Rechts konzipiert ist. Andererseits leidet die Rechtssicherheit in gewissem Maß wegen des vagen, dem Richter keine handhabbare Entscheidungshilfe bietenden[884] Begriffs der allgemeinen Grundsätze, der für die Schließung der internen Lücken im CESL maßgebend ist.[885]

Näher einzugehen ist auf die allgemeinen Grundsätze, jedoch nicht auf inhaltliche Einzelheiten,[886] die dem CESL zugrunde liegen. Das CESL fängt mit den Bestimmungen unter der Überschrift „allgemeine Grundsätze" an: die Vertragsfreiheit (Art. 1 CESL), die Gebote von Treu und Glauben und redlicher Geschäftsverkeht (Art. 2 CESL) und die Pflicht zur Zusammenarbeit (Art. 3 CESL).[887] Dazu kann man die Formfreiheit (Art. 6 CESL)[888] und den nicht ausdrücklich kodifizierten Verbraucher- und Vertrauensschutz[889] hinzufügen.

Zu beachten ist, dass trotz der rein autonom-internen Schließung interner Lücken die primärrechtskonforme Auslegung aus der Normenhierarchie des

883 EuGH v. 21.10.2010, Rs. C-467/08; EuGH v. 7.12.1995, Rs. C-449/93, Slg. 1995, I-4291 = NZA 1996, 471; EuGH v. 15.7.1993, Rs. C-34/92, Slg. 1993, I-4147; EuGH v. 18.1.1984, Rs. 327/82, Slg. 1984, 107.

884 Schlechtriem/Schwenzer/*Ferrari*, CISG, 6. Aufl. (2013), Art. 7 CISG Rdnr. 50; *Magnus*, RabelsZ 59 (1989), 469, 480.

885 Schlechtriem/Schwenzer/*Ferrari*, CISG, 6. Aufl. (2013), Art. 7 CISG Rdnr. 48; *Fornasier*, RabelsZ 76 (2012), 401, 438; *MPI*, RabelsZ 75 (2011), 371, 410.

886 Ausführend zu einzelnen Grundsätzen im CESL siehe *Looschelders*, AcP 212 (2012), 581, 589 ff.; *Herresthal*, in: Schulte-Nölke/Zoll/Jansen/Schulze (Hg.), Der Entwurf für ein optionales europäisches Kaufrecht, 2012, S. 111 ff.

887 Die Pflicht zur Zusammenarbeit versteht sich als nur eine Ausprägung in Verbindung mit dem Prinzip „Treu und Glauben" in Art. 2 CESL, also als keine eigenständige rechtliche Kategorie, MünchKomm/*Schubert*, Bd. 2, 7. Aufl. (2016), § 242 BGB Rdnr. 176; Schmidt-Kessel/*Müller-Graff*, GEK-E, 2014, Art. 3 CESL Rdnr. 1; Looschelders, AcP 212 (2012), 581, 598. Mithilfe dieser Bestimmung kann die Pflicht zur Zusammenarbeit von einer reinen Obliegenheit auf die Rechtspflicht, bei deren Nichterfüllung man ein entsprechendes Verhalten vom Belasteten fordern und einklagen kann, aufsteigen, MünchKomm/*Schubert*, Bd. 2, 7. Aufl. (2016), § 242 BGB Rdnr. 176; Schmidt-Kessel/*Müller-Graff*, GEK-E, 2014, Art. 3 CESL Rdnr. 3; Schulze/*Schulte-Nölke*, CESL, 2012, Art. 3 CESL Rdnr. 4.

888 *Looschelders*, AcP 212 (2012), 581, 594.

889 *Herresthal*, in: Schulte-Nölke/Zoll/Jansen/Schulze (Hg.), Der Entwurf für ein optionales europäisches Kaufrecht, 2012, S. 120 f.

Unionsrechts nicht ausgeschlossen ist.[890] Gleiches gilt darüber hinaus für den Rückgriff auf die anderen europäischen Sekundärrechte, einschließlich der hierzu bestehenden Auslegungen des EuGH, soweit Rechtsbegriffe und -figuren im CESL aus dem bisherigen Acquis *eindeutig* übernommen wurden.[891] Würde es aber zu weit gefasst, könnten dadurch die mit dem epochalen Pilotprojekt angestrebte europaweite vertragsrechtliche Harmonisierung und die rein autonome Auslegung gefährdet sein. Dass alles im CESL erneut vom EuGH intern-autonom auszulegen ist,[892] ist tatsächlich unmöglich und unsinnig. Ferner widerspricht es der mit anderen Unionsrechten konformen und integrierten Rechtsfortbildung.

III. Externe Lückenfüllung im CESL

1. Externe Lücken

Art. 7 Abs. 2 CISG gilt nur für interne Lücken, nicht jedoch für externe. Das CISG trifft folglich keine Aussage für Letzere und fordert damit einen Rückgriff auf das nach dem Kollisionsrecht des Forumstaats berufene Recht.[893] Dagegen regelt das CESL die externen Lücken und deren Schließung ausdrücklich. Die Fragen der

---

890 Siehe oben S. 119 f.

891 Auch *Gsell*, in: Remien/Herrler/Limmer (Hg.), Gemeinsames Europäisches Kaufrecht für die EU?, 2012, S. 151 ff.; *Herresthal*, in: Schulte-Nölke/Zoll/Jansen/Schulze (Hg.), Der Entwurf für ein optionales europäisches Kaufrecht, 2012, S. 140 f.; dagegen können die bestehenden Gemeinschaftsrechte durch die systematische Auslegung in das CESL eingreifen, Schmidt-Kessel/*ders.*, GEK-E, 2014, Einl. GEK-VO-E Rdnr. 41 ff.; Schulze/*Schulte-Nölke*, CESL, 2012, Art. 4 CESL Rdnr. 4. Zum Versuch der Übernahme des Acquis in das CESL siehe oben S. 507 f.

892 Zur Überbelastungsmöglichkeit des EuGH in Bezug auf die Auslegungsmonopol nach Art. 267 AEUV siehe *Stadler*, AcP 212 (2012), 473, 499 f.; *Gsell*, in: Remien/Herrler/Limmer (Hg.), Gemeinsames Europäisches Kaufrecht für die EU?, 2012, S. 153.

893 *Solomon*, in: Gebauer (Hg.), Gemeinsames Europäisches Kaufrecht – Anwendungsbereich und kollisionsrechtliche Einbettung, 2013, S. 130; *Gsell*, in: Remien/Herrler/Limmer (Hg.), Gemeinsames Europäisches Kaufrecht für die EU?, 2012, S. 150; *Teichert*, Lückenfüllung im CISG mittels UNIDROIT-Prinzipien, 2007, S. 5 ff.; *Schmid*, Das Zusammenspiel von einheitlichem UN-Kaufrecht und Nationalem Recht, 1996, S. 72 f. Trotz des Auslegungsmonopols des EuGH können mitgliedstaatlichen Gerichten einen Spielraum hinsichtlich der Konkretisierung des CESL und der Lückenfüllung haben, *Gsell*, in: Gebauer (Hg.), Gemeinsames Europäisches Kaufrecht – Anwendungsbereich und kollisionsrechtliche Einbettung, 2013, S. 110 ff.

externen Lücken sind in Art. 11a Abs. 2 PR CESL sowie dessen Erwägungsgründe 27 nicht abschließend[894] aufgezählt: a) Rechtspersönlichkeit, b) Ungültigkeit eines Vertrags wegen Geschäftsunfähigkeit, Rechts- oder Sittenwidrigkeit, es sei denn, die Gründe der Rechts- oder Sittenwidrigkeit werden im Gemeinsamen Europäischen Kaufrecht geregelt, c) Bestimmung der Vertragssprache, d) Diskriminierungsverbot, e) Stellvertretung, f) Schuldner und Gläubigermehrheit, sowie Wechsel der Parteien einschließlich Abtretung, g) Aufrechnung und Konfusion, h) Begründung, Erwerb oder Übertragung von Eigentum oder anderen Rechten an Immobilien, i) Recht des geistigen Eigentums und j) Deliktsrecht einschließlich der Frage, ob konkurrierende Ansprüche aus vertraglicher und außervertraglicher Haftung zusammen verfolgt werden können.[895] Die Abgrenzung zwischen internen und externen Lücken wird kritisiert.[896] Es geht darum, was überhaupt im CESL selbst bestimmt oder ausgeschlossen wird. Die Rechtsfragen, die beim Kaufvertrag besonders häufig relevant werden und große Bedeutung haben, sollten grundsätzlich im CESL geregelt werden, z. B. Stellvertretung,[897] Abtretung, Aufrechnung. Ansonsten könnte die Komplexität der Rechtsanwendung den Rückgriff auf die anderen Rechte beträchtlich erschweren.[898]

---

894 *Looschelders*, AcP 212 (2012), 581, 585.

895 Die Anspruchskonkurrenz zwischen Vertrags- und Delikthaftung wird grundsätzlich in Frankreich wegen des Grundsatzes des *non cumul* (§ 1386–18 Code Civil) – mit Ausnahme § 1386–1 Code Civil (Haftung für fehlerhafte Produkte) – anders beurteilt werden als in Deutschland, *Stoll*, in: FS für Georgiades, 2006, S. 957; Zum Problem der Konkurrenz vertraglicher und deliktischer Ansprüche in Frankreich siehe *Ferid/Sonnenberger*, Das Französische Zivilrecht, Bd. 2 (1986), S. 452.

896 *Solomon*, in: Gebauer (Hg.), Gemeinsames Europäisches Kaufrecht – Anwendungsbereich und kollisionsrechtliche Einbettung, 2013, S. 133 ff.; *Gsell*, in: Remien/Herrler/Limmer (Hg.), Gemeinsames Europäisches Kaufrecht für die EU?, 2012, S. 156 f.; *Stadler*, AcP 212 (2012), 473, 498 f.; *Looschelders*, AcP 212 (2012), 581, 585 ff.; *Jansen*, ZEW Nr. 196 (2012), S. 16.

897 *Looschelders*, AcP 212 (2012), 581, 585 f.; *Gsell*, in: Remien/Herrler/Limmer (Hg.), Gemeinsames Europäisches Kaufrecht für die EU?, 2012, S. 156; *Stadler*, AcP 212 (2012), 473, 498; *Jansen*, ZEW Nr. 196 (2012), S. 16; *Gebauer*, GPR 2011, 227, 235.

898 Auch *Stadler*, AcP 212 (2012), 473, 498 f.; *Jansen*, ZEW Nr. 196 (2012), S. 17 lautet: „Ein optionales Vertragsrecht sollte so umfassend wie möglich geregelt sein, um einen Rückgriff auf nationales Vertragsrecht nach Möglichkeit auszuschließen. Soweit das nicht möglich ist, sollte klar definiert sein, wie weit die Regelungen des optionalen Vertragsrecht reichen."

2. Schließung externer Lücken

Nach Art. 11a Abs. b PR CESL[899] unterliegen die vertraglichen sowie außervertraglichen Sachverhalte, die nicht im CESL geregelt sind, dem innerstaatlichen Recht, das jeweils nach Maßgabe der Rom I-VO und der Rom II-VO oder nach sonstigen einschlägigen Kollisionsnormen anwendbar ist.[900] Folglich wird die Aufgabe der externen Lückenfüllung dem jeweiligen IPR des Forums auferlegt. Anders als bei internen Lücken wird der EuGH durch die monopolistische Auslegungszuständigkeit zum Herrn über die Konkretisierung und Schließung gemacht.[901] Dieses Ergebnis hinsichtlich der externen Lückenschließung versteht sich *per se*. Denn externe Lücken betreffen begrifflich die im CESL ungeregelten Sachfragen.[902] Obwohl das CISG keine Bestimmung über externe Lücken und ihre Behandlung vorsieht, gilt das Gleiche wie beim CESL.

Bei externer Lückenfüllung stößt man nicht selten auf Schwierigkeiten aus der Disharmonie vom CESL und dem anwendbaren mitgliedstaatlichen Recht.[903] Zu beachten ist bei der Schließung externer Lücken, dass bei der Anwendung des nach Kollisionsrecht berufenen Rechts die Ziele, allgemeinen Grundsätze und ausdrücklichen Bestimmungen im CESL nicht verletzt werden dürfen.[904] Vielmehr sollen sie beim gesamten Vorgang weiter beachtet werden und damit können die anzuwendenden einzelnen Regelungen CESL-konform korrigiert werden.[905] Art. 11a Abs. 2 PR CESL sieht die Anwendung des vom IPR

---

899 Übereinstimmend mit Erwägungsgrund 27 ist auch S. 1 PR CESL.

900 Kritisch zur Methode der externen Lückenfüllung im CESL unter der Darlegung von zwei Gründen, Gefahr des *forum shopping* und die mit Beratungsbedarf verbundenen Transaktionskosten, *Balthasar*, RIW 2012, 361, 365 f.

901 *Gsell*, in: Gebauer (Hg.), Gemeinsames Europäisches Kaufrecht – Anwendungsbereich und kollisionsrechtliche Einbettung, 2013,110 ff.

902 Schmidt-Kessel/*ders.*, GEK-E, 2014, Art. 5 PR CESL Rdnr. 3.

903 Beispielhaft siehe *Stadler*, AcP 212 (2012), 473, 498 f.

904 Auch *Busch*, EuZW 2011, 655, 660; *Schauer*, in: Wendehorst/Zöchling-Jud (Hg.), Am Vorabend eines Gemeinsamen Europäischen Kaufrechts, 2012, S. 49; dagegen *Gsell*, in: Gebauer (Hg.), Gemeinsames Europäisches Kaufrecht – Anwendungsbereich und kollisionsrechtliche Einbettung, 2013,112 f.

905 Der Prozess der Lückenerfüllung kann in Anlehnung an die Ableitung des Lücken-Begriffs von *Canaris* (*ders.*, Die Feststellung von Lücken im Gesetz, 1964, S. 16 f.) erklärt werden: Obwohl ein Handwerker von seinem Kunden beauftragt wird, eine Lücke in der Mauer oder im Zaun beliebig zu reparieren, soll er die Bauarbeiten mit einem logischenMaterial, nämlich passendem Stoff (oder Farbe) erledigen. Es ist unsinnig, die Lücke im Schilfzaun mit Stahl zu reparieren oder blaue Teilen mit roten zu schließen.

des Forums berufenen Rechts vor. Aber das staatliche Recht darf nicht immer in unveränderter Form zur Anwendung kommen. Der Umstand, aufgrund dessen das CESL den externen Normen diese Aufgabe der externen Lückenfüllung überträgt, beruht lediglich drauf, dass Bestimmungen über die betreffenden einzelnen Rechtsfragen im CESL fehlen. Damit mangelt es an einer Reaktion auf Bedenken oder einer Ablehnung bezüglich der im CESL festgelegten Lösungen.

Das CESL zielt auf die Harmonisierung des Vertragsrechts der Mitgliedstaaten ab, dennoch bestehen viele Lücken in Bezug auf wichtige Sachverhalte. Daher können die Vertragsparteien bei einzelnen ungeklärten Rechtsfragen nach wie vor im Dunkeln stehen, auch wenn die Lückenfüllung mithilfe des IPR grundsätzlich möglich ist. Um die Anwendung eines unerwünschten Rechts zu vermeiden, ist es für die Parteien empfehlenswert, mittels einer Rechtswahl nach Art. 3 Rom I-VO externe Lücken im CESL zu schließen.[906]

IV. Zwischenergebnis

Es ist ideal, alle Rechtsfragen nach einem Recht abschließend zu regeln – was jedoch in der Praxis unmöglich und unrealistisch ist. Unterdessen stoßen Juristen auf die wichtige und anstrengende Aufgabe, die unvermeidbar entstehenden Lücken im Regelwerk schließen zu müssen. Insbesondere internationale oder regionale Einheitsrechte, die gerade in der Anfangsphase stecken, haben keinen umfassenden Anwendungsbereich, sondern stehen in der Regel nur für einen sektorspezifischen Bereich zur Verfügung. Dementsprechend gewinnt ebenfalls die Lückenfüllung im CESL erheblich an Bedeutung, und die Kommission stellt dafür die Bestimmungen Artt. 11, 11a PR CESL sowie Art. 4 Abs. 2 CESL bereit.

Zwei tragende Säulen, die bei der Lückenfüllung zu beachten sind, sind Rechtssicherheit und Rechtsharmonisierung. Keine der beiden darf die Andere verdrängen. Aus rechtssicherheitlicher Sicht ist vorzugswürdig, die Lücken durch den Rückgriff auf das nach dem IPR anwendbare staatliche Recht zu füllen, was jedoch zur Rechtszersplitterung (oder sog. law mix) führt und dem Ziel des CESL der Rechtsharmonisierung zuwiderläuft. Umgekehrt trägt die autonome Lückenfüllung der Vollziehung des europäischen Einheitsrechts bei. In diesem Ansatz steckt ein ernstes Problem. Die dem CESL zugrunde liegenden Zielen und Grundsätze, die der Maßstab zur Schließung sind, können die Gegner des Einheitsrechts von ihrer begrifflichen und inhaltlichen Deutlichkeit und Grenzlinie noch nicht überzeugen. Darüber hinaus ist von Anfang an die externe Lücke nicht

---

906 Für die externen Lücken im CESL siehe auch *Schmid*, Das Zusammenspiel von Einheitlichem UN-Kaufrecht und Nationalem Recht, 1996, S. 82.

durch die intern-autonome Methode zu schließen, sondern durch den Rückgriff auf das mittels Kollisionsrecht berufene Recht.

Die Europäische Kommission hat die intern-autonome Lösung für die internen Lücken und das anhand des IPR zu bestimmende nationale Recht für die externen Lücken vorgesehen. Mithilfe der bestehenden einschlägigen EU-Regelwerke und Rechtsprechung des EuGH kann die Unklarheit der internen Lückenfüllungen durch die autonome Auslegung vorweg beseitigt werden. Später sind Auslegungsfragen im CESL durch die eigene interne Systembildung und die Akkumulation der Rechtsprechungen zu lösen. Bei externen Lückenschließungen darf die Anwendung des nach Kollisionsrechts berufenen Rechts nicht die Ziele, allgemeinen Grundsätze und ausdrücklichen Bestimmungen im CESL beeinträchtigen. In der Praxis mindert die Unsicherheit sowie Komplexität der Bestimmung des Lückenfüllungsmaßstabs die Attraktivität des CESL.

Zum rechtspolitischen Bereich gehört die Entscheidung, was in den Anwendungsbereich des CESL fällt, also die Abgrenzung zwischen internen und externen Lücken. Wünschenswert wäre es, die Rechtsfragen in den sachlichen Anwendungsbereich einzuordnen, die während des Lebenszyklus des Kaufvertrags von praktischer Bedeutung sind und oft relevant werden. In Bezug auf viele externe Rechtsfragen im CESL ist es für die Parteien empfehlenswert, die Möglichkeit der Rechtswahl nach Art. 3 Rom I-VO zu nutzen. Damit können sie das Risiko der unerwünschten Rechtsanwendung ausschließen.

§ 10 Zusammenfassung

(1)

Heutzutage wird alles von der riesigen Welle der Globalisierung erfasst. Davon ist auch das Privatrecht nicht frei. Einheitliche Vertragsrechte befinden sich im Umbruch und werden gleichzeitig auf regionaler und internationaler Ebene geschmiedet. Eines der ambitionierten Projekte in diesem Zusammenhang ist sicher die Kodifikation eines einheitlichen europäischen Kaufrechts. Am Ausgangspunkt des CESL-Projekts stößt man freilich auf die Frage, ob ein zusätzliches europaweit einheitliches Kaufrecht wirklich sinnvoll und praktikabel ist oder in Zukunft tatsächlich verwirklicht werden kann. Auch wenn andere wichtigere und vorrangigere Hindernisse im Binnenhandel, z. B. sprachliche oder steuerrechtliche Probleme usw., zweifellos existieren, ist es aber sicher, dass das CESL zumindest auf der privatrechtlichen Ebene eine wertvolle und dringende Aufgabe erfüllt und geeignet ist, den Binnenmarkt durch die Förderung grenzüberschreitender Geschäfte zu konsolidieren und anstelle der bisher sektorspezifischen Maßnahmen das europäische Vertragsrecht funktionsfähiger zu machen.

Das CESL war aus einer facettenreichen Geschichte zur Vereinheitlichung des europaweiten Privatrechts hervorgegangen, jedoch wurde es von der Europäischen Kommission in der letzten Minute zurückgezogen. Parallel hierzu scheint auch die Treibkraft der PACL in letzter Zeit beträchtlich verloren gegangen zu sein. Es bleibt abzuwarten, ob die mit hohem Tempo verlaufene „Vollharmonisierung des Privatrechts“ in der EU sowie in Asien endgültig gescheitert ist oder man nur kurz Atem holt, um den Prozess danach wieder zu beleben. Mit dem Brexit, dem proklamierten Ausstieg der UK aus der EU, scheint zwar der Einheitsgedanke als Fundament der Union bedroht. Vielleicht ist aber gerade jetzt der richtige Zeitpunkt, um eine noch engere Verbindung der Willigen zu erreichen?

Abgesehen davon ist es sinnlos und unerwünscht, gegen den Strom der Globalisierungstendenzen in der Neuzeit zu schwimmen. Ohne dass mit Mut gegen die raue Welle im Zusammenhang mit der Harmonisierung des Privatrechts geschwommen wird, kann das Neuland des Einheitsrechts nicht entdeckt werden. Sollte der Freihandel mit den USA in Zukunft Wirklichkeit werden, wäre ein funktionierender EU-Binnenmarkt sicher ein sinnvolles europäisches Gegengewicht.

(2)

Die Europäische Kommission schlug das CESL als ein fakultatives Instrument vor, und wählte dabei insbesondere ein Opt-in-Modell. Ein optionales

Instrument bietet den Vertragsparteien die Möglichkeit, nach Belieben das neue eigenständige Einheitsrecht zu verwenden. Ein europäisches Vertragsrecht würde die mitgliedstaatlichen Vertragsrechte nicht ersetzen, sondern nur parallel zur Verfügung stehen. Dieses Plus an Freiheit wäre ein Plus an Attraktivität. Einerseits ist ein europäisches Vertragsrecht in Form eines optionalen Instruments attraktiv. Denn es ermöglicht eine schonende Umstellung vom mitgliedstaatlichen zum europäischen einheitlichen Vertragsrecht und kann ferner vermeiden, dass sich gesetzgeberische Fehler in der Anfangsphase auf alle Fälle auswirken. Auf den Gegenwind, den das CESL-Projekt erfahren hat, nimmt der europäische Gesetzgeber auf zwei Wegen Rücksicht, nämlich durch die freie Rechtswahl der Beteiligten und den höheren Verbraucherschutzniveau des CESL gegenüber nationalen Rechten. Dennoch könnten andererseits diese zwei verschiedenen Schutzmechanismen in der Praxis nicht recht funktionieren, weil es aus Gründen der strukturellen Ungleichheit bei B2C-Verträgen keine wirklich „freie" Rechtswahl geben kann und das propagierte, immer durchaus höhere Schutzniveau des CESL gegenüber allen anderen staatlichen Rechtsordnungen unrealistisch und in der Tat unmöglich ist.

Darüber hinaus waren die Erfahrungen mit der Opt-in-Lösung in der Vergangenheit bedauerlicherweise nicht immer rosig. Im Gegensatz zum Opt-out-Modell des CESL fehlt es bei Opt-in-Modellen des CESL von vornherein an der Funktion als eine sog. Reserverechtsordnung (*default regime*) im europäischen Vertragsrecht. Die Konkurrenz des Opt-in-Instruments zu bestehenden Rechtsordnungen ist in dessen Anwendungsmechanismus stark konzeptionell inkorporiert. Aus diesem Grund soll das CESL als ein Opt-in-Instrument den Anwendungsbereich sowie den kollisionsrechtlichen Bezug in dem komplizierten Mehrebenrechtssystem möglichst ausdrücklich klären.

Um die mit dem CESL einhergehenden Konflikte zu lösen, standen dem europäischen Gesetzgeber drei Varianten zur Verfügung, nämlich die kollisionsrechtliche und einheitsrechtliche Lösung sowie eine kollisionsrechtliche Vorschaltlösung. Wie die Fledermaus in den Fabeln von Aesop verhält sich der Verordnungsvorschlag im Vorgang der Rechtswahl nach dem komplizierten dritten Ansatz der Kommission: Um die kollisionsrechtlichen Beschränkungen zu umzugehen, verteidigt er sich zuerst mit dem Argument, dass das CESL eine zweite Vertragsrechtsordnung in einzelnen Mitgliedstaaten betreffe. Seine Wahl ist damit keine kollisionsrechtliche Rechtswahl, sondern eine Wahl eines von zwei innerhalb eines Mitgliedstaats geltenden Vertragsrechtsregimen. Danach soll die Eigenschaft als EU-Verordnung dazu beitragen, alle inländisch zwingenden Bestimmungen, insbesondere staatliche Verbraucherschutznormen hinsichtlich Art. 6 Abs. 2 Rom I-VO, zu verdrängen. Es gehört jedoch zur eigenen

Souveränität jedes Mitgliedstaats, festzulegen, ob und inwieweit eine Rechtswahl zwischen staatlichen Rechtsregimen rechtliche Wirkung erlangt, vor allem mit Blick auf zwingende Regelungen. Obwohl man dasselbe Ziel nach anderen Ansätzen einfacher hätte erreichen können, scheint die Kommission einen weitaus komplizierteren Weg lediglich aus Gründen der politischen Mehrheitsverhältnisse gewählt zu haben. Dies ist ein zweifelhafter Ausgangspunkt. Das versteckte Motiv ist es darüber hinaus, zum einen die Auswahl des CESL gegenüber Art. 6 Abs. 2 Rom I-VO zu immunisieren, zum anderen den Anschein einer Beeinflussbarkeit der bestehenden Regelungen des IPR zu verhindern.

Letztlich ist die Entscheidung lediglich in der Tat kompetenzrechtlich motiviert. Die Europäische Kommission hat ihren Vorschlag ausweislich der Einleitung des Normtextes ausschließlich auf Art. 114 AEUV gestützt. Die Kompetenzgrundlage des Art. 352 AEUV, der Einstimmigkeit im Rat voraussetzt, wurde als Rechtgrundlage vermieden. Dagegen bedarf Art. 114 AEUV nur der Zustimmung einer qualifizierten Mehrheit. Wie die Auseinandersetzungen auf den politischen und rechtswissenschaftlichen Ebenen im Rahmen des CESL-Projekts bisher gezeigt haben, bedarf es politischer Einstimmigkeit, um ein wirkliches Pilotprojekt der Rechtsvereinheitlichung etablieren zu kommen. Denn trotz der Eigenschaft, als optionales Instrument zu fungieren, behandelt das CESL den Kernbereich, nämlich „Kaufvertrag" des Vertragsrechts, und enthält umfassende allgemeine vertragsrechtliche Bestimmungen. Somit darf man dessen Einfluss auf die anderen europäischen sowie mitgliedstaatlichen Rechtsordnungen nicht unterschätzen.

Anders als das CISG und das CESL haben die PACL keine Geltungskraft als nationales, supernationales oder internationales Recht. Bezüglich ihrer Anwendungsmöglichkeit ist zunächst zu prüfen, ob diese allgemeinen Grundregeln nach nationalem IPR einer Rechtswahl zugänglich sind. Nach dem jeweiligen IPR in Korea, China und Japan ist grundsätzlich nur staatliches Recht hierfür geeignet. Damit kann die Auswahl der PACL nur eine materiellrechtliche Wirkung innerhalb der erlaubten Privatautonomie entfalten. Dieser ungünstige, aber unvermeidbare, Anwendungsmechanismus beruht auf dem rechtlichen Charakter als unverbindliches privates Regelwerk. Dagegen besitzen die beiden anderen Regelwerke, das CISG als ein internationales Übereinkommen und das CESL als ein europäisches Einheitsrecht in Form der EU-Verordnung, rechtliche Geltungskraft. In Bezug auf das Verhältnis des CISG zum nationalen Kollisions- und Sachrecht gilt der Grundsatz: „Soweit das CISG reicht, geht es ihnen vor". Nach Art. 1 Abs. 1 lit. a CISG ist es innerhalb seines eigenen Anwendungsbereichs vorrangig. Nur wenn das CISG selbst, wie z. B. in Art. 1 Abs. 1 lit. b, auf das IPR verweist oder wenn dem CISG keine Lösung zu entnehmen ist, ist das Kollisionsrecht einzuschalten und das von ihm berufene nationale Recht anzuwenden. Im Vergleich hiermit kommt das CESL nur nach einem komplizierten zweistufigen Mechanismus zur Anwendung. Auf der ersten Stufe ist nach den herkömmlichen Regeln des IPR das anwendbare nationale Recht zu bestimmen, entweder durch Rechtswahl oder durch objektive Anknüpfung. Auf der zweiten Stufe könnten die Parteien dann innerhalb dieser nationalen Rechtsordnung anstelle des nationalen Rechts das CESL als anwendbares Kaufrechtsregime wählen. Nach der Vorstellung der Kommission ist die Rechtswahl des CESL auf der zweiten Stufe keine kollisionsrechtliche Rechtswahl. Diese Lösung folgt überraschenderweise nicht der in Art. 1 Abs. 1 lit. a CISG niedergelegten zwischen Vertragsstaaten geltenden „einheitsrechtlichen Lösung", sondern der nach Art. 1 Abs. 1 lit. b CISG für das Verhältnis zwischen Nicht-Vertragsstaaten geltenden Lösung. Statt des unnötig komplizierten Umwegs soll richtigerweise das zwischen den Mitgliedstaaten Anwendung findende CESL die Erstere nachbilden.

Trotz seines Charakters als optionales Instrument ist das CESL kein milderer Eingriff in das nationale Recht, denn es ist ohne das nationale Umsetzungsgesetz direkt anwendbar, anders als die üblichen Harmonisierungsrichtlinien. Mit Rücksicht auf Artt. 3, 6 Abs. 2, 9, 23 Rom I-VO indiziert das CESL die Inkohärenz mit dem europäischen Kollisionsrecht. Damit sollen die Options- und Anwendungsvorschriften als besondere Kollisionsnormen formuliert sein, sodass die Wahl des optionalen Instruments das nationale Recht, insbesondere nationale zwingende Bestimmungen, von vornherein von der Anwendung ausschließen kann. Bestehende Kollisionsnormen im Bereich des internationalen Vertragsrechts sollten entsprechend überarbeitet werden. Im Verhältnis des CESL zum sonstigen *acquis communautaire* ist ebenfalls die Wechselwirkung zu beachten, denn Unionsrecht, darunter das CESL, beeinflusst sich mittelbar oder unmittelbar gegenseitig. Das CESL hat viele Bestimmungen vom bestehenden Acquis sowie von der Rechtsprechung des EuGH übernommen, es ist daher bereits acquis-konform ausgestaltet. Die Inkohärenz des CESL zu anderen Sekundärrechten ist vor allem primärrechtskonform zu lösen, ansonsten ermittelt man nach den allgemeinen Rechtprinzipien, *lex specialis* oder *lex posterior*, und somit dem Vorrang zwischen den betreffenden Sekundärrechten. Um die harmonisierende Wirkung des CESL als Einheitsrecht aber voll zur Geltung zu bringen, muss ihm innerhalb des Anwendungsbereichs logischerweise Vorrang gegenüber sonstigem Acquis zukommen.

(3)
Sämtliche B2C- und B2B-Verträge fallen zwar in den Anwendungsbereich des CESL, jedoch sieht das CESL für Verbraucherverträge in Artt. 8 und 9 PR CESL erheblich höhere Hürden vor, um den Verbraucher zu schützen. Die Kommission

folgt in Art. 2 lit. f PR CESL dem weiten Verbraucherbegriff. Ein gemischte Zwecke verfolgender Vertrag (Dual-use-Vertrag) gilt als Verbrauchervertrag, falls ein privater Zweck zum Zeitpunkt des Vertragsschlusses überwiegt. Demgegenüber findet das CISG grundsätzlich lediglich auf B2B-Geschäfte Anwendung. Durch die strikte Auslegung der Anwendungsausnahme nach Art. 2 lit. a CISG kann das Übereinkommen auch auf doppelte Zwecke verfolgende Verträge angewandt werden.

Aus gesetzgeberischer Sicht erscheint es, abgesehen vom starken Gegenwind, den das CESL erfahren hat, sinnvoll, das CESL zuerst für grenzüberschreitende Fernabsatzverträge einzuführen und damit herauszufinden, ob und wie das optionale Instrument in der Praxis genutzt und funktionieren wird. Es ist dennoch sicher, dass ein Einheitsrecht für die Unternehmen als Instrument der Transaktionskostenersparnis nur attraktiv ist, wenn es als Maßstab für alle Verträge eingesetzt werden kann. Um den geschrumpften – grundsätzlich ist das CESL lediglich auf grenzüberschreitende Fernabsatzverträge anwendbar – Anwendungsbereich auszuweiten, sieht das CESL einerseits als Option der Mitgliedstaaten vor, seine Anwendung auf innerstaatliche Sachverhalte nach Art. 13 PR CESL auszudehnen. Andererseits versucht die Europäische Kommission, den Begriff des grenzüberschreitenden Vertrags mit Art. 4 Abs. 2 und 3 PR CESL in einem weiten Sinne auszulegen. In Bezug auf den sachlichen Anwendungsbereich bei grenzüberschreitenden Verträgen müsste das CESL richtigerweise als maßgebliches Kriterium den Wohnsitz des Verbrauchers in einem Mitgliedstaat einführen. Das CISG beansprucht gemäß Art. 1 Abs. 1 CISG nur in relativ klaren internationalen Sachverhalten Geltung. Haben beide Parteien ihre Niederlassung im selben Staat oder ist die auswärtige Niederlassung einer Partei nicht erkennbar, dann scheidet die Anwendung des CISG aus.

Das CESL findet auf Kaufverträge einschließlich Werklieferungsverträge, Verträge über die Bereitstellung digitaler Inhalte und Verträge über verbundenden Verträgen Anwendung. Im Zusammenhang mit Artt. 2 und 5 PR CESL kann es zu Problemen kommen, was den sachlichen Anwendungsbereich angeht. Die Situation wird wegen der unklaren Abgrenzungen der Begriffe, z. B. Sache und digitale Inhalte, Kaufvertrag und Verträge über die Bereitstellung digitaler Inhalte, sowie wegen neuer Begriffe und der Benutzungen von Definitionen anders als in bestehenden Regelwerke nicht einfacher. Die künstliche Aufspaltung des Vertragsstatutes bei verbundenden Verträgen und gemischten Verträgen provoziert eine Zersplitterung der materiellrechtlichen Beurteilung. Im Rahmen des CISG wird dessen enger sachlicher Anwendungsbereich durch die Auslegung der Begriffe „Kauf von Waren" in der Praxis erweitert. Die Vertragsparteien können das CISG nicht nur bei Kaufverträgen über Waren in ganzem Umfang verwenden, sondern auch bei Verträgen über die Bereitstellung digitaler Inhalte und bei Verträgen über verbundenen Dienstleistungen. Bezüglich gemischter Verträge kann das CISG auf die kauffremden Elemente Anwendung finden, wenn sie nicht überwiegen. Demgegenüber stehen sie ebenfalls außerhalb des sachlichen Anwendungsbereichs des CESL.

Im Vergleich mit dem CESL und CISG haben die für alle Verträge geltenden PACL einen weiteren Anwendungsbereich. Als ein privates und wissenschaftliches Regelwerk beschreiten die PACL einen ganz anderen Weg. Sie sind auf einen möglichst weiten Anwendungsbereich ausgelegt und wollen alle Verträge ohne Grenzstein erfassen. Diese Idee stand auch am Anfang der Überlegungen zum CESL. Es bleibt abzuwarten, ob sie in der Praxis viel gefragt und nach staatlichem IPR anerkannt werden oder nicht. Auch wenn das CESL und die PACL mit Erfolg zukünftig durchgesetzt werden würden, würde das CISG aus praktischer Sicht gleichfalls überwiegend benutzt werden und die regionalen Einheitsrechte würden eine subsidiäre Rolle außerhalb des Anwendungsbereichs des CISG einnehmen. Angenehm ist es für die beiden anderen, dass das CISG nur für den Kauf von Waren einschließlich teilweise Werklieferungsverträgen und gemischten Verträge gilt. Darüber hinaus enthält es nicht vollumfängliche, sondern nur sektorale Regelungen – den Vertragsabschuss, den Gefahrübergang sowie das materielle Kaufrecht, also insbesondere die Regelung der Pflichten von Verkäufer und Käufer bzw. die Behelfe bei Vertragsverletzungen. Die Anwendungsbereiche des CISG und des CESL können sich in grenzüberschreitenden B2B-Geschäften überschneiden. Trotz der Erklärung im Erwägungsgrund 25 PR CESL beurteilt sich die Frage, ob die Parteien die Anwendung des CISG wirksam ausschalten, nach den eigenen Regeln des CISG. Wird das CESL als Verordnungsentwurf in Zukunft vorgelegt und in Kraft treten, geht es dem CISG mittels seiner Rechtsnatur vor, denn Art. 94 CISG räumt eventuellen regionalen Rechtsvereinheitlichungsbestrebungen den Vorrang ein. Aus rechtspolitischer Sicht wäre es eine bessere Lösung, wenn der Gesetzgeber im weiteren Gesetzgebungsverfahren eine Ausnahme vom Vorrang des CESL festlegen würde, um dieser misslichen Vielschichtigkeit, die notwendigerweise zu Konflikten führt, zu entgehen.

(4)

Das CESL sieht eine intern-autonome Lösung für interne Lücken und das anhand des IPR bestimmte nationale Recht für externe Lücken vor. Nach der eigenen internen Systembildung und der Akkumulation der Rechtsprechungen könnte mit der Zeit eine lupenrein intern-autonome Lückenschließung verwirklicht werden. In der Anfangsphase sollte man sich an den bestehenden einschlägigen, also in das CESL übernommenen EU-Regelwerken und der Rechtsprechung orientieren, um die Unklarheiten des CESL ohne Überlastung des EuGH effizient zu beseitigen. Bei externen Lückenschließungen darf die Anwendung des nach IPR berufenen Rechts die Ziele, allgemeinen Grundsätze und ausdrücklichen Bestimmungen im CESL nicht erheblich beeinträchtigen. Die Attraktivität des CESL ist in der Praxis durch die damit einhergehenden Unsicherheiten und die Komplexität bei der Lückenfüllung beschränkt. Ihm droht damit die Gefahr der Versteinerung. Zur rechtspolitischen Frage gehört die Abgrenzung zwischen internen und externen Lücken. Wünschenswert wäre jedoch, seinem sachlichen Anwendungsbereich diejenigen Rechtsfragen beizuordnen, die während des Lebenszyklus' des Kaufvertrags von praktischer Bedeutung und folglich oft relevant sind. Bezüglich der im CESL nicht erklärten Rechtsfragen ist es für die Parteien empfehlenswert, die Rechtswahlmöglichkeit in Art. 3 Rom I-VO auszuschöpfen, um eine unerwünschte Rechtsanwendung zu vermeiden.

(5)
Das politisch geprägte CESL und die rein wissenschaftlichen PACL stehen derzeit jeweils auf dem Prüfstand. Kurzfristig haben sowohl das CESL wie auch die PACL keine rosige Zukunft vor Augen. Mit dem Phänomen der Globalisierung in allen Lebensebenen haben bereits wirtschaftliche Erfordernisse den Anreiz für eine autonome Rechtsangleichung bereitet; diese werden immer größer. Vor allem hängt ihr Erfolg jedoch davon ab, ob sie inhaltlich überzeugendere Lösungen anbieten können als andere bestehende Regelwerke, darunter das CISG. Ohne den mitgliedstaatlichen Konsens über den Nutzen und Bedarf des CESL kann man darüber hinaus in der Praxis keinen vollen Erfolg davon erwarten, wenngleich es glücklicherweise „durch die Hintertür" gemäß Art. 114 AEUV das Licht der Welt erblicken würde.

Literaturverzeichnis

Altmeppen, Holger / Fitz, Hanns / Honsell, Heinrich, Festschrift für Günter H. Roth zum 70. Geburtstag, München, 2011

Alexander, Christian, Verbraucherschutzrecht, München, 2015

Baetge, Dietmar / Hein, Jan von / Hinden, Michael von, Die richtige Ordnung, Festschrift für Jan Kropholler zum 70. Geburtstag, Tübingen, 2008

Balthasar, Stephan, Das Gemeinsame Europäische Kaufrecht – eine Analyse aus unternehmerischer Sicht, RIW 2012, S. 361–369

Bar, Christian von, Internationales Privatrecht, Bd. 2 Besonderer Teil, München, 1991

Bar, Christian von / Mankowski, Peter, Internationales Privatrecht, Bd. 1 Allgemeine Lehre, 2. Aufl., München, 2003

Basedow, Jürgen, Der BGH, seine Rechtsanwälte und europäische Privatrecht, in: Gerd Pfeiffer / Joachim Kummer / Silke Scheuch, Festschrift für Hans Erich Brandner, Köln, 1996, S. 651–681.

Basedow, Jürgen, Ein optionales Europäisches Vertragsgesetz – opt-in, opt-out, wozu überhaupt?, ZEuP 2004, S. 1–4

Basedow, Jürgen, Der Versicherungsbinnenmarkt und ein optionales europäisches Vertragsgesetz, in: Wandt, Manfred / Reiff, Peter / Looschelders, Dirk / Bayer, Walter, Kontinuität und Wandel des Versicherungsrechts, Festschrift für Egon Lorenz, 2004, S. 93–110

Basedow, Jürgen, Das fakultative Unionsprivatrecht und das internationales Privatrecht, in: Herbert Kronke / Karsten Thron (Hg.), Grenzen überwinden – Prinzipien bewahren, Festschrift für Bernd von Hoffmann, Bielefeld, 2011, S. 50–62

Basedow, Jürgen, Theorie der Rechtswahl oder Parteiautonomie als Grundlage des Internationalen Privatrechts, RabelsZ 75 (2011), S. 32–59

Basedow, Jürgen, Art. 114 AEUV als Rechtsgrundlage eines optionalen EU-Kaufrechts, EuZW 2012, S. 1–3

Basedow, Jürgen, Ein Gemeinsames Europäisches Kaufrecht für grenzübergreifende Verträge – Seine Bedeutung und Auswirkung auf offene Märkte, in: Martin Gebauer (Hg.), Gemeinsames Europäisches Kaufrecht – Anwendungsbereich und kollisionsrechtliche Einbettung, München, 2013, S. 3–21

Basedow, Jürgen, Gemeinsames Europäisches Kaufrecht – Das Ende eines Kommissionsvorschlags, ZEuP 2015, S. 432–433

Bauer, Jürgen F. / Stürner, Rolf, Sachenrecht, 18. Aufl., München, 2009

Beck, Benjamin, Bitcoins als Geld im Rechtssinne, NJW 2014, S. 580–586

Beck, Benjamin / König, Dominik, Bitcoin: Der Versuch einer vertragstypologischen Einordnung von kryptographischem Geld, JZ 2015, S. 130–138

Bindung, Jörg / Jiang, Long, Mehr Schutz für Konsumente – Das revidierte chinesische Verbraucherschutzgesetz tritt in Kraft, ZChinR 2014, S. 63–68

Bittner, Ludwig, Stellungnahme der Österreichischen Notariatskammer, in: Christiane Wendehorst / Brigitta Zöchling-Jud (Hg.), Am Vorabend eines Gemeinsamen Europäischen Kaufrechts, Wien, 2012, S. 281–296

Blaurock, Uwe, Europäisches Privatrecht, JZ 2002, S. 270–276

Bonell, Michael Joachim, Die UNIDROIT-Prinzipien der internationale Handelsverträge: Eine neue Lex Mercatoria?, ZfRV 37 (1996), S. 152–157

Borchert, Manfred, Cyber-Money – eine neue Währung?, Sparkasse 1996, S. 41–42

Bork, Reinhard, Allgemeiner Teil des Bürgerlichen Gesetzbuchs, 3. Aufl., Baden-Baden, 2011

Busch, Christoph, Die aufgeklärte Entscheidung? – Modalitäten der Einwahl und der kollisionsrechtliche Verbraucherschutz, in: Martin Gebauer (Hg.), Gemeinsames Europäisches Kaufrecht – Anwendungsbereich und kollisionsrechtliche Einbettung, München, 2013, S. 89–101

Busch, Christoph, Kollisionsrechtliche Weichenstellungen für ein Optionales Instrument im Europäischen Vertragsrecht, EuZW 2011, S. 655–661

Bydlinski, Peter, Der Sachbegriff im elektronischen Zeitalter: zeitlos oder anpassungsbedürftig?, AcP 198 (1998), S. 287–328

Corneloup, Sabine, Der Anwendungsbereich des Optionalen Instruments, die Voraussetzungen seiner Wahl und das Verhältnis zur Rom I-VO, ZEuP 2012, S. 705–725

Czerwenka, Beate G., Rechtsanwendungsprobleme im internationalen Kaufrecht – Das Kollisionsrecht bei grenzüberstreitenden Kaufverträgen und der Anwendungsbereich der internationalen Kaufrechtsübereinkommen, Berlin, 1988

Dernauer, Marc, Verbraucherschutz und Vertragsfreiheit im japanischen Recht, Tübingen, 2006

Diedrich, Frank, Rechtswahlfreiheit und Vertragsstatut – eine Zwischenbilanz angesichts der Rom I-Verordnung, RIW 2009, S. 378–385

DiMatteo, Larry A., The Curious Case of Transborder Sales Law: A Comparative Analysis of CESL, CISG, and the UCC, in: Ulrich Magnus (Hg.), CISG vs. Regional Sales Law Unification, München, 2012, S. 25–55

DiMatteo, Larry A., Common European Sales Law: A critique of its rationales, functions, and unanswered questions, JITLP 11 (2012), S. 222–240

Docekal, Ulrike, Das Gemeinsame Europäische Kaufrecht – Anmerkungen aus Verbrauchersicht, in: Christiane Wendehorst / Brigitta Zöchling-Jud (Hg.), Am Vorabend eines Gemeinsamen Europäischen Kaufrechts, Wien, 2012, S. 297–317

Dogauchi, Masato, Historical Development of Japanese Private International Law, in: Jürgen Basedow / Harald Baum / Yuko Nishitani (Hg.), Japanese and European Private International Law in Comparative Perspective, Tübingen, 2008, S. 27–60

Du, Tao, Grundregeln des Internationalen Privatrechts (Chinesischer Titel: 国际私法原理), Verlag Universität Fudan, Shanghai, 2014

Einsele, Dorothee, Rechtsfreiheit im Internationalen Privatrecht, RabelsZ 60 (1996), S. 417–447

Eidenmüller, Horst / Faust, Florian / Grigoleit, Hans Christoph / Jansen, Nils / Wagner, Gerhard / Zimmermann, Reinhard, Der Gemeinsame Referenzrahmen für das Europäische Privatrecht – Wertungsfragen und Kodifikationsprobleme –, JZ 2008, S. 529–584

Eidenmüller, Horst / Jansen, Nils / Kieninger, Eva-Maria / Wagner, Gerhard / Zimmermann, Reinhard, Der Vorschlag für eine Verordnung über ein Gemeinsames Europäisches Kaufrecht, JZ 2012, S. 269–320

Eidenmüller, Horst, What can be wrong with an option? An optional Common European Sales Law as a regulatory tool, CML Rev. Vol. 50 Special Issue (2013), S. 69–84

Faber, Wolfgang, Dienstleistungsverträge, in: Christiane Wendehorst / Brigitta Zöchling-Jud (Hg.), Am Vorabend eines Gemeinsamen Europäischen Kaufrechts, Wien, 2012, S. 147–224

Faust, Florian, Digitale Wirtschaft – Analoges Recht: Braucht das BGB ein Update?, NJW Beilage 2/2016, S. 29–32

Fauvarque-Cosson, Bénédicte / Mazeaud, Denis, European Contract Law – Materials for a Common Frame of Reference: Terminology, Guiding Principles, Model Rules, München, 2008

Ferrari, Franco, Das Verhältnis zwischen den Unidroit-Grundsätzen und den allgemeinen Grundsätzen internationaler Einheitsprivatrechtskonventionen – Zugleich ein Beitrag zur Lückenfüllung durch staatliche Gerichte, JZ 1998, S. 9–17

Ferrari, Franco / Kieninger, Eva-Maria / Mankowski, Peter / Otte, Karsten / Saenger, Ingo / Schulze, Götz / Staudinger, Ansgar, Internationales Vertragsrecht, München, 2. Aufl., 2012

Fleischer, Holger, Europäische Methodenlehre: Stand und Perspektiven, RabelsZ 75 (2011), S. 700–729

Flessner, Axel, Der Status des Gemeinsamen Europäischen Kaufrechts – Kommentar zu Sabine Corneloup –, ZEuP 2012, S. 726–740

Flessner, Axel, Friktionen zwischen der internationalen und der europäischen Vereinheitlichung des Privatrechts, in: Dietmar Baetge / Jan von Heinz / Michael von Hinden (Hg.), Die richtige Ordnung, Festschrift für Jan Kropholler zum 70. Geburtstag, Tübingen, 2008, S. 23–37

Fogt, Morten M., Einheitlicher Vertrag oder Aufspaltung gemäß Art. 3 Abs. 2 CISG bei einem Mietkauf, IPRax 2003, S. 364–369

Fornasier, Matteo, »28.« versus »2. Regime« – Kollisionsrechtliche Aspekte eines optionalen europäischen Vertragsrechts, AcP 76 (2012), S. 401–442

Ferid, Murad / Sonnenberger, Hans Jürgen, Das Französische Zivilrecht, Bd. 2, Heidelberg, 1986

Ga, Jung-Joon, Introduction to PACL, NZACL 17 special Issue (2014), S. 55–66

Ganuza, Juan José / Gomez, Fernando, Optional law for firms and consumers: An economic analysis of opting into the Common European Sales Law, CML Rev. Vol. 50 Special Issue (2013), S. 29–50

Götz, Volkmar, Auf dem Weg zur Rechtseinheit in Europa?, JZ 2002, S. 265–269

Gruber, Urs Peter, Methoden des internationalen Einheitsrechts, Tübingen, 2004

Gsell, Beate / Herresthal, Carsten, Einleitung, in: dies. (Hg.), Vollharmonisierung im Privatrecht, Tübingen, 2009, S. 1–12

Gebauer, Martin, Gesamtverweisung und ordre public, in: Mansel, Heinz-Peter / Pfeiffer, Thomas / Kronke, Herbert / Kohler, Christian / Hausmann, Rainer, Festschrift für Erik Jayme, Bd. I, 2004, S. 223–239

Gebauer, Martin, Optionales Instrument und Internationales Privatreicht, GPR 2011, 157 (Editorial)

Gebauer, Martin, Gemeinsames Europäisches Kaufrecht – Anwendungsbereich und kollisionsrechtliche Einbettung, München, 2013

Geiger, Rudolf / Khan, Daniel-Erasmus / Kotzur, Markus, EUV/AEUV, 5. Neubearbeitete und erweiterte Aufl., München, 2010

Glaeys, Ignace / Feltkamp, Régine, The Draft Common European Sales Law: Toward an Alternative Sales Law? – A Belgian Perspective, Cambridge, 2013

Groeben, Hans von der / Schwarze, Jürgen / Hatje, Armin, Europäisches Unionsrecht, 7. Aufl., Baden-Baden, 2015

Grundmann, Stefan, Europäisches Vertragsrecht – Quo vadis?, JZ 2005, 860–870

Harke, Jan Dirk, Pflichtverletzung und Nichterfüllung, JR 2006, S. 485–489

Han, Shiyuan, An Endeavour of Regional Harmonization of Contract Law in East Asia, 58 Vill. L. Rev., 2013, S. 589–599

Hassemer, Michael, Kaufverträge nach der Schuldrechtsreform – Vertragsgestaltung gegenüber Verbrauchern und im Handelsgeschäft, ZGS 2002, S. 95–102

Heiderhoff, Bettina, Gemeinschaftsprivatrecht, 2. Aufl., München, 2007

Heiderhoff, Bettina, Europäisches Privatrecht, 3. Aufl., Heidelberg, München, Landsberg, Frechen, Hamburg, 2012

Heiss, Helmut, Optionales europäisches Vertragsrecht als „2. Regime", in: Holger Altmeppen / Hanns Fitz / Heinrich Honsell (Hg.), Festschrift für Günter H. Roth zum 70. Geburtstag, München, 2011, S. 237–246

Heiss, Helmut, Gemeinsames Europäisches Kaufrecht – Ein Instrument auch des EU-Außenhandels?, in: Normann Witzleb / Reinhard Eller / Peter Mankowski / Hanno Merkt / Oliver Remien, Festschrift für Dieter Martiny zum 70. Geburtstag, Tübingen, 2014, S. 917–926

Henry, David P., Kollisionsrechtliche Rechtswahl – eine Untersuchung ihrer Wirkungen und Grenzen, Diss. Universität St. Gallen, 2009

Herber, Rolf, Anwendungsvoraussetzungen und Anwendungsbereich des Einheitlichen Kaufrechts, in: Peter Schlechtriem (Hg.), Einheitliches Kaufrecht und nationales Obligationenrecht, 1. Aufl., Baden-Baden, 1987, S. 97–113

Herresthal, Carsten, Die Ablehnung einer primärrechtlichen Perpetuierung des sekundärrechtlichen Verbraucherschutzniveaus, EuZW 2011, S. 328–333

Herresthal, Carsten, Ein europäisches Vertragsrecht als Optionales Instrument, EuZW 2011, S. 7–12

Herresthal, Carsten, Zur Dogmatik und Methodik des Gemeinsamen Europäischen Kaufrechts nach dem Vorschlag der Kaufrechts-Verordnung, in: Hans Schulte-Nölke / Fryderyk Zoll / Nils Jansen / Reiner Schulze (Hg.), Der Entwurf für ein optionales europäisches Kaufrecht, München, 2012, S. 85–148

Herrmann, Christoph, Währungshoheit, Währungsverfassung und subjektive Rechte, Tübingen, 2010

Hilty, Reto M., Optionales europäisches Vertragsrecht (»28. Modell«): »Geistiges Eigentum«, RabelsZ 76 (2012), S. 339–373

Hoenike, Mark / Hülsdunk, Lutz, Leistungskomponenten und Vertragsbeziehungen bei kommerziellen Musik-Download-Plattformen im Internet, MMR 2004, S. 59–66

Hoenike, Mark / Szodruch, Alexander, Rechtsrahmen innovativer Zahlungssysteme für Multimediadienste, MMR 2006, S. 519–526

Hoeren, Thomas, Internet und Kommunikationsrecht, 2. Aufl., Köln, 2012

Höpfner, Clemens, Die systemkonforme Auslegung, Tübingen, 2008

Honnold, John O. / Flechtner, Harry M., Uniform Law for International Sale under the 1980 United Nations Convention, 4. Aufl., Alphen aan den Rijn, 2009.

Huang, Jin / Jiang, Rujiao, Erläuterungen und Analysen zum Gesetz der Volksrepublik China zur Anwendung des Rechts auf zivilrechtliche Beziehungen mit Außenberührung (Chinesischer Titel: 中华人民共和国涉外民事关系法律适用与分析), Beijing, 2011

Huber, Peter M., Recht der Europäischen Integration, 2. Aufl., München, 2002

Hywissen, Johann Heinrich, Sind Bankguthaben Geld im Rechtssinne?, BB 1971, S. 1347–1350

Jansen, Nils, Revision des Verbraucher-acquis?, ZEW Nr. 196, Bonn, 2012

Jassen, André, Auf dem Weg zu einem Europäischen Privatrecht, Baden-Baden, 2012

Jee, Won-Lim, BGB (Koreanischer Titel: 민법강의), 2006

Kanayama, Naoki, Sinn und Frage der PACL (Japanischer Titel: PACLの意味と課題), 1406 Jurist (9. 2010), S. 102–108

Kanayama, Naoki, PACL (Principles of Asian Civil Law), in: Benoît Moore (Hg.), Mélanges Jean-Louis Baudouin, 2012, S. 393–419.

Kato, Masnobu / Jeong, Jong-Hyu, Die Modernisierung des Japanischen BGB, law journal of Chonnam National University Vol. 29 No. 1 (2009), 309–337

Kilian, Wolfgang / Heussen, Benno, Computerrechtshandbuch – Imformationstechnologie in der Rechts- und Wirtschaftspraxis, München, 2012

Kim, Ki-Seon, AT BGB (Koreanischer Titel: 한국민법총칙), 1985

Kim, Hyun-Ah, Choice of Law governing Contract under the Chinese Private International Law, Ewha law journal Vol. 19 No. 4 (2015), S. 459–496

Kim, Hyung-Bae, BGB (Koreanischer Titel: 민법학강의), 2003

Kim, Sang-Yong, AT BGB (Koreanischer Titel: 민법총칙), 1998

Kim, Yeon / Park, Jeong-Ki / Kim, In-Yu, Internationales Privatrecht (Koreanischer Titel: 국제사법), 3. Aufl., Paju, 2014

Kieninger, Eva-Maria, Europäische Vertragsrecht in der Lehre – Bericht über die Podiumsdiskussion, in: Jürgen Basedow (Hg.), Europäische Vertragsrechtsvereinheitlichung und deutsches Recht, Tübingen, 2000, S. 215–218

Kieninger, Eva-Maria, Wettbewerb der Privatrechtsordnungen im Europäischen Binnenmarkt, Tübingen, 2002

Kloepfer, Michael, Verfassungsrecht, Bd. I, München, 2011

Koehler, Martin F. / Yujun, Guo, The Acceptance of the Unified Sales Law (CISG) in Differrent Legal System, 20 Pace Int'l L. Rev. 45 (2008), S. 45–60

Kötz, Heinz, Vertragsrecht, 2. Aufl., Tübingen, 2012

König, Michael, Software (Computerprogramme) als Sache und deren Erwerb, NJW 1993, S. 3121–3124

Kramer, Ernst A., Juristische Methodenlehre, 4. Aufl., Bern, 2013

Kreuzer, Karl, Zu Stand und Perspektiven des Europäischen Internationalen Privatrechts – Wie europäisch soll das Europäische Internationale Privatrecht sein? Zu Stand und Perspektiven des Europäischen Internationalen Privatrechts – Wie europäisch soll das Europäische Internationale Privatrecht sein?, RabelsZ 70 (2006), S. 1–88

Kroll-Ludwigs, Kathrin, Ein optionales Vertragsrecht für Europa – Motor oder Hemmnis für den Binnenmarkt?, GPR 2012, S. 181–188

Kropholler, Jan, Internationales Einheitsrecht, Tübingen, 1975

Kropholler, Jan, Internationales Privatrecht, 6. Aufl., Tübingen, 2006

Kwak, Joon-Jik / Kim, Jae-Hyung, AT BGB (Koreanischer Titel: 민법총칙), 8. Aufl., 2012

Lando, Ole, CESL or CISG? Should the proposed EU Regulation on a Common European Sales Law (CESL) replace the United Nations Convention on International Sales (CISG)?, in: Oliver Remien / Sebastian Herrler / Peter Limmer (Hg.), Gemeinsames Europäisches Kaufrecht für die EU?, München, 2012, S. 15–20

Langenbucher, Katja, Europarechtliche Bezüge des Privatrechts, 2. Aufl., Baden-Baden, 2008

Langenbucher, Katja, Europäisches Privat- und Wirtschaftsrecht, 3. Aufl., Baden-Baden, 2013

Larenz, Karl, Allgemeines Teil des Deutschen Bürgerlichen Rechts, 7. Aufl., München, 1989

Larenz, Karl, Lehrbuch des Schuldrechts, Bd. 1, 14. Aufl., München, 1987

Larenz, Karl, Methodenlehre der Rechtswissenschaft, 6. Aufl., Berlin, Heidelberg, New York, 1991

Larenz, Karl / Wolf, Manfred, Allgemeines Teil des Deutschen Bürgerlichen Rechts, 9. Aufl., München, 2004

Lee, Eun-Yeong, AT BGB (Koranischer Titel: 민법총칙), 2000

Lee, Young-June, AT BGB (Koranischer Titel: 한국민법론 – 총칙편), 2003

Lee, Young-June, Introduction to the Draft Articles, Asia Private L. Rev. 4 special Issue (2012), S. 3–11

Lee, Young-June / Seo Hee-Seok, Vom Koreanischen Vertragsrecht nach dem PACL (Japanischer Titel: 韓国契約法からPACLへ), NBL 977 (2012), S. 74–81

Lehmann, Matthias, Europäisches Vertragsrecht – 28th oder 2nd Regime?, GPR 2010, 261 (Editorial)

Lehmann, Matthias, Dogmatische Konstruktion der Einwahl in das EU-Kaufrecht (2., 28. Oder integriertes Regime) und die praktischen Folgen, in: Martin Gebauer (Hg.), Gemeinsames Europäisches Kaufrecht – Anwendungsbereich und kollisionsrechtliche Einbettung, München, 2013, S. 67–88

Leible, Stefan, Was tun mit dem Gemeinsamen Referenzrahmen für das Europäische Vertragsrecht? – Plädoyer für ein optionales Instrument, BB 2008, S. 1469–1475

Leible, Stefan, Privatautonomie im IPR – Allgemeines Anknüpfungsprinzip oder Verlegenheitslösung?, in: Mansel, Heinz-Peter / Pfeiffer, Thomas / Kronke, Herbert / Kohler, Christian / Hausmann, Rainer, Festschrift für Erik Jayme, Bd. I, 2004, S. 485–503

Leible, Stefan, Außenhandel und Rechtssicherheit, ZVglRWiss 97 (1998), S. 286–319

Leible, Stefan, Der räumlich-persönliche Anwendungsbereich des Gemeinsamen Europäischen Kaufrechts, in: Oliver Remien / Sebastian Herrler / Peter Limmer (Hg.), Gemeinsames Europäisches Kaufrecht für die EU?, München, 2012, S. 21–33

Leible, Stefan, Kollisionsrecht und vertikaler Regulierungswettbewerb, RabelsZ 76 (2012), S. 374–400

Leible, Stefan / Lehmann, Matthias, EM 86 – European Contract Law and German Law, Alphen aan den Rijn, 2014,

Leible, Stefan / Domröse, Ronny, § 8 Die primärrechtskonforme Auslegung, in: Riesenhuber (Hg.), Europäische Methodenlehre, 3. Aufl., Berlin, München, Boston, 2015, S. 146–171

Limmer, Peter, Europäisierung des Vertragsrechts, DNotZ-Sonderheft 2012, S. 59–71

Liu, Renshan, Choice of Law in Respect of Obligations in P.R. China, Korea private international law journal No. 17 (2011), S. 193–225

Loos, Marco, Scope and Application of the Optional Instrument, Amsterdam Law School Legal Studies Research Paper No. 2011–14, S. 1–28

Lorenz, Stephan, Das Kaufrecht und die damit verbundenen Dienstverträge im Common European Sales Law, AcP 212 (2012), S. 702–842

Ludwigs, Markus, Verwirklichung des Binnenmarkts durch ein „Gemeinsames Europäisches Kaufrecht“?, EuZW 2012, S. 608–613

Mak, Chantal, Unweaving the CESL: legal-economic reason and institutional imagination in European Contract Law, CMR Rev. 50 Special Issue (2013), S. 277–296

Magnus, Ulrich, Zum räumlich-internationalen Anwendungsbereich des UN-Kaufrechts und zur Mängelrüge, IPRax 1993, S. 390–392

Magnus, Ulrich, Die Rom I-Verordnung, IPRax 2010, S. 27–44

Magnus, Ulrich, Interpretation and gap-filling in the CISG and in the CESL, JITLP Vol. 11 No. 3, 2012, S. 266–280

Magnus, Ulrich, CISG vs. Regional Sales Law Unification – With a Focus on the New Common European Sales Law, München, 2012

Magnus, Ulrich, UN-Kaufrecht – Konsolidierung und Ausbau nach innen und gleichzeitig Erodierung von außen? – Aktuelles zum CISG, ZEuP 2015, S. 159–180

Mankowski, Peter, Rechtswahl für Verträge des internationalen Wirtschaftsverkehrs, RIW 2003, S. 2–15

Mankowski, Peter, Der Vorschlag für ein Gemeinsamens Europäisches Kaufrecht (CESL) und das Internationale Privatrecht, RIW 2012, S. 97–105

Mansel, Heinz-Peter, Der Verordnung für ein Gemeinsames Europäisches Kaufrecht – Teil 1, WM 2012, S. 1253–1267

Mansel, Heinz-Peter, Der Verordnung für ein Gemeinsames Europäisches Kaufrecht – Teil 2, WM 2012, S. 1309–1322

Martens, Sebastian A. E., Ein Europa, ein Privatrecht Die Bestrebungen zur Vereinheitlichung des Europäischen Privatrechts, EuZW 2010, S. 527–530

Martiny, Dieter, Die objektive Anknüpfung atypischer und gemischter Schuldverträge, in: Herbert Kronke / Karsten Thron (Hg.), Grenzen überwinden – Prinzipien bewahren, Festschrift für Bernd von Hoffmann, Bielefeld, 2011, S. 283–303

Maultzsch, Felix, Der Entwurf für eine EU-Richtlinie über den Online-Warenhandel und andere Formen des Fernabsatzes von Waren, JZ 2016, S. 236–245

Medicus, Dieter, Allgemeiner Teil des BGB, 10. Aufl., Heidelberg, München, Landsberg, Frechen, Hamburg, 2010

Meller-Hannich, Caroline, Verbraucherschutz im Schuldvertragsrecht, Tübingen, 2005

Merz, Hans, Auslegung, Lückenfüllung und Normberichtigung, AcP 163 (1964), S. 305–345

Meyer, Olaf, How innovative is the CESL? – Comparison with the CISG, UNIDROIT Principles and national laws – Workshop am 28. Juni 2013 in Münster, ZEuP 2014, S. 441–443

Micklitz, Hans-W, Fernabsatz und E-Commerce im Schuldrechtsmodernisierungsgesetz, EuZW 2001, S. 133–143

Micklitz, Hans-W. / Reich, Norbert, Die Fernabsatzrichtlinie im deutschen Recht, 1. Aufl., Baden-Baden, 1998

Micklitz, Hans-W. / Reich, Norbert, Crónica de una muerte anunciada: The Commission proposal for a "Directive on consumer rights", CML Rev. 46 (2009), S. 471–519

Micklitz, Hans-W. / Reich, Norbert, The Commission Proposal for a "Regulation on a Common European Sales Law (CESL)" – Too Broad or Not Broad Enough?, EUI Working Paper Law 2012/04, S. 1–36

Moser, Claudia, Der Kommissionsvorschlag für eine Verordnung über ein Gemeinsames Europäisches Kaufrecht, in: Oliver Remien / Sebastian Herrler / Peter Limmer (Hg.), Gemeinsames Europäisches Kaufrecht für die EU?, München, 2012, S. 7–13

Müller, Markus, Gefahren einer optionalen europäischen Vertragsordnung Aktionsplan der EG-Kommission zum Europäischen Vertragsrecht, EuZW 2003, S. 683–686

Neuhaus, Paul Heinrich, Die Grundgriffe des internationalen Privatrechts, 2. Aufl., Tübingen, 1976

Nishitani, Yuko, Party Autonomy and its Restrictions by Mandatory Rules in Japanese Private International Law: Contractual Conflicts Rules, in: Jürgen Basedow / Harald Baum / Yuko Nishitani (Hg.), Japanese and European Private International Law in Comparative Perspective, Tübingen, 2008, S. 77–103

Nishitani, Yuko, Ist das Kollisionsrecht für den internationalen Rechts- und Wirtschaftsverkehr ein ausreichendes Instrumentarium? – Unter besonderer Berücksichtigung der „*lex mercatoria*", in: Karl Riesenhuber / Yuko Nishitani, Rechtsangleichung: Grundlagen, Methoden und Inhalte – Deutsche-Japanische Perspektiven, EIW Bd. 10, Berlin, 2006, S. 311–342

Ortiz, Rafael Illescas / Viscasillas, Pilar Perales, The scope of the Common European Sales Law: B2B, goods, digital content and services, JITLP Vol. 11 No. 3, S. 241–258

Paal, Boris, Methoden der Lückenfüllung: UN-Kaufrecht und BGB im Vergleich, ZVglRWiss 110 (2011), S. 64–88

Peck, Elke, Stellungnahme der Wirtschaftskammer Österreich, in: Christiane Wendehorst / Brigitta Zöchling-Jud (Hg.), Am Vorabend eines Gemeinsamen Europäischen Kaufrechts, Wien, 2012, S. 289–296

Perner, Stefan, Zum Anwendungsbereich des Gemeinsamen Europäischen Kaufrechts, in: Christiane Wendehorst / Brigitta Zöchling-Jud (Hg.), Am Vorabend eines Gemeinsamen Europäischen Kaufrechts, Wien, 2012, S. 21–40

Perner, Stefan, Am Vorabend eines Europäischen Vertragsrechts? Wien, 28. und 29. Juni 2011, ZEuP 2012, S. 213–216

Pfeiffer, Thomas, Anwendungsbereich: Vertragsparteien und Vertragsgegenstand, in: Oliver Remien / Sebastian Herrler / Peter Limmer (Hg.), Gemeinsames Europäisches Kaufrecht für die EU?, München, 2012, S. 35–42

Piltz, Burghard, Neue Entwicklungen im UN-Kaufrecht, NJW 2009, S. 2258–2264

Piltz, Burghard, Gestaltung von Exportverträgen nach der Schuldrechtsreform, IHR 2002, S. 2–8

Piltz, Burghard, Praktische Handreichung für die Gestaltung internationaler Kaufverträge, NJW 2012, S. 3061–3066

Piltz, Burghard, Neue Entwicklungen im UN-Kaufrecht, NJW 2015, S. 2548–2554

Pissler, Knut Benjamin, Das neue Internationale Privatrecht der Volksrepublik China: Nach den Steinen tastend den Fluss überqueren, RabelsZ 76 (2012), S. 1–46

Posner, Eric A., The questionable basis of Common European Sales Law: The Role of an optional instrument in jurisdictional competition, CML Rev. Vol. 50 Special Issue (2013), S. 261–276

Püls, Joachim, Parteiautonomie – Die Bedeutung des Parteiwillens und die Entwicklung seiner Schranken bei Schuldverträgen im deutschen Rechtsanwendungsrecht des 19. Und 20. Jahrhunderts, Schriften zur Rechtsgeschichte Heft 66, Berlin, 1995, zugl. Diss. Bayreuth 1995

Redeker, Helmut, Wer ist Eigentümer von Goethes Werther?, NJW 1992, S. 1739–1740

Reding, Viviane, Warum Europa ein optionales Europäisches Vertragsrecht benötigt, ZEuP 2011, S. 1–6

Reich, Norbert, Die neue Richtlinie 97/7/EG über den Verbraucherschutz bei Vertragsabschlüssen im Fernabsatz, EuZW 1997, S. 581–589

Reich, Norbert, EU-Verbraucherkaufrecht in neuen Dokumenten und in einem Optionalen Instrument, ZfRV 2011, S. 196–206

Reich, Norbert / Micklitz, Hans-W., Wie „optional" ist ein „optionales" EU-Vertragsrecht?, EWS 2011, S. 113–119

Reich, Norbert / Micklitz, Hans-W., Europäisches Verbraucherrecht, 4. Aufl., Baden-Baden, 2003

Reinhart, Gert, UN-Kaufrecht – Kommentar zum Übereinkommen der Vereinten Nationen vom 11. April 1980 über Verträge über den internationalen Warenkauf, Heidelberg, 1991

Reithmann, Christoph / Martiny, Dieter, Internationales Vertragsrecht, 7. neu bearbeitete Aufl., Köln, 2010

Remien, Oliver, Variationen zum Thema Eingriffsnormen nach Art. 9 Rom I-VO und Art. 16 Rom II-VO unter Berücksichtigung neuerer Rechtsprechung zu Art. 7 Römer Übereinkommen, in: Herbert Kronke / Karsten Thron (Hg.), Grenzen überwinden – Prinzipien bewahren, Festschrift für Bernd von Hoffmann, Bielefeld, 2011, S. 334–347

Remien, Oliver, Gemeinsames Europäisches Kaufrecht für EU? Einführung, in: Oliver Remien / Sebastian Herrler / Peter Limmer (Hg.), Gemeinsames Europäisches Kaufrecht für die EU?, München, 2012, S. 1–5

Remien, Oliver / Herrler, Sebastian / Limmer, Peter, Gemeinsames Europäisches Kaufrecht für die EU?, München, 2012

Repgen, Tilman, Europäisierung des Privatrechts durch Wiederbelebung des ius commune?, in: Jahrbuch Junger Zivilrechtswissenschaftler 1997 – Europäisierung des Privatrechts Zwischenbilanz und Perspektiven, S. 9–36

Riesenhuber, Karl, EU-Vertragsrecht, Tübingen, 2013

Riesenhuber, Karl, Von der Vertrauensschutzordnung zur Wettbewerbsordnung – für die Abschaffung des Günstigkeitsprinzips im Kollisionsrechtlichen Verbraucherschutz, in: Normann Witzleb / Reinhart Ellger / Peter Mankowski / Hanno Merkt / Oliver Remien (Hg.), Festschrift für Dieter Martiny zum 70. Geburtstag, Tübingen, 2014, S. 531–541.

Rosenberg, Leo / Schwab, Karl Heinz / Gottwald, Peter, Zivilprozessrecht, 17. Aufl., München, 2010

Roth, Wulf-Henning, Zur Wählbarkeit nichtstaatlichen Rechts, in: Mansel, Heinz-Peter / Pfeiffer, Thomas / Kronke, Herbert / Kohler, Christian / Hausmann, Rainer, Festschrift für Erik Jayme, Bd. I, 2004, S. 757–772

Röhl, Klaus F. / Röhl, Hans Christian, Allgemeine Rechtslehre, 3. Aufl., Köln, München, 2008

Rösler, Hannes, Rechtswahl und optionales Vertragsrecht in der EU, EuZW 2011, 1 (Editorial)

Rutgers, Jacobien W., An Optional Instrument and Social dumping revisited, ERCL 2001, S. 350–359

Rühl, Giesela, Party Autonomy in the Private International Law of Contract: Transatlantic Convergence and Economic Efficiency, Eckart Gottschalk / Ralf Michaels / Giesela Rühl / Jan von Hein (Hg.), Conflict of Law in a Globalized World, Cambrige, 2007, S. 153–183

Rühl, Giesela, Die Kosten der Rechtswahlfreiheit: Zur Anwendung ausländischen Rechts durch deutsche Gerichte, RabelsZ 71 (2007), S. 559–596

Rühl, Giesela, Rechtswahlfreiheit im europäischen Kollisionsrecht, in: Dietmar Baetge / Jan von Heinz / Michael von Hinden (Hg.), Die richtige Ordnung, Festschrift für Jan Kropholler zum 70. Geburtstag, Tübingen, 2008, S. 187–209

Rühl, Giesela, The Common European Sales Law: 28th Regime, 2th Regime or 1th Regime?, MJ 19 (2012), S. 148–163

Rüthers, Bernd / Stadler, Astrid, Allgemeiner Teil des BGB, 18. Aufl., München, 2014

Sachse, Katherin, Der Verbrauchervertrag im Internationalen Privat- und Prozeßrecht, Tübingen, 2006

Sakurada, Yoshiaki / Schwittek, Eva, Die Reform des japanischen Internationalen Privatrechts, RabelsZ 76 (2012), S. 86–130

Samm, Carl-Theodor, »Geld« und »Währung« – begrifflich und mit Blick auf den Vertrag von Maastricht, in: Albrecht Weber (Hg.), Währung und Wirtschaft – Das Geld im Recht, Festschrift für Hugo J. Hahn zum 70. Geburtstag, Baden-Baden, 1997, S. 227–244

Savigny, Friedrich Carl von, System des heutigen Römischen Rechts, Bd. VIII, Berlin, 1849

Schinkels, Boris, Überschließende Anwendung des EU-Kaufrechts – mitgliedstaatliche Optionen und Parteiautonomie, in: Martin Gebauer (Hg.), Gemeinsames Europäisches Kaufrecht – Anwendungsbereich und kollisionsrechtliche Einbettung, München, 2013, S. 23–48

Schlechtriem, Peter, Einheitliches UN-Kaufrecht, Tübingen, 1981

Schlechtriem, Peter / Schroeter, Ulrich G., Internationales UN-Kaufrecht, 5. Aufl., Tübingen, 2013

Schlechtriem, Peter / Schwenzer, Ingeborg, Kommentar zum Einheitlichen UN-Kaufrecht, 6. Aufl., München, Basel, 2013

Schmid, Christoph, Das Zusammenspiel von Einheitlichem UN-Kaufrecht und nationalem Recht: Lückenfüllung und Normenkonkurrenz, Berlin, 1996

Schmidt-Kessel, Martin, Der Vorschlag der Kommission für ein Optionales Instrument – Einleitung, in: ders. (Hg.), Ein einheitliches europäisches Kaufrecht?, München, 2012, S. 1–27

Schmidt-Kessel, Martin, Anwendungsbereich, Ausgestaltung der Option und andere Fragen zur Verordnung, in: ders. (Hg.), Ein einheitliches europäisches Kaufrecht?, München, 2012, S. 29–50

Schmidt-Kessel, Martin, Der Entwurf für ein Gemeinsames Europäisches Kaufrecht (Kommentar), München, 2014

Schmitt, Hansjörg, »Intangible Goods« in Online-Kaufverträgen und der Anwendungsbereich des CISG, CR 2001, S. 145–155

Schneider, Jochen, Handbuch des EDV-Rechts, 4. Aufl., Köln, 2009

Schulte-Nölke, Hans, Ein Vertragsgesetzbuch für Europa?, JZ 2001, S. 917–920

Schulte-Nölke, Hans, Der Blue Button kommt – Konturen einer neuen rechtlichen Infrastruktur für den Binnenmarkt, ZEuP 2011, S. 749–755

Schulte-Nölke, Hans / Zoll, Fryderyk / Jansen, Nils / Schulze, Reiner, Der Entwurf für ein optionales europäisches Kaufrecht, München, 2012

Schulze, Reiner, Allgemeine Rechtsgrundsätze und europäisches Privatrecht, ZEuP 1993, S. 442–474

Schulze, Reiner, Common European Sales Law (CESL), Baden-Baden, 2012

Schumann, Ekkehard, Das Rechtsverweigerungsverbot, ZZP 81 (1968), S. 79–101

Schwarze, Jürgen, EU-Kommentar, 3. Aufl., Baden-Baden, 2012

Schwenzer, Ingeborg, Who needs an Uniform Contract Law, and Why?, NZACL 17 special Issue (2014), S. 9–18.

Schwenzer, Ingeborg / Kee, Christopher, Countertrade and CISG, IHR 2009, S. 229–233

Sensburg, Patrick Ernst / Käfer, Margret, Bewertungen des „Arbeitsprogramms der Kommission 2015 – Ein neuer Start", GPR 2015, S. 106–110

Siehr, Kurt, Kollisionen des Kollisionsrecht, in: Dietmar Baetge / Jan von Heinz / Michael von Hinden (Hg.), Die richtige Ordnung, Festschrift für Jan Kropholler zum 70. Geburtstag, Tübingen, 2008, S. 211–226

Sin, Chang-Sop, Internationales Privatrecht (Koreanischer Titel: 국제사법), 2. Aufl., Seoul, 2011

Simitis, Spiros, Aufgaben und Grenzen der Parteiautonomie im internationalen Vertragsrecht, JuS 1966, S. 209–217

Sladič, Jorg, Die Begründung der Rechtsakte des Sekundärrechte der EG in der Rechtsprechung des EuGH und des EuG, ZfRV 2005, S. 123–134

Solomon, Dennis, Externe Lücken, allgemeines Kollisionsrecht und die Rolle der Parteiautonomie, in: Martin Gebauer (Hg.), Gemeinsames Europäisches Kaufrecht – Anwendungsbereich und kollisionsrechtliche Einbettung, München, 2013, S. 129–162

Song, Tuck-Soo, AT BGB (Koreanischer Titel: 민법총칙), 3. Aufl., Seoul, 2015

Sonnenberger, Hans Jürgen, Randbemerkungen zum Allgemeinen Teil eines europäisierten IPR, in: Dietmar Baetge / Jan von Heinz / Michael von Hinden (Hg.), Die richtige Ordnung, Festschrift für Jan Kropholler zum 70. Geburtstag, Tübingen, 2008, S. 227–246

Sonnenberger, Hans Jürgen, Grenzen der Verweisung durch europäisches internationales Privatrecht, IPRax 2011, S. 325–335

Spindler, Gerald / Bille, Martin, Rechtsprobleme von Bitcoins als virtuelle Währung, WM 2014, S. 1357–1412

Stabentheiner, Johannes, Der Entwurf für ein Gemeinsames Europäisches Kaufrecht – Charakteristika und rechtspolitische Aspekte, in: Christiane Wendehorst / Brigitta Zöchling-Jud (Hg.), Am Vorabend eines Gemeinsamen Europäischen Kaufrechts, Wien, 2012, S. 3–19

Stadler, Astrid, Anwendungsvoraussetzungen und Anwendungsbereich des Common European Sales Law, AcP 212 (2012), S. 473–501

Starck, Christian, Rechtsrezeptionen in Ostasien, JZ 2016, S. 377–382

Staudenmayer, Dirk, Der Aktionsplan der EG-Kommission zum Europäischen Vertragsrecht, EuZW 2003, S. 165–171

Staudenmayer, Dirk, Ein optionelles Instrument im Europäischen Vertragsrecht?, ZEuP 2003, S. 828–846

Staudenmayer, Dirk, Der Kommissionsvorschlag für eine Verordnung zum Gemeinsamen Europäischen Kaufrecht, NJW 2011, S. 3491–3498

Stoll, Hans, Kollisionsrechtliche Fragen der Haftung für culpa in contrahendo, in: Michael Stathopoulos / Kostas Beys / Philippos Doris / Ioannis Karakostas (Hg.), Festschrift für Apostolos Georgiades, 2006, S. 942–962

Streinz, Rudolf, EUV / AEUV Vertrag über die Europäische Union und Vertrag über die Arbeitsweise der Europäischen Union, 2. Aufl., München, 2012

Stürner, Michael, Abgesang für die Vollharmonisierung im Verbraucherrecht?, GPR 2010, 157 (Editorial)

Stürner, Michael, Europäisierung des (Kollisions-)Rechts und nationaler ordre public, in: Herbert Kronke / Karsten Thron (Hg.), Grenzen überwinden – Prinzipien bewahren, Festschrift für Bernd von Hoffmann, Bielefeld, 2011, S. 463–482

Stürner, Michael, Kollisionsrecht und Optionales Instrument: Aspekte einer noch ungeklärten Beziehung, GPR 2011, S. 236–242

Stürner, Michael, Das Verhältnis des Gemeinsamen Europäischen Kaufrechts zum Richtlinienrecht, in: Hans Schulte-Nölke / Fryderyk Zoll / Nils Jansen / Reiner Schulze, Der Entwurf für ein optionales europäisches Kaufrecht, München, 2012, S. 47–84

Suk, Kwang-Hyun, Internationales Privatrecht (Koreanischer Titel: 국제사법해설), Seoul, 2013

Svoboda, Pavel, The Common European Sales Law – Will the Phoenix rise from the Ashes again?, ZEuP 2015, S. 689–928

Szczekalla, Peter, Grenzenlose Grundrechte, NVwZ 2006, S. 1019–1021

Tameike, Yoshio, Internationales Privatrecht (Japanischer Titel: 国際私法), 3. Aufl., Tokyo, 2005

Tamm, Marina, Das Grünbuch der Kommission zum Verbraucheracquis und das Modell der Vollharmonisierung eine kritische Analyse, EuZW 2007, S. 756–761

Teichert, Ulrike, Lückenfüllung im CISG mittels UNIDROIT-Prinzipien – Zugleich ein Beitrag zur Wählbarkeit nichtstaatlichen Rechts, Frankfurt am Main, 2007

Tichý, Luboš, Der Verbraucherkaufvertrag und seine Entwicklung im europäischen und tschechischen Recht, in: Martin Schmidt-Kessel / Stefan Leible / Luboš Tichý (Hg.), Perspektiven des Verbrauchsgüterkaufs, Tübingen, 2015, S. 1–20

Trautmann, Clemens, Europäisches Kollisionsrecht und ausländisches Recht im nationalen Zivilverfahren, Tübingen, 2011

Ultsch, Michael L., Der einheitliche Verbraucherbegriff, München, 2005

Vedder, Christoph / Heinegg, Wolff Heintschel von, Europäisches Unionsrecht – EUV/AEUV/Grundrechte-Charta, 1. Aufl., Baden-Baden, 2012

Vogenauer, Stefan, Commentary on the UNIDROIT Principles of International Commercial Contracts (PICC), 2. Edition, Croydon, 2015

Vogenauer, Stefan / Weatherill, Stephen, Eine empirische Untersuchung zur Angleichung des Vertragsrechts in der EG, JZ 2005, S. 870–878

Voss, Frithjof, Asien, in: Görresgesellschaft (Hg.), Staatslexikon, 7. Bd., 7. Aufl., 1993, S. 652–657

Wanami, Hironori, Background and Outline of the Modernization of Japanese Private International Law, in: Jürgen Basedow / Harald Baum / Yuko Nishitani (Hg.), Japanese and European Private International Law in Comparative Perspective, Tübingen, 2008, S. 61–73

Wandt, Manfred / Reiff, Peter / Looschelders, Dirk / Bayer, Walter, Kontinuität und Wandel des Versicherungsrechts, Festschrift für Egon Lorenz zum 70. Geburtstag, Karlsruhe, 2004

Wagner, Gerhard, The Economics of Harmonization: the Case of Contract Law, CML Rev. Vol. 39 (2002), 995, S. 995–1023

Wagner, Rolf, Der Grundsatz der Rechtswahl und das mangels Rechtswahl anwendbare Recht (Rom I-Verordnung) – Ein Bericht über die Entstehungsgeschichte und den Inhalte der Artikel 3 und 4 Rom I-Verordnung, IPRax 2008, S. 377–389

Wagner, Rolf, Normkonflikte zwischen den EG-Verordnungen Brüssel I, Rom I, Rom II und transportrechtlichen Rechtsinstrumenten, TranspR 2009, S. 103–109

Wendland, Matthias, Ein neues europäisches Vertragsrecht für den Online-Handel?, EuZW 2016, S. 126–131

Whittaker, Simon, The Optional Instrument of European Contract Law and Freedom of Contract, ERCL 2011, S. 371–398

Wojcik, Karl-Philipp, Kollisionsrechtliche Einordnung der Wahl des Gemeinsamen Europäischen Kaufrechts und kompetenzrechtliche Überlegungen, in: Martin Gebauer (Hg.), Gemeinsames Europäisches Kaufrecht – Anwendungsbereich und kollisionsrechtliche Einbettung, München, 2013, S. 51–65

Wolf, Manfred / Neuner, Jörg, Allgemeiner Teil des Bürgerlichen Recht, 10. Aufl., München, 2012

Wulf, Alexander J., Institutional Competition between Optional Codes in European Contract Law, Wiesbaden, 2014

Xiao, Yongping / Long, Weidi, Contractual Party Autonomy in Chinese Private International Law, Yearbook of Private International Law Vol. 11 (2009), S. 193–209

Zimmermann, Reinhard, Rechtsgeschichte und Privatrechtsdogmatik, Heidelberg, 1999

Zimmermann, Reinhard, Textstufen in der modernen Entwicklung des europäischen Privatrechts, EuZW 2009, S. 319–323

Zweigert, Konrad / Drobnig, Ulrich, Einheitliches Kaufgesetz und Internationales Privatrecht, RabelsZ 29 (1965), S. 146–165

Zöchling-Jud, Brigitta, Acquis-Revision, Common European Sales Law und Verbraucherrechterichtlinie, AcP 212 (2012), S. 550–574

Schriften zum internationalen Privat- und Verfahrensrecht

Herausgegeben von Rainer Hausmann, Astrid Stadler
und Michael Stürner

Band 1 Frederike Schwenke: Factoring im deutsch-französischen Rechtsverkehr. 2006.

Band 2 Sinja Rüberg: Auf dem Weg zu einem europäischen Scheidungskollisionsrecht. 2006.

Band 3 Hava Erdem: Ehescheidung im deutsch-türkischen Rechtsverkehr. 2007.

Band 4 Nadja Probst: Die internationale Zuständigkeit zur Eröffnung von Insolvenzverfahren im europäischen Insolvenzrecht. Autonome Bestimmung der Eröffnungszuständigkeit, insbesondere für Konzerninsolvenzen, und Anforderungen für die gemeinschaftsweite Anerkennung grenzüberschreitender Insolvenzen nach der EuInsVO. 2008.

Band 5 Maximiliane-Stephanie Wild: Die anwaltliche Verschwiegenheitspflicht in Deutschland und Frankreich. Unter besonderer Beachtung der sich aus dem grenzüberschreitenden Rechtsverkehr ergebenden Kollisionsfälle. 2008.

Band 6 Catharina Klumpp: Die Zustellungsformen der Verordnung (EG) Nr. 805/2004 zur Einführung eines Europäischen Vollstreckungstitels. Vergleich mit den Zustellungsordnungen Deutschlands und Frankreichs. 2009.

Band 7 Daniel Wied: Zivilprozessuale Qualifikationsprobleme im Spannungsfeld von Vertrag und Delikt. Ein Beitrag zur Auslegung nationalen Zivilprozessrechts in europäischer Perspektive. 2010.

Band 8 Gerald Gräfe: Gläubigerschutz bei der englischen Limited mit Verwaltungssitz in Deutschland. Eine europarechtliche Untersuchung. 2010.

Band 9 Martin Bläsi: Das Haager Übereinkommen über Gerichtsstandsvereinbarungen. Unter besonderer Berücksichtigung seiner zu erwartenden Auswirkungen auf den deutsch-amerikanischen Rechtsverkehr. 2010.

Band 10 Christian Groß: Die internationale Durchsetzung wettbewerbsrechtlicher Unterlassungsansprüche im Wege des vorläufigen Rechtsschutzes. Vor dem Hintergrund der EuGVO und des Lugano-Übereinkommens. Unter Berücksichtigung der Rechtslage in der Bundesrepublik Deutschland, Österreich und der Schweiz. 2010.

Band 11 Daniel Schäuble: Die Einweisung der Erben in die Erbschaft nach österreichischem Recht durch deutsche Nachlassgerichte. Eine Untersuchung auf Grundlage des FamFG und der Erbrechtsverordnung. 2011.

Band 12 Lara Puñal García: Eigentumsvorbehalt und reserva de dominio als Sicherungsmittel im deutsch-spanischen Warenverkehr. 2012.

Band 13 Monika König: Die Anwendbarkeit des *forum non conveniens* im deutschen und europäischen Zivilverfahrensrecht. 2012.

Band 14 Alexander Baumann: Die *hypothèque rechargeable* – eine wiederaufladbare Hypothek als Grundschuld *à la française*? Eine Analyse der französischen *hypothèque rechargeable* durch Vergleich mit den deutschen Grundpfandrechten. 2012.

Band 15 Marian Majer: Die Praxis der Anerkennung und Vollstreckung ausländischer Schiedssprüche nach dem New Yorker Abkommen vom 10. Juni 1958 in der Republik Singapur. Eine rechtsvergleichende Analyse gegenüber der international herrschenden Auslegung des Abkommens. 2013.

Band 16 Daniela Bidell: Die Erstreckung der Zuständigkeiten der EuGVO auf Drittstaatensachverhalte. Unter besonderer Berücksichtigung des Kommissionsvorschlags KOM (2010) 748 endg. 2014.

Band 17 Marion Greeske: Die Kollisionsnormen der neuen EU-Erbrechtsverordnung. 2014.

Band 18 Kerstin Kern: Ausschließliche Patentlizenzen im Europäischen Insolvenzrecht. Die Einordnung der ausschließlichen Patentlizenz unter die Europäische Insolvenzverordnung auf der Basis des französischen und deutschen Patent- und Insolvenzrechts. 2014.

Band 19 Julia Eppler: Grenzüberschreitende Kindesentführung. Zum Zusammenspiel des Haager Kindesentführungsübereinkommens mit der Verordnung (EG) Nr. 2201/2003 und dem Haager Kinderschutzübereinkommen. 2015.

Band 20 Jochen Glöckner/Reinhard Singer/Astrid Stadler/Xujun Gao (Hrsg.): Rechtliche Funktionsbedingungen von Märkten und Formen der Konfliktbeilegung in China und Europa. 2017.

Band 21 Jongduk Lee: Anwendungsvoraussetzungen und -bereich des Common European Sales Law. Im Vergleich mit dem UN-Kaufrecht und den Principles of Asian Contract Law. 2017.

www.peterlang.com

www.ingramcontent.com/pod-product-compliance
Ingram Content Group UK Ltd.
Pitfield, Milton Keynes, MK11 3LW, UK
UKHW022101051026
15623UKWH00003B/609

9 783631 720035